의미 중심의 문법 교육
Focus on Grammar and Meaning

Focus on Grammar and Meaning
by Luciana C. de Oliveira and Mary J. Schleppegrell

의미 중심의 문법 교육

Focus on Grammar and Meaning

지올리베이라 Luciana C. de Oliveira
슐레페그렐 Mary J. Schleppegrell 지음

민현식, 신범숙, 이지연, 임수진, 소지영 옮김

역락

감사의 말

이 책을 쓰면서 우리는 문법 교육, 구체적으로는 기능 문법과 관련한 문제를 연구해 온 다양한 연구자들의 저술에서 많은 영감과 지식을 얻었다. 우리는 또한 기능 문법을 수업에 적용해 온 교사 및 교육자들과 수년간 함께 작업해 오면서 많은 것을 깨달았다.

이 책에서 제시되는 연구 성과의 많은 부분을 형성해 나가는 데 도움을 준 대학생들에게도 고마움을 표한다. 이들 가운데 많은 이름이 이 책과 참고 목록에 실려 있다.

우리는 옥스퍼드대학 출판부, 특히 소피 로저스Sophie Rogers와 줄리아 벨Julia Bell이 보여 준 지원과 세심한 관심에 고마움을 느낀다. 우리는 팻시 라이트보운Patsy Lightbown과 니나 스파다Nina Spada가 이 책의 저술을 제안하여 자신들의 중요한 총서에 기여하도록 하고, 각각의 장에 대하여 의견을 주고, 아울러 저술 과정 내내 지원해 준 것에 감사를 표한다.

우리가 이 연구 계획을 완료하고자 여행을 떠나 많은 주말과 귀중한 시간을 보내고, 연구를 마무리해 가던 시기에 인내와 지속적인 격려를 보여 준 알렉스Alex와 존John에게도 고마움을 표한다.

편집자 서문

언어 교실을 위한 옥스퍼드의 주요 개념 총서는 제2언어 교사가 중요한 주제의 연구들을 접해 볼 수 있도록 관련 정보를 제공하기 위해 계획되었다. 각 권에서는 제2언어/외국어 교수·학습의 특정 영역에 초점을 맞추어, 그 배경이 되는 이론 및 교실 중심 연구를 모두 다루고 있다. 이 총서의 주안점은 여기에서 소개되는 연구들이 교사들로 하여금 어떻게 교수·학습 계획 및 학습 활동, 학습자의 평가 계획을 마련할 수 있도록 하는가에 있다.

이 총서는 <언어는 어떻게 학습되는가How Languages are Learned>로부터 영감을 받아 시작되었다. 많은 동료들이 이 책에 대해 대학 교수 연수 프로그램이나 경력 교사들을 위한 전문성 향상 과정에 유용하게 쓰일 것이라고 평가하였다. 또한 현직·예비 교사들로 하여금 언어 교수·학습과 관련한 연구들이 교사들 자신의 교수 원칙과 실행에 대해 생각해 보게 하는 데에도 이 책이 가치를 지닐 것이라고 평가해 주었다.

이 총서는 5~18세 학령기 아동의 교육적 필요와 능력에 중점을 두고 각 장에서 초등학교급과 중등학교급을 구분하여 각각에 맞는 연구들을 다룬다. 이 총서는 제2언어 교사들이 다수 언어를 배우려는 소수 언어 사용자를 교수하거나, 언어가 사용되는 사회와는 멀리 떨어진 교실에서 외국어를 배우려는 학습자를 용이하게 교수할 수 있도록 고안되었다. 총서 중 몇 권은 제2언어 학습자들이 교실에 있기는 하나, 제2언어/외국어 교수가 한정적인 '대부분의' 교사들에게 유용할 것이다. 또한 총서 중 어떤 책은 영어 교사들에게 중요할 수 있는 반면 어떤 책은 다른 언어를 가르치는 교사들에게도 흥미로울 수 있을 것이다.

이 총서는 학령기 아동을 담당하는 제2언어 교사에게 중요한 주제들을 다루고 있으며, 각 권은 이와 관련된 연구자들이나 현장 경험이 있는 교사들이 집필하였다. 그간 이들 주제에 대한 책이 많이 출간되었으나, 대다수는 실제 교실 현장을 개괄하거나 설명하기보다 연구나 학문적 작업과의 접점이 뚜렷하지 않은 방법론적 텍스트만을 제시하고 있다. 교사 연수에 참여하는 교수진은 학문적 배경이나 근거가 부족한 이러한 방법론 위주의 텍스트가 너무 길고 어려우며, 교실 현장에 중점을 두는 교사들의 요구에는 턱없이 부족하다고 평가한다. 이 책은 이러한 괴리를 줄이는 데 목적이 있다.

이 책들은 제2언어 교실에서의 교수·학습과 관련한 구체적인 예시들을 제공하는 <수업 장면Classroom Snapshots>과 주요 연구들을 대표하는 <주요 연구Spotlight Studies>가 포함됨으로써 보다 풍부해졌다. 또한 독자들은 다양한 활동을 통해 이들 내용을 실제 교수·학습 경험에 통합해 볼 수도 있을 것이다.

시작하는 말

본서는 여러분이 기대하고 있는 것과는 다른 종류의 문법 교수에 대한 책이다. 이 책은 문법 규칙을 제시하지 않는다. 또한 개개의 문법 항목들 혹은 문법을 설명하기 위한 교수법에 대한 조언을 제공하지도 않으며, 학습자 오류나 그 교정에 대해서도 그다지 주목하지 않는다. 문법 교수의 이러한 측면은 교사를 위한 다른 자료들에서 이미 많이 다뤄졌다.

이 책에서는 현재의 제2언어 교수 흐름에 알맞은 방식의, 전통적 문법 교수에 추가된 기능 문법적 접근을 소개한다. 오늘날의 학교에서는 보통 다른 것들을 배우는 과정에서 제2언어를 함께 학습한다. 의사소통적 접근법을 선택한 교실에서든 내용 중심적 접근법을 선택한 교실에서든, 아이들은 일반적으로 학교 교육 과정의 과제에 참여하고, 학령에 맞는 텍스트를 읽고, 목적에 맞는 방식으로 글을 쓰기 위해 새로운 언어를 배운다.

이 책은 초등과 중등학교 교육에서 문법 교수가 아동들의 제2언어 학습을 어떻게 도울 수 있는지를 재개념화한다. 이는 학교에서 아동들에게 제공하는 더 광범위한 학습 목표를 위한 맥락과 실행 속에서의 문법 교수를 설명하기 위해 언어 학습의 이론뿐만 아니라 제2언어second language, L2 교실을 대상으로 한 최근 연구들을 제시한다. 문법 교수에 대한 재개념화는, 문법의 의미가 무엇이며 이것이 학교 교육 과정에서 어디에 위치해야 하는지, 그리고 문법 학습을 구성하는 데 있어 무엇을 고려해야 하는지로 확장된다.

많은 제2언어 학습자들은 목표 언어에 있어 자신과 다른 숙달도를 가진 학습자들, 그리고 가끔은 모어 화자들과 같은 교실에 있다. 교사에게는 이렇게 다양한 사람들에게 적용하기에 적절한 언어 학습 보조 방법과 문법에의 접근법이 필요하다. 전통적인 문법 교수는 문법의 특정한 부분에 대한 지도이므로 동등한 기반을 가진 교실의 모든 학습자들의 요구에 대응할 수 없으며, 필연적으로 해당 구조에서 오류를 만드는 학습자들에게만 적합하다.

우리는 학습자들이 그들의 발달 단계에서 언어의 특정한 의미와 형태를 돌아보게 하는 새로운 접근법을 제시한다. 학습자들이 과제를 해결하면서 그들 각자의 숙달도 단계에 따라 배우는 새로운 지식에 적용할 수 있게 하는, 보다 일반적인 교육과정과 관련된 구조에 초점을 맞춘다. 우리는 문법을 의미 생성을 위한 자원으로서 보는 기능 문법 이론을 제시한다. 모든 언어는 화자와 필자가 사용할 수 있는 거대한 문법적 자원들을 가지고 있다. 우리는 학습자들이 목표어의 자원으로부터 더 넓은 가능성을 얻고 해당 언어를 사용하는 더 넓은 범위의 활동에 참여할 수 있도록 그들의 능력을 확장시키는 것이 문법 교사의 역할이라고 본다.

기능 문법functional grammar은 언어와 구조가 학습 가능하며 조합 가능한 개별적인 요소일 뿐만 아니라 의미를 구성하기 위해 담화나 문장에서 함께 기능하는, 의미를 가진 부분들이기도 하다는 관점을 제공한다. 이것은 더 광범위한 체계인 총체로서의 언어에 초점을 둔다. 우리는 이와 같이 형태와 의미를 문법의 더 큰 시스템에 연결함으로써 학습자들이 언어의 잠재력을 더 잘 활용하도록 할 수 있다.

학교에서 주제 중심 교수를 통해 언어를 추가적으로 배우는 어린이들에게 우선시되어야 하는 것은 그들이 수행하도록 기대되는 내용 학습을 돕는 것이다. 그렇지 않으면 제2언어 학습자들은 그들의 또래가 수행하는 학습 단계 내용을 놓치면서 점차 뒤처지게 된다. 제2언어 학습자들은 그들이 마주하는 교육과정의 맥락에 언어적으로 참여할 수 있도록 지속적인 도움을 필요로 한다. 여기에서 제시하는 활동은 내용 중심 교수에 적용하고 돕기 위해 구안되었다. 문법 교수를 위한 우리의 접근법은 교사가 아동들이 읽거나 써야 하는 텍스트에서 두드러지는 언어적 형태와 구조를 확인하기를 요청한다. 또한 교사들이 학습자들의 일반적인 학습을 도우면서 새로운 언어가 어떻게 운용되는지에 주의를 기울일 수 있도록 하는 도구로서 언어적 형태와 구조에 초점을 맞출 것을 요구한다. 우리는 형태와 의미 모두에 집중하기 위해 유의미한 문법적 메타언어(언어를 설명하는 언어)를 사용하면서 언어를 토의의 주제로 삼도록 하는, 그리고 텍스트와 담화에서 의미가 어떻게 구현되었는지를 탐구하는 과정에서 언어에 대한 대화를 불러오는 예와 안내들을 제시한다. 이러한 문법 교수 접근법은 언어가 어떻게 학습되며 그 의미는 무엇인지를 깨닫고, 형태-의미의 연결을 만들어 내는 학습자의 능력을 확장한다.

이 책은 여러분이 내용 중심 교수에서 기능 문법 접근법을 사용할 수 있도록 도울 것이다. 우리는 이러한 접근법을 통해 문법이 어떠해야 하는지에 대한 여러분의 사고를 자극하며, 언어에 대해 더 많은 것을 배우고, 그에 대한 새로운 사고방식을 발전시킴으로써, 제2언어 교수에 있어서의 핵심 요소로서 언어를 탐구할 수 있도록 도울 수 있기를 바란다.

옮긴이의 말

Focus on Grammar and Meaning(2015)은 라이트보운Patsy M. Lightbown과 스파다Nina Spada가 편집을 맡은 Oxford Key Concepts for Language Classroom 시리즈 중 한 권이다. 이 시리즈는 학령기 학습자를 지도하는 제2언어로서의 영어 교사를 위해 편찬되었으며, 제2언어 습득과 언어 교육에 관한 연구를 바탕으로 이 이론들을 실제로 적용할 수 있는 구체적 방법을 보여 준다.

그중에서도 문법 교육과 관련된 본 역서는, 제2언어 읽기 및 쓰기 교육과 관련된 광범위한 연구 결과와 체계 기능 언어학에 바탕을 둔 문법 교육의 사례를 역사, 과학 등의 영역까지 범교과적으로 적용하는 방안을 제시함으로써 의미 중심 문법 교육의 실천력을 높이고 있다.

이론적 연구 결과를 교육 현장에 적용하는 것은 오랜 시간이 필요한 지난한 작업이다. 그러나 원저자인 마이애미 대학교 언어교육학 교수인 지올리베이라(Luciana C. de Oliveira, 캘리포니아 주립대 언어교육학 박사)와 미시간 대학교 언어교육학 교수인 슐레페그렐(Mary J. Schleppegrell, 조지타운대 언어학 박사)은 제2언어교육 분야와 체계 기능 언어학에 대한 깊은 지식과 풍부한 교수 경험을 바탕으로 이를 실현하였다.

본 역서에서는 영어를 목표어로 한 문법 교육만을 다루고 있으나 여기에서 제시하는 교수 방안은 한국어 문법 교육과 읽기 및 쓰기 교육은 물론 제2언어 읽기와 쓰기 교육 전반, 그리고 국내 학령기 다문화 학습자의 교과 지도 등에도 유용하게 활용될 수 있고, 국어과 외에 역사, 사회, 과학 등 모든 교과 교육에서 교과서 지문의 이해에 어려움을 겪는 학생들의 지도에 유용할 것이다.

앞으로도 더 많은 이들이 '문법'을 단순히 '언어 규칙의 총합체'로만 보지 말고 '의미를 구현하는 언어적 자원의 총체'로 보는 점에 주목하고, 교사와 학습자의 상호작용적 의사소통을 통한 문법 교수 방안의 개발에 관심을 가지게 되기를 바란다.

연구자이자 교수자로서 모두 무르익지 못한 우리가 모여 고민한 시간의 소박한 결과물이 책으로 나오게 되기까지 여러분들이 많은 도움을 주셨다. 먼저 이렇게 귀한 기회를 주신 한국문법교육학회 전, 현직 회장(이관규 교수, 강현화 교수)님과 총서 심의위원님들께 감사의 말씀을 올린다.

번역 과정은 용어, 직역과 의역, 문체의 통일에서 어려움이 많은 법인데 원서의 문체가 워낙 조리 정연하고 흠 없이 깨끗해 번역에 큰 힘이 되었다. 주요 용어는 원어를 병기해 이해를 돕도록 하였는데 번역어 옆에 원어를 띄어 병기하면 영한혼용체의 별개 단어로 보이기도 해 원어의 병기는 한국어 번역어 옆에 바로 붙여쓰기를 하였음을 밝힌다. 번역에서 오류가 있다면 원저자의 책임이 아니라 전적으로 역자들에게 있으니 혹시라도 이상한 부분이 보이면 언제라도 연락(minhs@snu.ac.kr 또는 shoukai5@snu.ac.kr) 주시기를 바란다.

더불어 출판까지의 어려운 과정을 함께해 주신 역락 출판사의 박태훈 이사님, 책이 모양을 갖출 수 있도록 도와주신 박윤정 과장님께도 감사 인사를 올리고 싶다.

부족하지만 스승과 제자들이 함께 뜻을 모아 이 책을 공부하고 세상에 내놓게 된 것도 감사하게 생각한다. 부디 국어 문법 교육이 발전하고, 한국어도 날로 세계인에게 사랑받기를 기원한다.

2018년 9월, 가을을 맞은 관악에서

역자 일동

차례

제1장 문법과 의미

1.1 개관

문법 교수는 논란이 많은 주제이다. 사실, 언어 학습에서 문법의 역할이 무엇이며 문법 교수에서 가장 좋은 교수법이 무엇인지에 대해 교수자와 연구자가 합의를 이루지 못하는 부분이 많다. 이러한 의견 충돌의 일부는 '문법' 그 자체가 의미하는 것이 무엇인가에 대한 합의가 이루어지지 않았기 때문에 일어난다. 어떤 사람들은 문법을 반드시 따라야 하는 규칙으로 보는 반면, 또 다른 사람들은 문법을 의미 구성을 위한 자원이라고 생각한다. 본 장에서는 문법에 대한 이러한 두 관점을 모두 살펴볼 것이다.

문법 교수에 대한 관념은 보통 우리가 경험한 문법 학습 경험이 긍정적이었는지의 여부, 그리고 말하기나 쓰기 방식에 대해 **피드백**feedback을 받으면서 어떤 느낌이 들었는지 등의 경험으로부터 오는 것이므로, 교사들은 '문법'이라는 단어 그 자체에 매우 감정적으로 반응할 수 있다. 어떤 사람들은 언어의 규칙과 패턴을 배우고 언어를 분석하여 그것이 무엇을 의미하고 어떻게 사용되는지 탐구하기를 즐긴다. 또 다른 사람들은 문법 학습을 규칙과 예외를 외워야 하는 따분한 과제로 생각한다.

문법 교수는 언어 자체에 대해 말할 수 있도록 해 주는 전문적인 언어를 필요로 한다. 언어에 대해 이야기하기 위한 언어인 **메타언어** metalanguage중 유용한 것들은 학습자들이 언어와 **학습 내용**content에 대한 이야기 활동을 수행하는 수업을 살펴볼 때 소개될 것이다. 이 책에서는 언어의 형태와 의미에 초점을 맞추는 최선의 방법을 이해하는 데 도움을 줄 수 있는 연구, 그리고 그 연구 성과들을 수업 활동에 도입할 수 있는 예를 제시할 것이다. 본서는 많은 전문적 지식이 없이도 교사가 학습자들과 함께 문법을 탐구하고, 그들이 언어가 작용하는 방식을 깨닫고, 이를 사용하는 새로운 방법을 배울 수 있도록 도울 수 있다는 것을 보여 줄 것이다.

수업 장면 1.1과 **1.2**를 읽어 보라. 이것이 문법 교수 예시라는 것을 알 수 있는가? 어떤 문법이 교수되는가? 어떤 메타언어가 사용되고 있는가? 이 장면에서 제시된 상호작용을 통해 학습자들이 배우는 것은 무엇인가?

Classroom Snapshot_수업 장면 1.1

이 전사 내용은 미국의 초등학교 2학년 교실에서 수집한 것이다. 학습자들은 아랍어만 사용하거나 아랍어, 영어 모두를 모어home language로 사용하며 이들의 영어 숙달도 정도는 다양하다. 교사는 (교사가 서로 다른 발화 기능speech function으로 언급한) 진술이나 제안, 질문, 명령 등이 각기 다른 방식으로 행해진다는 것을 학습자들에게 알려 주고 싶어 한다. 교사는 학습자들에게 영어의 세 가지 문법적 서법mood(서술문declarative, 의문문interrogative, 명령문imperative)을 소개하고, 학습자들이 발화 기능을 수행하는 이러한 방법들에 대해서 생각해 보도록 했다. 이 활동의 맥락은 2학년 언어 교과Language Arts 프로그램 중, 페기 래스먼Peggy Rathman이 쓴 '*버*

클 경찰관과 글로리아*Officer Buckle and Gloria*'에서 나온 것이다. 이 이야기는 교내 안전 교육을 담당하는 경찰관의 이야기이기 때문에 '신발 끈을 묶으세요', '회전 의자 위에 올라서지 마세요(Rathmann, 1995, 쪽수 없음)'와 같은 명령문의 예를 다수 포함하고 있다. 교사는 세 가지 서법과 네 가지 발화 기능을 소개하는 차트를 작성했다. 교사는 이야기에서 문장을 뽑아 학습자들에게 배정해 주고 이야기 맥락 안에서 그 서법과 발화 기능을 확인한 뒤, 해당 문장을 차트의 알맞은 부분에 갖다 놓게 하였다.

교사가 개발한 표의 예:

'명령'을 하는 방법들

– 서술문Declarative: '누가 문을 닫았으면 좋겠어요. I'd like someone to close the door.'

– 의문문Interrogative: '명령을 해 볼래요? Can you give me a command?', '바르게 앉아 주시겠어요? Would you please sit right?'

– 명령문Imperative: '신발 끈을 묶으세요. Keep your shoelaces tied.', '누가 미끄러져서 넘어지기 전에 바닥에 흘린 것은 항상 닦으세요. Always wipe up spills before someone slips and falls.'

다음 질문을 생각하면서 아래의 전사 내용을 읽어 보라.

- 교사와 학습자들이 사용하는 문법적인 메타언어는 무엇인가?
- 메타언어가 유의미한 방법으로 쓰였는가?
- 후세인이 '방금 하나 이야기하셨어요. you just said one.'라고 말한 것에 대한 교사의 응답을 어떻게 생각하는가?
- 아동들이 집중하고 있으며 흥미로워하는 것으로 보이는가?
- 학습자들은 문법을 학습하고 있는가?

교사: 명령이 뭐죠, 하산? What's a command, Hassan?

하산: 그건, 그건 '네 방에 가'와 같이 말할 때 쓰는 거예요. It's like when, it's like when you are telling something like to go to your room.

교사: 맞아요. 그건 우리들이 대부분 아는 거예요. '네 방에 가', '이거 하지 마', '그거 하지 마' 같은 거예요. 후세인, 명령을 알겠어요? 선생님에게 명령을 해 볼래요? Right. This is the one we know mostly: 'Go to your room', 'Don't do this', 'Don't do that'. Hussein, do you know a command? Can you give me a command?

후세인: 어, 선생님께서 방금 하나 이야기하셨어요. Well, you just said one.

교사: 으흠, 제가 명령했어요? Mmhmm. Did I give you a command?

학습자들: [대답을 한다. calling out responses]

네. Yeah=
=아니에요, 선생님은 명령하지 않았어요. No, you didn't give us a command.=
=맞아요. Yeah.
교사: 제가 명령했어요? I did?
학습자들: 네, 그러셨어요. Yeah, you did.
교사: 어떤 종류의 명령이었어요? What kind of command?
학습자들: 명령해 보세요. Give me a command=
=질문. Question. =
=내게 질문해 보세요. Give me a question.
교사: 오, 제가 여러분에게 명령했어요? Oh, did I give you a command?
학습자들: 네. Yeah. =
=아니요. No.
교사: 어떤 종류의 명령이었어요? What kind of command is that?
학습자들: 질문이요. A question.
교사: 오, 제가 질문을 하고 있군요. 좋아요, 제가 여러분에게 명령했어요? Oh, I'm interrogating. Okay, did I give you a command?
학습자들: [모두 all] 네. Yeah.

(Schleppegrell, 2013, p.159)

수업 장면 1.1에서는 교사 자신도 발화 기능과 문법적 서법이라는 메타언어를 사용하는 방법을 배우고 있다. 그리고 교사는 후세인이 '어, 선생님께서 방금 하나 이야기하셨어요. Well, you just said one.'라고 말했을 때 그 학습자의 예측하지 못한 답변에 대해서도 생각했어야 했다. 이것은 무엇이 '맞는가'에 대한 대화가 아니다. 대신 이 대화는 아동이 이야기 속의 문장을 범주화하여 필자가 어떻게 인물들을 창조하며, 이들이 어떻게 상호작용하는지에 대해 생각하게 한다. 언어 형태에 초점을 맞추고 있으나, 토의는 '선생님에게 명령을 해 볼래요?'라는 말이 사실상 명령인지 아닌지와 같이, 형태의 의미에 대해 이루어진다. 이 수업은 누가 누구에게 명령할 수 있는지, 그리고 다른 사람들에 비해서 어떤 사람에게 더 공손하게 명령할 수 있는 방법은 무엇인지에 대한 이야기로 이어진다. 교사는 수업의 후반부에서 토론했던 내용을 다시 이야기와 연결시키고, 학습자들은 이야기에서 본 안전수칙과 같은 형태로 명령문을 쓴다.

이와 같은 대화는 여러 가지 방식으로 제2언어 발달을 돕는다. 첫째, 학습자들은 언어의 패턴을 인지하기 위해 특정 예시들에 초점을 맞추고, 형태(서로 다른 서법들)와 기능(명령하기)을 연결하며, 같은 기능을 수행하기 위해 다른 형태들을 사용할 수 있다는 것을 인식한다. 둘째, 학습자들은 목적에 맞게 어떻게 명령할지를 선택할 수 있는 **언어 변이**language variation에 대해 배운다. 마지막으로, 메타언어는 교육 내용의 학습을 돕는다. 학습자들은 메타언어를 통해 언어 선택이 문학 텍스트의 의미에 영향을 끼치는 방법을 이해하는데, 이는 영어 언어 교육English Language Arts의 중요한 목표이다. 위의 수업 장면 1.1에서는 문법뿐만 아니라 다른 사항들도 학습되며, 문법은 학습자들에게 유의미한 방식으로 필자의 언어에 대해 이야기하는 방법을 제공하는 도구로써 교수된다.

이 수업 장면은 본서 전체에서 강조되는 문법 교수의 또 다른 중요한 특징을 제시한다. 제2언어 발달에 대한 연구는 언어 학습을 돕는 데 있어 유의미한 맥락에서의 상호작용적 역할이 중요하다는 사실을 분명히 하며(Oliver & Philp, 2014), 이는 문법 교수에 유효하다. 우리는 **수업 장면 1.1**과 같이 학습자들이 그들이 마주친 언어 형태의 의미에 대해 질문하고 대답하는 활동을 수행할 때 언어 학습이 일어난다고 확신할 수 있다.

이 책에서 여러분이 배울 다른 종류의 문법 교육의 예를 보자. 이번에는 중등학교 수업의 예이다.

Classroom Snapshot_**수업 장면 1.2**

이 예는 학습자들이 역사 교과서의 한 구절을 공부하는 캘리포니아의 중등학교 수업에서 가져온 것이다. 교사는 학습자들이 주요 문장을 해석하며 역사 텍스트에서 행위agency(누가 누구에게 무엇을 하는가)에 대해 어떻게 말하는지를 생각해 보도록 하고 있다. 이에 더해 교사는 학습자에게 언어가 개념을 제시하고 추적하는 방법을 이해하도록 돕는다.

교사는 학습자들이 글을 읽으면서 생각해 보아야 하는 큰 개념에 초점을 맞출 수 있도록 고대 로마를 다루는 이 단원에 대한 유도 질문을 전개해 나간다. 교사의 질문은 '로마 제국의 내부적 약점은 무엇이었는가? What were the internal weaknesses of the Roman Empire?'이다(Schleppegrell, Greer & Taylor, 2008, p.179). 이 수업에서는 다음과 같은 문장을 주의 깊게 살펴보고 있다.

> 로마의 거대한 군대에 재정을 지원하기 위해, 그 시민들은 무거운 세금을 납부해야만 했다. 이 세금은 경제에 악영향을 끼치고 많은 사람들을 가난하게 만들었다. To finance Rome's huge armies, its citizens had to pay heavy taxes. These taxes hurt the economy and drove many people into poverty.
>
> (Frey, 2005, p.8)

교사는 군대의 재정을 지원하기 위해 사용된 무거운 세금이 로마 제국의 '내부적 약점internal weakness'이 되었음을 학습자들이 알기를 바랐다. 교사는 학습자들이 이 문장들의 의미를 탐구하도록 도움으로써 이러한 목표를 달성할 수 있다는 사실을 깨달았다. 교사는 학습자들에게 동사 하나하나를 살펴보도록 하고, '누가 혹은 무엇이 이걸 했죠? Who or What is doing this?'라고 물었다. 학습자들은 '로마의 거대한 군대에 재정을 지원하는 것To finance to Rome's huge armies'을 누가 '했는지acting' 이해하는 과정에서 '재정을 지원하는To finance' 주체가 '그 시민들its citizens'로 시작하는 다음 절에 이르도록 나타나지 않았기에 글을 조금 더 읽어 볼 필요가 있었다.

학습자들은 '그 시민들its citizens'이 '로마의 거대한 군대의 재정을 지원financing Rome's huge armies'하고 '많은 세금을 납부한paying heavy taxes' 주체라는 것을 알아냈다. 교사는 '그its'라는 말이 의미하는 바를 질문하여 학습자들이 '그its'가 '로마의 시민Rome's citizens'이라는 것을 알 수 있게 했다. 이 수업에서는 '이 세금These taxes'이 '많은 세금heavy taxes'과 같은 것임을 확인하고, '경제에 악영향을 끼쳐 많은 사람들을 가난하게 만든hurt the economy and drove many people into poverty' 것이 '세금taxes'임을 확인하면서 문장에 대한 토의를 계속했다. 그리고 교사는 '왜 로마는

> 거대한 군대가 필요했을까요? Why would Rome need a huge army? 이러한 거대한 군대에 대한 요구는 로마의 시민들에게 어떤 영향을 끼쳤을까요? How did the need for this army affect Roman citizens?'라고 묻는다. (Schleppegrell 외, 2008, p.181)

수업 장면 1.2에서 우리는 문법에 초점을 두는 것이 교과목 위주의 수업에서 어떻게 유의미하게 자리 잡을 수 있는지를 보게 된다. 이러한 토의는 학습자들이 영어에서 주체를 어떻게 제시하며, 문장의 다른 부분들과 동일한 대상을 언급하는 서로 다른 방법들 사이에서 어떻게 관계를 만드는지 이해할 수 있도록 도와주었다. 주체는 여러 사항들 중에서 누가 다른 사람에게 행동하는 사람으로 제시되었으며, 누가 행동에 영향을 받는 사람으로 제시되었는지를 생각해야 하는 과목인 역사에서 중요한 개념이다. 이 경우에 '로마의 거대한 군대에 재정을 지원하기 위해, 그 시민들은 무거운 세금을 납부해야만 했다. To finance Rome's huge armies, its citizens had to pay heavy taxes.'는 문장을 두 부분으로 나누고, '그 시민들its citizens'을 군대 재정 지원의 책임자로 위치시키는 것이 학습자의 텍스트 이해에 도움이 된다. 이는 교사가 학습자들이 차례차례 생각하기를 바랐던 로마 군대에 대한 질문에 답을 할 수 있게 한다. 학습자들에게 '그 시민들its citizens'이라는 명사군 내에 있는 '그its'라는 명사가 '로마 시민들Roman citizens'이라는 것을 밝혀내도록 묻는 것은, 학습자들로 하여금 영어에서 대명사를 어떻게 사용하며 어떻게 **지시reference**에 대한 지식을 구성하는지에 주목하도록 하기 위한 것이다. 이러한 종류의 질문은 학습자들의 내용 학습을 돕고 학습자들이 문명civilization의 내부적 취약성internal weakness과 같은 어려운 역사적 개념, 그리고 이러한 내부적 취약성이 문명의 흥망성쇠와 어떻게 관련되어 있는지를 이해할 수 있도록 준비시키는 문법 교수의 한 예이다. 학습자들은 이제 '왜 로마는 거대한 군대가 필요했을까요? Why would Rome need a huge army? 이러한 거대한 군대에 대한 요구는 로마의 시민들에게 어떤 영향을 끼쳤을까요? How did the need for this army affected Roman citizens?'라는 교사의 질문에 대답할 수 있다. 왜냐하면 학습자들은 언어 분석에 기반하여 자신의 내용 이해를 발전시켰기 때문이다. 이러한 질문들은 텍스트에서 전반적인 의미에 초점을 맞추려는 교사의 목표를 보여 준다. 언어에 대한 토의는 학습자들의 이해를 도왔으며, 기존의 수업에 비해 내부적 취약성에 대한 더 풍부한 대화로 이어졌다. 이에 더해 교사는 이러한 **비계**(飛階) **scaffolding**가 필자에 의해 주체가 제시되고 개념이 소개되며 발전되는 방식을 학습자들이 독립적으로 인식하도록 돕는다는 사실을 알아냈다. 문법 교수는 이러한 방식을 통해 학습자들이 다른 텍스트의 언어에 대해서도 이와 유사한 전략을 적용함으로써 학습자들이 역사에 대해 더 잘 이해하고 비판적으로 생각할 수 있도록 준비시킨다. 이와 동시에 학습자들은 영어가 어떻게 기능하는지도 배울 수 있다.

1.2 문법 교수란 무엇인가?

언어 교사는 연구를 통해 문법 교수에 대한 이해를 확장시킬 수 있다. 본서는 연구자들이 문법에 대해 연구해 온 다른 방식과, 세계 곳곳의 교사 겸 연구자들이 문법을 가르쳐 온 방법을 제시하고 있다. 이는 문법의 교수와 학습이 어떻게 **제2언어** 혹은 **외국어**second or foreign language의 학습에 기여할 수 있는지에 대한 통찰을 제공해 줄 것이며, 학습자들이 어떻게 학문적인 과목을 배우면서 문법적 지식을 발전시킬 수 있는지에 대해서도 보여 줄 것이다. 본서에서는 제2언어 학습자를 가르칠 때 여기에서 제시한 연구들을 통해 그들의 언어 **숙달도**proficiency 향상을 위한 정보를 얻고 이를 이해할 수 있도록 하는 방법들을 탐구할 것이다. 연구들을 살펴보기 전에, 우리가 문법 교수에 대해 어떻게 생각하고 있는지 잠시 되돌아보자.

Activity 활동 1.1

아래의 문장들은 몇몇 사람들이 문법 교수에 대해 가지고 있는 생각을 나타낸다. 각 문장을 읽고 이에 대해 어느 정도 동의하는지 옆 칸에 표시해 보자.

(강동=강하게 동의한다, 동=동의한다, 반=반대한다, 강반=강하게 반대한다)

	강동	동	반	강반
1. 문법은 언어 사용에 대한 일련의 규칙들이다.				
2. 문법을 배운다는 것은 다양한 맥락과 상황에서 효과적으로 말하고 쓰는 방법을 배우는 것이다.				
3. 문법은 제2언어 교수에 있어 지속적인 주의 집중의 대상이 되어야 한다.				
4. 문법은 교육 과정에서 분리된 요소로 가르쳐야 한다.				
5. 문법은 말하기와 쓰기를 교수할 때, 즉 학습자들이 언어를 생산할 때 가장 잘 교수될 수 있다.				
6. 문법 교수는 전 학년에 걸쳐 유사한 방식으로 이루어져야 한다.				
7. 문법 규칙만 알아도 문법을 효과적으로 사용할 수 있다.				
8. 문법을 교수한다는 것은 학습자들의 오류를 수정한다는 의미이다.				
9. 문법적 용어를 사용하는 것은 문법 교수에서 중요한 부분이다.				
10. 교사가 문법을 가르치기 위해서는 문법에 대한 깊이 있는 지식을 가져야 한다.				

이 문장들에 대해 어떻게 생각하는지 자신의 생각을 확인해 보았다면, 다른 교사들에게 물어보고 그 반응이 어떤지 살펴보라. 다른 과목의 다른 교사와도 이야기해 보라. 각기 다른 연령의 학생들에게도 물어보고, 모어 학습자와 제2언어 학습자에게도 모두 물어보라. 그들은 얼마나 동의하는가? 가장 격차가 큰 부분은 어디인가? 이 차이에 대한 이유는 무엇이라 생각하는가? 왜 사람들은 문법 교수에 대해 강한 감정을 드러내는가? 문법 교수에 대해 이야기하고 난 후 그 대화를 통해 배운 것을 적어 보라. 그리고 본서의 나머지 부분을 읽으며 때때로 곱씹어 보라. 현재 자신의 관점을 지지하거나 그에 대한 질문을 불러일으킬 수도 있는 새로운 정보를 조망하라. 이에 대해서는 5장에서 다시 언급할 것이다.

1.3 문법이란 무엇인가?

'문법'이라는 단어는 언어에 대한 의식적인 지식을 가리킬 때(예를 들어 문법 '규칙rules'), 그리고 말하기와 쓰기에서 언어를 얼마나 '올바르게correct' 사용하는지를 언급할 때 사용된다('올바른 문법good grammar' 혹은 '틀린 문법bad grammar'). 본서에서는 이 가운데 언어에 대한 의식적인 지식에 초점을 맞출 것이나, 문법을 단순한 일련의 규칙으로 보는 관점을 취하기보다는 더 넓은 개념으로 볼 것이다. 이에 대해서는 아래에서 더 다루겠다.

언어학자들은 언어 공동체 내에서 태어나고 자라면서 발달시키는 언어에 대한 무의식적인 지식을 가리킬 때 '문법'이라는 단어를 사용하기도 한다. 그러한 면에서 보면 모어 화자 또는 어린 이중언어 화자bilinguals들은 그들이 말한 것이 '올바른 것으로 들리는지sounds right'를 판단하는 기준으로 삼을 수 있는 도구로서 언어 패턴에 대한 이해를 발전시킨다. 그들은 내면적 '문법'에 의지하여 이것이 알려 주는 대로 말하고 의미를 표현한다. 그 누구도 아동들에게 모어 문법을 명시적으로 가르치지 않는다. 아동들은 그들이 속한 공동체 안에서 사회적으로 상호작용하거나 의사소통함으로써 모어 문법을 배운다.

역사적으로, 아동들이 그들의 모어를 그저 '알아챈다pick up'는 인식은 종종 제2언어 학습자, 특히 어린 제2언어 학습자가 상호작용과 경험을 통해 새로운 언어를 '알아채는' 것이 가능하다는 관점을 이끌어 냈다. 그러나 2장에서 보게 되듯이, 사실 과목 중심 교수subject-matter instruction를 통해 내용에 초점을 맞춘 제2언어 교실(예를 들면 캐나다에서의 프랑스어 **몰입**immersion 교육 프로그램)에 대한 수십 년간의 연구는, 이러한 교실의 학습자들이 언어의 완전한 형태를 '알아채지'는 않는다는 사실을 보여 주었다. 대신 이러한 학습자들은 의사소통, 특히 공식적이며 교육적인 맥락에서의 의사소통에서 언어가 원래 사용되었어야 하는 방식과는 맞지 않는 말하기와 쓰기 방식을 발전시킨다(Harley, Cummins, Swain & Allen, 1990; Harley & Swain, 1984; Swain, 1985, 1996).

2장에서 검토할 연구들이 보여 주듯, 문법 교수는 필요하다. 그러나 문법 교수는 단순히 학습자들에게 규칙을 제시하고, 이 규칙을 따르도록 하는 연습 기회를 제공하는 것만을 의미하지는 않는다. 그 대신 우리는 학습자들이 언어가 어떻게 의미를 표현하는지에 초점을 맞추고, 유의미한 과제에 참여함으로써 이 의미들이 언어로 표현되는 방식을 탐구할 필요가 있다는 사실을 알게 될 것이다. 이것이 본서에서 다루는 문법 교수의 의미이다.

모어 맥락에서의 전통적인 문법 교수

모어first language, L1 맥락에서의 **전통적 문법 교수**traditional grammar instruction는 일반적으로 쓰기 교수를 통해 정확성을 위한 규칙을 학습하고 이를 적용해 보는 활동을 포함한다. 모든 학습자들은 학교에서의 학습을 통해서 표준 언어의 문법적 세부 사항들을 배우기를 기대한다. 전 세계적으로, 비표준적인 모어를 사용하는 아동들은 학교에 와서 표준적인 규칙들을 배워야 한다. 이는 집에서 표준적인 언어를 배우지 않은 아동들도 학교에서는 언어 학습자가 되어 새로운 말하기와 쓰기 방식에 적응해야 한다는 추가적인 기대에 직면하게 된다는 것이다. 전통적인 문법 교수는 보통 정확성을 위한 규칙(예를 들어, 동사의 복수형, 소유격 등), 동사의 시제 선택 규칙이나 어순의 규칙에 초점을 맞춘다. 이는 다양한 의사소통 상황에서 쓰기와 말하기를 성공적으로 수행하기 위해 배워야 하는 언어의 중요한 측면이다. 그러나 아동들이 학교로 가져온 언어 또한 가치가 있으며, 그들이 의미를 생산하는 데 있어서 집과 공동체 내에서 발달시켜 온 언어 자원의 도움을 받는 것 또한 중요하다 (Godley, Sweetland, Wheeler, Minnici & Carpenter, 2006).

교사들은 문법을 단지 일련의 규칙으로만 가르친다면 설령 학습자들이 모어 화자인 경우에라도 더 표현력 있고, 창의적이며, 명확한 언어 선택을 배우도록 하는 데 도움을 주지 못한다는 사실을 깨달았다. 교사들은 쓰기 교수 시 학습자들이 이상한 구문을 만들면 종종 대안적인 표현들을 제시하고, 학습자 텍스트의 흐름이 다소 난해하게 구성되면 다른 구조적 전략을 제시하고는 한다. 그리고 학습자들로 하여금 연설을 할 때의 청중을 상정하고, 그 청중들이 연설자가 골라낸 단어를 어떻게 받아들일지 생각해 보라고 조언한다. 이러한 교사들은 학습자들의 주의를 언어의 더 넓은 '문법'으로부터 학습자들이 활용할 수 있는 언어 선택에 집중하도록 하는데, 암시적이기는 하지만 이러한 방식 역시 문법 교수라고 볼 수 있다. 필자들은 형태와 내용을 선택하는데, 내용이 구성되고 평가되는 것은 필자가 선택하는 수사적이고 통사적인 형태를 통해서이다. 교사들은 직관적으로 학습자들이 사용할 수 있는 언어적 선택지에 주의를 집중하게 함으로써 문법을 가르친다.

제2언어 학습자들은 그들의 내적 문법internal grammars을 활용하기에는 완전한 범위의 선택항을 가지고 있지 않기 때문에, 제2언어 교수 상황에서는 학습자의 직관에 의존한 문법 교수를 하는 것이 매우 어렵다. 따라서 여기에서의 목표는 교사가 제2언어 학습자들과 언어의 문법적 체계가 작동하는 방식에 대해서 이야기하는 것을 돕는 것이며, 그 결과로 여러 유형의 텍스트에서 탐구된 문법과 그 인식을 불러일으키는 것이다. 또한 이 책에서는 학습자들 스스로 아는 것을 통해 그들 자신을 표현할 수 있는 새로운 방법으로 나아가도록 수행하는 활동에 대해서도 설명할 것이다. 아래에서는 문법이 어떻게 학교 생활의 맥락에서 의미 생성을 돕기 위한 방식으로 제2언어 교수에 삽입될 수 있는지에 대한, 보다 발전된 관점들을 제시할 것이다. 그러나 먼저 문법을 의미 생성의 자원으로서 본다는 것이 어떤 의미인지에 대해 좀 더 이야기하겠다.

문법과 의미

본질적으로 언어 학습이란 여러 가지 상황에서 의미를 생성하는 새로운 방식을 배우는 것이다. 제2언어 학습자는 새로운 언어를 다른 이들과 상호작용할 수 있는 방식으로 사용해야 한다. 본서에서는 문법을 의미가 창조되고 공유되는 언어 패턴으로 개념화한다. 이것은 문법 교수를 형태와 의미의 연결에 초점을 맞춤으로써 학습자들의 언어적 가용 자원linguistic repertoires을 확장하여 그들의 의미 생성 자원을 구성하도록 하는 맥락에 놓는다. 우리가 언어를 사용하는 방식은 상호작용하는 상대와 주제, 그리고 목적에 따라 다양하다. 새로운 언어에서의 의미 형성을 위해 학습자들의 언어적 레퍼토리를 확장하는 것은 학습자들이 새로운 언어를 사용할 때의 과제, 맥락, 목표에 대한 예민함을 요구한다. 교사들은 문법 교수를 통해 학습자들의 주의를 화자와 청자가 특정한 의사소통적 목적을 달성하기 위해 선택하는 방법에 집중시킬 수 있다.

문법은 의미를 생성할 수 있게 한다. 즉, 인간은 문법 없이는 의미를 생성할 수 없다. 그리고 모든 언어는 만들어지는 의미의 종류에 따라 문법적 *체계*system를 발전시켜 왔다. 앞에서 살펴본 **수업 장면 1.1**에서 학습자들은 교사가 언급한 서법 체계를 탐구하고 있다. 영어의 서법 체계에서 화자와 필자는 서술문, 의문문, 명령문의 세 가지 선택항을 사용할 수 있다. 다른 언어들은 서법에 추가적인 선택항이 있으며, 문법의 이러한 선택항은 다른 종류의 의미 생성을 가능하게 한다.

Activity 활동 1.2

다음의 문장을 읽고 서법의 선택에 어떤 차이가 있는지 생각해 보라.

1. 너 창문을 닫았니? Did you close the window?
2. 내 코트 줘. Pass me my coat.
3. 이 방 안의 모두가 춥다고 느끼고 있어요. Everyone feels cold in this room.

다음의 문장을 살펴보고 이어지는 질문에 답하여 보자.

- 동사군은 어디에 있는가?
- 각 문장의 주어는 무엇인가?
- 문장 구조 내에서 주어는 어디에 위치해 있는가?
- 각 문장이 사용되는 상황을 생각할 수 있는가? 각각의 서법 선택이 상황에 어떤 영향을 미치는가?

아래의 세 문장들은 모두 다른 서법을 가지고 있다. 문장 1은 의문문이고, 문장 2는 명령문, 문장 3은 서술문이다. 동사구는 굵은 글씨로, 주어는 기울임꼴로 표시하였다.

1. *너* 창문을 **닫았니**? **Did** *you* **close** the window?
2. 내 코트 **줘**. **Pass** me my coat.
3. 이 방 안의 *모두가* 춥다고 **느끼고 있어요**. *Everyone* **feels** cold in this room.

각 문장은 같은 상황에서 사용될 수도 있다. 이는 한 무리의 사람들이 추운 방 안에 함께 있고 모두가 창문을 닫아야겠다는 사실을 깨닫는 상황이다. 각각의 문장은 특수한 형태를 취하지만 모두 창문을 닫으라는 '명령'으로 이해될 수 있다. 이들은 동일한 발화 기능을 표현하는 다양한 방법들이나, 문법은 화자가 더 혹은 덜 분명한 방식으로 명령할 수 있게 해 준다.

우리는 **수업 장면 1.1**에서 일반적으로 명령문으로 제시되며 서술문이나 의문문으로도 나타날 수 있는 명령을 아동들이 탐구하는 방법을 확인한 바 있다. 다음과 같은 몇 개의 예를 보자.

- 교사가 '교심 뒤쪽에서 책을 갖다주겠니? Could you bring me the book from the back of the class?'라고 요청했다.
- 교사가 쓰기 워크숍에서 '네 반려동물을 묘사하는 문장으로 시작하는 것이 좋을 것 같아. It might be good to start with a sentence that describes your pet'라고 말했다.

위의 두 경우 모두에서 학습자들은 교사가 말한 것을 명령으로 받아들일 것이다. 왜 그럴까?

언어는 사회적 삶을 영위하는 수단이다. 교사는 이 예시에서 문법적으로 명령문의 형태를 취하지 않더라도 아동이 교사의 요청이나 제안을 명령으로 볼 수 있는 권위적 관계를 형성하고 있다. 본서의 관점에서는 언어 사용의 이러한 양상 역시 문법 교수의 일부가 될 수 있다. 모든 아동들이 교사의 요구와 제안을 명령으로 생각하지 않을 수도 있으며, 결과적으로 그들은 종종 어려움을 겪는다. (자신의 집과 공동체에서 요청이 질문의 형태로 제시된 경험이 없기 때문에, '다음 단락을 읽어 줄 수 있니?'라는 요청에 '읽지 않겠어요.no'라고 답하는 아동을 생각해 보라!) 그러므로 문법을 교수한다는 것은 다양한 맥락에서 의미를 생성하면서 사용할 수 있는, 언어 체계의 다른 선택항들을 가르치는 것이다.

본서를 통해서 배울 수 있는 다른 문법적 체계에는 *동사 의미verb meaning*, *논리적 연결logical connection*, 그리고 *지시reference*가 포함된다. 이러한 체계를 배우면서 교사와 학습자는 그들이 읽거나 듣는 텍스트에서 마주치고 사용할 수 있는 의미의 다양한 가능성을 발견할 것이다.

문법에서의 변이

우리는 사람들이 처해 있는 사회적 맥락 및 그들이 대화하는 사람과 형성하는 관계에 따라 명령을 하기 위해 사용할 수 있는 다양한 문법적 선택항들이 있음을 보았다. 사회적 역할에 의한 언어적인 변이에 더해 우리가 무엇을 하는가에 따라서도 언어가 달라진다. 우리의 언어 선택은 우리가 처한 맥락이 어떤 것이며, 이 맥락 안에서 어떤 일이 일어나는지를 알려 주는 좋은 신호이다. 우리가 사용하는 어휘는 당연히 상황이 어떻게 진행되고 있는지를 알아낼 수 있는 좋은 단서이며, 우리가 사용하는 문법 또한 언어 사용 맥락에 대한 이해에 중요한 역할을 한다.

Activity 활동 1.3

아래의 텍스트를 읽고 이 맥락이 어떤 것일지 생각해 보자. 이 텍스트에서 나타나는 화자와 필자의 문법적 선택은 상황을 인식하는 데 어떠한 도움을 주는가?

텍스트 1

기단(氣團)air mass은 거의 동질적인 기온과 습도를 가진 거대한 공기의 집합이다. 습도는 공기 중의 수증기의 양이다. 기단은 넓은 범위의 육지 혹은 수면 위에 형성된다. 기단은 며칠 혹은 몇 주 동안 그것이 형성된 지역에서 열을 받거나 서늘해진다. 극지방에 형성된 기단은 서늘하거나 차갑다. 열대 지역에 형성된 기단은 따뜻하거나 뜨겁다. An air mass is a huge body of air that has nearly the same temperature and humidity. Humidity is the amount of water vapor in the air. Air masses form over large areas of land or water. For several days or weeks, an air mass is heated or cooled by the area over which it forms. An air mass that forms in the polar areas will be cool or cold. An air mass that forms in a tropical area will be warm or hot.

(Scott Foresman Science, 2006, p.190)

텍스트2

화자1: 기단이 뭐죠? What is an air mass?
화자2: 공기의 덩어리예요. It's a mass of air.
화자1: 맞아요, 그런데 그게 무슨 뜻이지요? Yes, but what does that mean?
화자2: 글에서 말한 것처럼 공기의 집합이에요. It's like the text says, it's a body of air.

텍스트3

화자1: 공기의 집합이 뭔지 알아? Do you know what is body of air?
화자2: 내 생각에는 우리의 몸하고 비슷한 것 같아. I think it's like our body.
화자1: 흠… 나는 아닌 것 같은데. 혹시 이거, 공기의 부분들 같은 거 아닐까?
Hmm… I don't think so. Maybe it's like, it has its own parts?

텍스트4

기단은 거대한 공기의 집합이다. 이것은 날씨와 연관이 있으므로 우리 세계에서 중요하다. 나는 기단이 따뜻할 수도 있고 차가울 수도 있기 때문에 그것을 좋아한다. An air mass is a large body of air. They are important in our world because they are related to our weather. I like air masses because they can be cold or warm.

각 텍스트는 같은 종류의 어휘를 사용하고 있으나 문법은 각기 다른 사용 맥락에서 단어와 의미가 어떻게 나타나는지 알 수 있게 도와준다. 텍스트 1은 교과서의 설명문에서 가져온 것이다. 여러분은 아마 정의하는 방식, 정보가 구와 문장으로 밀도 있게 쌓인 방식, 그리고 한 번 제시되었던 단어로 다시 돌아가 정의하고('습도 humidity'의 경우처럼) 개념을 설명하면서 ('기단은 넓은 범위의 육지 혹은 수면 위에 형성된다. Air masses form over large areas of land or water.'와 같은 경우처럼) 설명문이 텍스트 내에서 발전되는 방식을 통해서 이를 알아차렸을 수 있다.

텍스트2는 명백하게 대화 참여자 중 한 사람이 다른 참여자에게 더 정확한 정의를 해 줄 것을 요구하는 상호작용 맥락에서 형성된 것이다. 주어진 질문들은 화자 1이 화자 2에게 더 자세히 설명하도록 요구할 수 있는('맞아요, 그런데 그게 무슨 뜻이지요? Yes, but what does that mean?'), 보다 권위 있는 위치에 있게 하는 것들이므로, 당신은 화자 1이 아마 교사일 것이라고 추측할 수 있다.

텍스트3은 자신들이 읽은 텍스트의 의미를 탐색하는 제2언어 학습자 간의 짝활동에서 형성된 상호작용으로 볼 수 있을 것이다.

텍스트4는 학습자의 구두 발표나 서면 보고서일 수 있다. 이는 학습자가 쓴 전반적인 텍스트의 구조를 통해 알아낼 수 있는데, 여기에서는 마지막에 기단에 대한 호불호와 같은, 이러한 종류의 텍스트에 적합하지 않은 내용이 언급되어 있다.

이러한 예들이 보여 주듯, 우리가 사용하는 언어는 우리가 다른 사람과 의미를 함께 구성하기 위해 상호작용하는 맥락, 그리고 말하기와 쓰기 맥락이 공식적이거나 비공식적일 수 있다는 것을 시사한다. 주제와 과목이 동일한 경우에도 언어가 산출하는 의미는 매우 다양하기 때문에 우리가 상이한 일을 상이한 맥락에서 해 나가듯이 문법도 다른

방식의 의미를 이끌어 낼 수 있는 가능성이 있다.

본서의 초점은 주로 학교 생활schooling의 맥락, 그리고 학습자들이 학습 시 언어를 통해 마주치게 될 문법적 형태에 맞추어져 있다. 이러한 언어는 때로 '학교에서의 성공적인 학습과 관련이 있는 개념과 아이디어들을 구어와 문어 상황modes 모두에서 이해하고 표현할 수 있는 능력(Cummins & Man, 2007, p.797)'으로 정의되며 **학문적 언어**academic language로 불린다. 학습자들이 학교에서 맞닥뜨리게 되는 언어는 일상에서 비공식적인 방법으로 사용되는 그들의 언어와 다르다. 학문적 언어를 배운다는 것은 단순히 새로운 어휘를 배우는 것이 아니라 문장과 텍스트를 구성하고, 독자와 상호작용하며, 관점을 제시하는 완전히 새로운 방식을 배우는 것이다. 이는 매우 어려운 일일 수 있다. 당신은 이 책을 통해 학습자가 교과목에서 마주하게 되는 종류의 텍스트 의미를 이해하고 생성하는 데 참여할 수 있도록 문법을 교수하는 방법을 배울 수 있다. 이는 학습을 성공적으로 이끌면서 학습자들의 제2언어 숙달도를 높이는 데 도움을 줄 것이다.

일반적으로 사람들은 목적을 가지고 유의미하게 사용할 때에만 새로운 언어를 배울 수 있다. 사람들은 의미를 형성하는 새로운 방법을 찾을 이유를 가져야 하며, 이러한 이유의 탐색을 지속할 수 있는 성공적인 경험을 쌓아야 한다. 아동들은 일반적으로 학교에서 성공하고자 하는 동기를 가지며, 당신은 그들의 학문적 언어 학습을 돕는 문법 교수 방식을 통해 그들의 성공을 도울 수 있다. 그러나 아동들이 학문적 언어를 배우기 위해서는 그들이 마주치는 텍스트에서 언어가 어떤 방식으로 작용하는지 이해하도록 도와줄 수 있는 교사가 필요하다. 아동들은 언어의 구조에 집중하게 하고 그것이 어떤 의미인지 설명해 줄 수 있는 교사의 지도에 따라 듣기, 말하기, 읽기, 쓰기 활동의 유의미한 맥락 안에서 학문적 언어를 체험해야 한다.

일상생활과 관련된 것으로 보이는 이야기들일지라도 그 이야기의 줄거리, 등장인물, 주제를 만들기 위해 사용되는 언어는 일상생활의 상호작용을 구성하기 위한 '일상적인' 언어와는 많이 다르다. 게다가 저학년early grade이라고 하더라도 학교 교육과정을 구성하는 언어들은 종종 아동들이 학교 밖에서는 접하기 힘든 구조와 어휘를 사용하는 문학적·과학적인 것이다. 이러한 어려움에 대한 흔한 답변은 언어에 대해 어려움을 겪는 학습자들에게 '쉬운' 자료를 제시하고, 교육과정을 단순화하라는 것이다. 단순화된 텍스트가 학습에 있어 일정한 역할을 하기는 하지만, 학습자들이 자신의 학년에 맞는 텍스트 관련 활동에 참여할 수 있는 기회를 확장하고, '너무 어렵다'고 생각되는 텍스트의 의미에 접근하도록 지원하는 것도 중요하다. 아동들은 그들이 읽는 텍스트에 나타난 언어의 패턴을 이해하는 것을 배우고, 그 패턴을 자신의 말하기, 쓰기에 사용해야 할 수도 있다. 이 책에서는 학습자들이 이 패턴에 주의를 기울이게 하고, 그들의 경험을 도우며, 이러한 패턴들의 사용을 증진시킬 수 있는 방법들을 제시할 것이다.

학문적 용어를 어떻게 사용할 것인가에 대한 기대의 차이는 교사와 학습자들이 한 과목의 맥락에서 다른 과목의 맥락으로 이동할 때 나타나는데, 이는 각각의 과목 영역에서 기대되는 활동과 이를 달성하기 위한 언어의 사용 방식이 있기 때문이다. 예를 들어 학습자들이 읽은 이야기에 대해 토론하는 데 필요한 언어는 과학 실험을 위해 협업을 할 때 사용하게 되는 언어와는 다르다. 또한 언어 교과Language Arts의 독후감 쓰기는 과학 보고서 쓰기와는 다른 방식을 요구한다. 구어와 문어로 된 학문적 과제에서, 언어 자원들은 직접적인 목적에 따라 여러 방식으로 사용되어야 한다. 한 맥락에서 다른 맥락으로 이동할 때 문법적 선택이 달라지는 방식을 이해하는 교사는, 아동들이 내용 지식과 언어를 동시에 발달시켜 모든 내용 영역에 걸쳐 성공적으로 교실 활동에 참여할 수 있도록 준비시키는 특별한 학습 기회를 제공할 수 있다.

1.4 누가 문법을 배워야 하는가?

이 책에서 고려하는 학습자들은 제2언어 학습이 일어나는 다양한 맥락의 초·중등학교 교실에 있는 학습자들이며, 따라서 문법 교수의 초점은 학습자들이 다년간의 학교생활에서 일반적으로 참여하게 되는 종류의 텍스트와 과제에 있다. 이 책의 목표는 교실 학습에서 유의미한 방법으로 문법을 가르치는 데 관련 연구들이 어떤 도움을 줄 수 있는지를 보여 주는 것이다. 이를 위해 2장에서는 관련 연구들이 학교school setting에서 이루어지는 언어 학습에서 주의 집중-초점attention-focusing과 **주목**noticing을 증진하는 데 매우 중요하다고 밝힌 문법 교수의 역할에 대해 다룰 것이다.

아동들이 제2언어, 혹은 외국어를 배우는 데는 다양한 이유가 있고, 그들이 교육을 받는 상황 역시 다양하다. 우리는 이 모든 맥락에 걸쳐 문법 교수에 대한 다양한 접근법을 볼 수 있다. 제2언어 학습자는 각기 다른 언어적, 문화적 배경을 가지고 있으며 숙달도 단계, 모어를 통해 익힌 학교 교과 지식에도 차이가 나는 등 매우 다양하다. 그러나 그들의 배경과 상관없이, 아동들은 다양한 학문 분야에 걸쳐 학교 교과를 학습할 것을 요구받는다. 이 학습자들은 교과 영역의 범위 내에서 공식적 혹은 비공식적인 맥락을 통해 구어나 문어 형태로 마주치는 다양한 언어 형태들을 다뤄야 한다. 이것이 학교에서 제2언어를 학습하는 것을 어렵게 만든다. 학문적 언어를 사용해서 읽기와 쓰기, 그리고 상호작용하기를 배우는 것은 학습자가 교과 학습이 요구하는 의사소통 기능과 **문식성**literacy을 달성하도록 도울 수 있는, 언어 발달을 위한 조력을 필요로 한다.

이민자 집단의 일원과 같이 제2언어 맥락에서 제2언어를 학습하는 많은 언어 학습자들은 새로운 언어 환경에서 몇 년을 지낸 후에도 학문적 언어와 학문적 주제를 다루는 데 어려움을 겪는다. 제2언어에 전혀 숙달되어 있지 않거나 숙달도가 매우 낮은 새로운 이민자들은 언어 발달을 위한 집중적인 도움을 받아야 한다. 그리고 이러한 집중적인 도움은 새로운 이주민들을 교수하기 위해 특별히 만들어진 수업을 통해 제공된다. 그러나 교수 언어의 숙달도를 높여 가는 학습자들은 대개 교과 학습이 이루어지는 일반 교실에 바로 들어가게 되며, 대부분의 언어 학습은 지속적인 언어 전문가의 도움 없이 이루어진다.

이 책에서 제시하는 제2언어 문법 교수 접근법은 언어 학습 맥락 속에서의 교사와 학습자를 가정한다. 여기서 제시하는 활동과 접근법은 모든 숙달도 단계에 있는 제2언어 학습자가 문법에 초점을 맞추도록 돕기 위해 구안되었다. 고급 학습자라고 해도 그들이 읽고 쓰는 텍스트에 사용되며 말하기와 듣기를 도와주는 언어의 작용 방식에 지속적으로 주의를 기울일 필요가 있다. 다음은 여기에서 제시한 방법을 적용할 수 있는 몇 가지 맥락들의 예시이다.

이민자 공동체의 학습자들

아동들은 학교 밖의 언어 경험이 매우 다양한데, 이것이 특히 중요하게 취급되는 이유는 학문적 언어의 **사용역**register이 수업에서 중점적으로 확인되고 있기 때문이다. 최근 교실에 언어적 소수자인 아동이 증가하면서 학문적 언어에 대한 많은 연구가 촉진되었으나, 이러한 아동들 자체는 다양한 그룹으로 나뉜다. 미국의 상황에서, 이러한 학습자들 중 일부는 사용역과 양태에 걸쳐 아직 언어를 배우는 과정 중에 있는 **영어 학습자**English Language Learners, ELLs이다. 한편, 유창한 영어 사용자임에도 불구하고 다양한 이유에서 가정과 공동체에서 영어로 의사소통을 하지 않았기 때문에 학교에서 요구되는 언어 사용역의 범주를 발달시킬 수 없었던 아동들이 있다. 또한 영어 학습자들이 모어로 참여해 온 언어 사용역의 범위도 다양하다. 예를 들어 나이가 조금 든 후에 미국에 이민 온 아동들은 모국의 교육 체제에 따라 문식성을 발달시키고 학문적 용어를 배운 경험이 있기 때문에 말하기와 쓰기의 '훈련된' 방식이라는 개념에 이미 친숙하므로 학문적 영어를 배우는 것에도 잘 적응할 것이다. 반면 학교 밖에서 영어로 된 학술적 용어의 사용역을 활용할 수 있는 활동에 참여할 기회가 거의 없었던 영어 학습자들은 (학교 밖에서 이러한 사용역에 노출된 적이 없는 영어 모어 화자들처럼) 해당 사용역의 발달을 위한 상당한 지원이 필요하다.

일반 초등학교나 중등학교 교실에 있는 많은 제2언어로서의 영어 학습자들은 모든 학습자들의 학습을 지원할 수 있는 방식의 언어에 주의를 기울여야 한다. 기번스(Gibbons, 2006b)는 이러한 맥락에서 교육과정을 계획할 때의 세 가지 원리를 제시했는데, 이는 교육과정 내의 실제적인 자료 사용, 인지적·지적으로 어려운 과제의 부여, 비계(飛階)scaffolding를 통한 도움 제공이다. 기번스는 교사가 각 주제에서 요구되는 언어를 분석하고, 이를 바탕으로 초점이 될 언어를 선택한 후, 초점이 될 언어의 교수를 위한 활동을 설계하도록 조언했다. 기번스는 텍스트에서 특정 언어 형태로, 맥락의 의미에서 언어 형태로, 이미 알고 있는 형태로부터 새로운 형태로 나아가는 것과 같이, 먼저 더 넓은 맥락을 살펴봄으로써 어떻게 언어 활동의 설계를 위한 분석을 실행할 수 있는지 보여 주었다.

내용 중심 언어 교수법에 따른 수업의 학습자들

내용 중심 언어 교육 교실에서 학습자들은 새로운 언어를 배운다(Lightbown, 2014). 몰입 교육 프로그램은 일반적으로 같은 모어를 갖고 있는 학습자들에게 제2언어를 매개로 하여 교과목을 가르치기 때문에 공식적이고 비공식적인 맥락 모두에서 제2언어를 사용하도록 돕는 것은 지속적인 과제이다(Lyster, 2007). 몰입 교육 프로그램을 수강하는 아동들은 보통 학교 교육 시기 동안 제2언어를 지속적으로 학습하므로, 그들의 교사들은 교육 기간 동안 도움이 될 수 있는 문법의 발달을 이해할 방법이 필요하다. 양방향 몰입two-way immersion이라고 불리기도 하는 이중 몰입 교육 프로그램dual immersion program은 교수를 위해 각 언어를 모어로 하는 비슷한 수의 학습자들을 모아 둔 교실에서 문식성과 학문적 내용을 두 언어로 가르친다. 문식성과 내용 교수는 두 그룹 모두에게 두 언어로 제공된다.

보호 교수법sheltered instruction은 아직 제2언어 학습 초기에 있는 학습자들에게 내용 영역의 수업을 제공함으로써 제2언어를 교수하는 내용 중심 접근법이다. 이 교수법은 언어 학습자들에게 그들이 학습하는 언어로 교육과정 내 내용 영역에 접근할 수 있도록 특별한 지원을 할 것을 강조하고 있다(Lightbown, 2014). 새로운 언어와 새로운 교과를 동시에 배우는 내용 중심 언어 교수는 제2언어 맥락에서 더 보편적이지만, 외국어 교수 교실에서도 이루어질 수 있다. 커민스 & 만(Cummins & Man, 2007)은 이와 유사하게 학습자들이 **의사소통식**communicative 과제 기반 교수 요목에 따라 영어를 학습하는 홍콩의 중등학교 수업에 대해 설명하고 있다. 커민스와 만은 위와 같은 맥락에서 내용교과를 담당하는 교사는 자신을 언어 교사로서 인식해야 하며, 학생의 주의가 언어의 **어휘적**lexical, 문법적, 그리고 담화적 형태로 향하도록 해야 한다고 주장했다. 그러나 교사가 일반적인 텍스트 대신에 단순화된 텍스트를 사용하게 된다면 학습자들은 중등학교 학습자 수준에 맞는 학문적 수준의 교과 내용에 대한 이론, 쟁점, 관심사를 고심해 볼 기회를 가질 수 없을 것이다. 문법에 초점을 맞추는 것은 이러한 학습자들이 필요로 하는 더 난이도 있는 교수를 제공할 수 있다. **내용 언어 통합 학습**Content and Language Integrated Learning, CLIL은 초기에 유럽에서 중등학교의 학습자들을 위해 제2언어 학습의 기회를 확대할 목적으로 발전된 내용 중심 언어 교수 접근법이다. 내용 언어 통합 학습을 적용한 수업에서 교사는 교과를 배우고 이해하기 위한 역할의 측면에서 주제 관련 언어에 접근하며, 언어와 내용은 분리될 수 없는 것으로 본다(Llinares, Morton & Whittaker, 2012).

외국어 프로그램의 학습자들

외국어 프로그램은 학습자들이 학교 밖 맥락에서는 일반적으로 사용하지 않는 언어로 교수된다. 이와 같은 교육 프로그램의 목표는 학습자가 장래에 사용하게 될 언어의 숙달도를 향상시키는 데 있다. 외국어 교수의 가장 큰 어려움은 아동에게 의미 있는 방식으로 언어를 사용할 수 있는 확실한 기회를 제공하기 어렵다는 것이다. 내용 중심 언어 교수를 도입하는 것은 이러한 기회를 제공할 수 있는 한 가지 방법이 된다.

1.5 문법 교수가 제2언어 수업에 어떻게 조화될 수 있는가?

제2언어 학습자들은 모어 화자보다 형태와 의미의 연결에 대한 더 많은 정보를 필요로 한다는 점에서 문법 교수에서의 제2언어 학습자들의 요구는 모어 학습자들의 요구와는 다르다. 위에서 논의한 바와 같이 제2언어 학습자들은 목표 언어에 대해 모어 화자와 같은 직관을 갖지 못하기 때문에, 그들에게 '어떤 것이 올바른 것처럼 들리는지. What sounds right.'에 대해 생각해 보도록 질문하는 것은 효과적이지 않다. 대신, 제2언어 학습자들은 자신이 읽는 텍스트에서 문법이 어떤 방식으로 사용되었는지 주의를 기울이고, 글을 쓸 때는 배운 문법을 활용하도록 격려받아야 한다. 이에 더해 그들은 언어의 형태와 의미의 연결에 대해 이야기할 기회가 필요하다. 이에 대해 엘리스(2006)는 다음과 같이 언급했다.

> *문법 교수*는 특정한 문법적 형태에 학습자의 주의를 향하게 할 수 있는 모든 교수 기술을 포함한다. 이러한 교수 기술은 학습자들이 문법을 메타언어적으로 이해하게 하고 이해 또는 생산의 과정을 거치게 하여 특정한 문법적 형태에 주의를 기울이게 함으로써 학습자들이 이를 내면화할 수 있게 하는 것이다. *Grammar teaching* involves any instructional technique that draws learners' attention to some specific grammatical form in such a way that it helps them either to understand it metalinguistically and/or process it in comprehension and/or production so that they can internalize it.
>
> (Ellis, 2006, p.84)

2장에서는 이 책에서 제시하는 문법에의 접근 방식을 뒷받침하기 위한 이론들에 대해 다룰 것이다. 사회문화적 이론은 사용 맥락 내에서의 유의미한 상호작용을 통해 언어가 학습된다는 것을 이해하도록 도와주며, 제2언어 발달에 대한 최근의 이론에도 영향을 미쳐 왔다. 그러나 제2언어 발달에 대한 이론은, 어린 학습자들이 참여하는 유의미한 상호작용 속 언어에 대한 학습자들의 명시적 주의를 향상시킬 필요가 있다는 점 역시 강조했다. 기능 언어학 이론은 이러한 이론적인 시각에 더해, 학습자들이 학과목을 학습하는 데에 도움이 되는, 언어 사용의 유의미한 맥락에서의 명시적인 형태-의미 연결을 설명할 수 있는 유용한 메타언어를 제공한다.

제2언어 문법에서의 **형태 초점 교수**form-focused instruction는 **계획적인**planned 것일 수도 있고, **우연적인**incidental 것일 수도 있다(Ellis, 2001, 2006). *계획적인planned* 문법 교수는 초점을 두어야 할 형태를 미리 선택하는 것을 의미하는 반면 *우연적incidental* 형태 초점 교수는 교사가 학습자들의 언어 사용에 대한 피드백을 제공해 줄 때, 의사소통적 활동 안에서 자연스럽게 일어나는 것이다. 이 책의 중요한 목표는 학습 단원 전체에 걸쳐 형태 초점 교수를 발전시켜 나가는 방법을 제시하는 것이다. 형태 초점 교수는 형태와 의미에 대한 계획된 주의 집중을 포함하며, 이후에는 여러 종류의 언어 사용과 관련된 학습 활동을 통해 형태에 대한 우연적인 주의 집중도 포함시킨다.

이 책에서는 형태보다 의미에 우선적으로 초점을 맞추는 피드백 제공의 사례를 제공할 것이다. 이는 학습자들이 목표 언어의 구조를 더 정확하게 사용하도록 도울 것을 강조하던 문법 교수에서 전통적으로 교사의 책무라고 여겨지던 것과는 다를 것이다. 예를 들어, 시마 & 장(Simard & Jean, 2011)은 제2언어로서 영어를 가르치는 네 개의 교실과 제2언어로서 프랑스어를 가르치는 네 개의 고등학교 교실에 대한 최근의 관찰 연구에서, 교사들이 지속적으로 형태에 대한 학습자들의 주의를 의미 중심의 연습으로부터 분리해 낸다는 사실을 포착했다. 사실, 이들의 연구는 언어에 대한 담화 수준의 토의나 텍스트 중심의 대화가 거의 없다는 것을 확인했다.

그러나 문법 학습의 중점은 (학습자들이) 담화에 참여할 수 있도록 해야 한다는 데 있기 때문에, 어떤 문법 교수 접근법이든지 학습자가 단어 수준의 표면 형태를 올바르게 사용하게 할 뿐만 아니라 유의미하게 담화에 참여할 수 있도록 언어 구조를 활용하게 도와야 한다. 이는 언어가 교수의 중심이 되는 제2언어 수업뿐만 아니라 학습자들이 언어를 과목과 연계하여 학습해야 하는 제2언어 교실에서도 중요하다. 이를 위해서는 **형태론적**morphological 형태와 문법적 구조에 대한 피드백 이상의 것이 필요하다. 교사들은 학습자들이 구어와 문어 담화에서 활용할 수 있는 자원을 파악하고 이를 사용하는 데 도움을 줄 수 있도록 미리 계획해야 한다. 이는 문법 교수가 교실 학습에서 효과적으로 말하고 쓸 때 사용할 수 있는 자원들을 강조하면서, 학습자가 다른 종류의 의미를 나타낼 수 있는 자신의 문법적 선택에 집중할 수 있도록 계획되어야 한다는 것을 의미한다.

이 책을 읽다 보면, 여기에서 제시하는 문법 교수 접근법은 문법을 내용과 별개로 가르쳐야 하는 것으로 보지 않는다는 점이 분명해질 것이다. 대신에 여기에서는 제2언어 문법 교수가 교사가 다루어야 하는 교육과정과 교육 목표, 교육 방법과 어떻게 완전히 융합될 수 있는지를 보여 줄 것이다. 2장에서 보게 되듯이, 언어 형태에 주목하는 것은 유의미한 언어 사용의 맥락 속에서 최고의 효과를 발휘할 수 있다. 교사와 학습자에게 있어 언어를 사용하는 가장 유의미한 맥락은 학습 내용을 배우기 위해 참여하는 교육적 활동이다. 여러분은 학습자들이 읽는 텍스트를 탐구하는 언어에 대한 대화를 배치시키는 방법을 배울 것이고, 대화와 쓰기를 이끌어 내는 방법을 배울 것이며 이들은 모두 학급 활동에 유용할 것이다. 이러한 방법으로 문법을 가르친다는 것은 학습자들이 학습해야 하는 것에 초점을 맞추고, 이를 학습하기 위해 요구되는 언어를 확인해야 한다는 뜻이다. 학습을 위해 필요한 언어는 교수해야 하는 문법을 결정하는 데 도움을 준다. 텍스트와 활동들은 교육과정의 내용을 보여 주기 위해 그러한 언어를 사용한다. 그리고 이러한 텍스트와 활동들은 문법에 초점을 맞출 유의미한 맥락을 제공한다. 또한 활동은 학습자들에게 문법적 형태를 사용할 수 있는 깊은 지식과 자신감을 개발하기 위해 필요한 연습과 경험을 제공한다.

독자들은 3장과 4장에서 제시되는 문법 접근법이 특정 교수 단원의 교육과정상의 목표를 확인함으로써 시작하는 것을 볼 수 있을 것이다. 우리는 *수업 단원*unit of instruction을 개별 수업이 아니라 교수 문법을 결정하기 위한 맥락에서 살펴본다. 학습자들의 학습은 다음과 같이 각기 다른 유형에서 교수되어야 하는 언어와 문법을 사용할 수 있는 다양한 기회들로 확장되어야 한다.

- 교사의 설명
- 교사와 학습자 간의 대화 또는 학습자들 간의 대화
- 문어 텍스트의 탐구
- 초점이 된 학습 문법을 사용하여 배운 것에 대해 소개하며, 학습 내용뿐만 아니라 학습 문법에 대해서도 평가할 수 있는 학습자들의 말하기 또는 쓰기 과제

아래에서는 문법 초점이 어떻게 내용 교수 단원 안에 융합될 수 있는지에 대한 두 가지 예를 제시한다. 물론 이 방법이 모든 과목의 교수 단원에 적용되어야 하는 유일한 방법은 아니나, 이러한 접근법이 초등학교와 중학교 역사 수업에서 어떻게 효과를 발휘하는지를 볼 수 있다. 우리는 서로 다른 방식의 문법 교수에 중심적 역할을 부여하기 위해 취할 수 있는 네 단계를 설명할 것이다. 이러한 단계들이 어떻게 수업에서 실현될지는 교사가 가르치는 내용과 교수 목표에 달려 있다. 이들은 언어와 내용을 다루는 어려운 작업을 계획함으로써 이루어지는 *거시적 비계macro scaffolding*의 예이다(Schleppegrell & O'Hallaron, 2011). 2장에서는 교사와 학습자들이 교수 단원을 통해 언어와 의미에 대해 상호작용하면서 가미될 수 있는 *미시적 비계micro scaffolding*의 작용을 설명할 것이다.

초등학교 교수 단원과 문법 초점 교수법의 융합: 언어 수업의 예

2학년 영어 학습자ELL들이 언어 교과 수업에서 <버클 경찰관과 글로리아Officer Buckle and Gloria> 이야기를 읽고 있는 **수업 장면 1.1**(18쪽)을 참조하라. 이 책은 경찰관이 초등학교를 방문하여 안전 수칙 교육을 하는 이야기이다.

1단계: 목표 설정, 학습 동기화, 그리고 '텍스트'를 통한 참여

교사는 학습자들에게 이후 1~2주간 수업에서 다루게 될 이야기를 소개한다. 교사는 텍스트를 소개하면서 유의미한 방식으로 텍스트 내의 언어에 대해 이야기하기 위한 몇몇 언어들도 소개한다. 예를 들어 교사는 다음 한 주 동안 이야기를 읽고 이에 대해 이야기하고 쓸 것을 제안하고, 수업에서는 필자가 이야기에서 '명령'을 어떻게 사용했는지에 초점을 맞출 수 있다. 수업에서는 몇몇 명령문들을 확인하고 누가 언제, 그리고 왜 명령을 했는지 이야기할 수 있다. 그러므로 이 지점에서의 초점은 아동들을 이야기에 대한 대화에 참여시키며, 그들의 배경지식을 활용하고 그들 자신의 흥미를 높이는 데 있다. 학습자들은 이 수업에서 소리 내어 읽기read-aloud 활동을 하며 이야기를 시작하였다.

2단계: 유의미한 맥락 안에서 형태에 초점을 맞추도록 하기 위한 텍스트 언어 탐구와 메타언어 사용

학습자들이 이야기를 흥미롭게 읽고 이해한 후, 교사는 이야기 내의 줄거리와 등장인물을 이해하는 데 중심적인 명령문을 필자가 어떠한 방식으로 제시했는지 학습자들이 집중할 수 있도록 활동을 제시한다.

학습자들은 명령형이 어떻게 구성되었는지 살펴보며, *명령command, 질문question, 진술statement, 제안offer*과 함께 *서술문declarative, 의문문interrogative, 명령문imperative*과 같은 메타언어를 사용하여 이야기 내의 명령문의 종류와 명령문이 쓰인 다양한 방법을 살펴보면서 문어를 분석한다. 이것이 **수업 장면 1.1**에서 설명한 활동이 이루어지는 수업의 중요한 점이다.

3단계: 학습 문법에 대한 주의 집중 유지, 직면하는 언어에 대한 학습자 주의 집중의 지속

이제 학습자들이 명령의 형태, 사용, 의미에 대해 반추할 수 있는 기회를 가졌으므로, 교사들은 남은 수업 차시 내내 명령에 초점을 맞출 수 있도록 해야 한다. 교사는 아동들의 명령 사용을 예민하게 의식하고, 그러한 명령의 사용에 주의를 집중시키며, 아동들의 발화를 고쳐 말하고, 명령의 이해와 사용과 관련된 언어 사용을 강조한다. 학습자들은 다른 종류의 유사한 텍스트에서 사용된 명령을 확인하는 작업을 함께할 수 있는 기회를 가지게 되며, 명령이 어떻게 다른 방법들로 실현되는지 기억하도록 서로 도울 것이다.

4단계: 해당 문법을 유의미한 방식으로 사용하도록 학습자들의 참여 독려

교사는 학습자들이 명령을 사용하고, 명령에 대해 이야기하기 위해 배운 언어들을 사용하는 것을 보았을 때, 명령을 해야만 하는 문어 혹은 구어 과제들을 설정해야 한다. 예를 들어, 이야기를 읽고 난 후 아동들에게 명령의 문법을 사용하여 학급의 '안전 수칙' 목록을 작성하도록 할 수 있다.

과목 간 경계가 두드러지지 않는 초등학교 단계에 비해, 중등학교 단계에서는 학습 내용에 따라 학습 목표가 보다 집중되도록 유도된다. 이는 중등학교 단계에서 문법은 결정적으로 내용 학습을 위해 교수되어야 하며, 교사는 학습 내용의 목표를 고려하여 이와 관련된 언어 형태를 확인해야 한다는 것을 뜻한다.

중등학교 교수 단원과 문법 초점 교수법의 융합: 역사 수업의 예

1단계: 목표 설정, 학습 동기화, 그리고 '텍스트'를 통한 참여

역사 교사는 미국의 19세기 노예 제도 논의에 관한 수업을 시작한다. 교사는 의회와 언론에서 제시된 다른 관점과 견해를 학습자들에게 소개하기 위해 다양한 출처의 텍스트를 사용할 것이다. 이 텍스트들을 미리 살펴보는 과정을 통해 교사는 학습자들이 마주할 핵심적 언어 형태들은 토론에 참여한 역사적 인물들의 *말하기*saying*와 생각하기*thinking의 과정이라는 사실을 깨닫게 된다. 교사는 또한 학습자들이 단원의 마지막에서 쓰게 될 에세이에서 이와 같은 관점들을 비교하고 대조해야 한다는 것을 알고 있다.

교사는 이러한 목표를 고려하여, 노예 제도에 대한 논의를 배우면서 필자들이 역사적 인물들의 말하기와 생각하기를 어떻게 묘사하고 있는지에 초점을 맞출 것이며, 학습자들은 다른 관점들을 대조하기 위해 사용해야 할 언어에 대해 생각하게 될 것이라고 알린다.

2단계: 유의미한 맥락 안에서 형태에 초점을 맞추도록 하기 위한 텍스트 언어 탐구와 메타언어 사용

학습자들은 논의 거리에 대한 약간의 배경 지식을 배운 후, 이 문제에 대해 당시 제기되었던 각기 다른 견해가 나타난 연설문과 기사들을 읽는다. 교사는 또한 두 가지 견해에 대해 논의한 텍스트의 예시들을 가져온다. 교사는 학습자들과 함께 예시에서 필자들이 취한 서로 다른 견해의 기술 방식을 **해체**deconstruct한다. 이후에 학급은 소집단이나 짝으로 나뉜다. 교사와 학습자들은 필자가 각기 다른 견해를 나타내기 위해 말하기와 생각하기 동사를 어떻게 사용했는지 살펴보며, 서로 다른 견해를 대조하는 **접속어**conjunction와 **연결어**connectors에 의해 제시된 의미에 집중한다. 교사는 *말하기*saying와 *생각하기*thinking/*느끼기*feeling*의 과정*process, 그리고 *대조와 비교의 접속어*conjunctions of comparison and contrast라는 메타언어를 소개하고 이를 발전시킨다.

3단계: 학습 문법에 대한 주의 집중 유지, 직면하는 언어에 대한 학습자 주의 집중의 지속

이제 학습자들은 필자들이 역사적 논의를 전개하고 다른 견해들을 대조하는 방식들을 살펴보았다. 교사는 남은 단원 수업 내내 이러한 언어적 형태에 초점을 맞출 수 있도록 해야 한다. 교사는 학습자들로 하여금 자신들의 관점에 대해 이야기하도록 주의를 환기시키고, 각기 다른 견해를 취하는 방식에 주의를 집중시키며, 학습자들이 말한 것을 고쳐 말하고, 관점들을 제시하며 대조하는 것과 관련된 언어의 사용을 강조한다. 교사는 연설과 생각을 보고하거나 인용한 문장들을 모델로 제시하고, 학습자들에게 관점의 인용과 보고를 연습하게 한다. 학습자

들은 각기 다른 역사적 인물들에 대한 대조적인 관점을 보고하기 위해 협동하게 된다.

4단계: 해당 문법을 유의미한 방식으로 사용하도록 학습자들의 참여 독려

학습자들이 각기 다른 견해에 대해 이야기하기 위한 언어를 사용하게 되면, 교사는 이를 활용해야 하는 쓰기 과제를 제시한다. 교사는 학습자가 쓸 에세이가 어떻게 구성되고 조직될 수 있는지에 대한 예시를 제공할 것이다. 또한 교사는 각기 다른 역사적 인물의 말하기와 생각하기에 대한 인용이나 보고, 읽기에서 초점을 맞췄던 접속사와 접속어를 사용한 비교와 대조의 수행을 기대한다고 강조한다. 교사는 학습자들의 에세이를 평가할 때 그들이 전개한 의미, 그리고 보고와 인용 및 관점의 대조에서 사용된 언어 형태를 모두 언급할 것이다.

이와 같은 예에서, 우리는 문법 교수가 어떻게 계획되며 언어 및 내용 목표에 대한 초점을 유지하는 일련의 단계들이 어떻게 수행되는지를 볼 수 있다.

- 교사는 교육 과정의 내용 목표에 따라 조정된 해당 교수 단원의 더 큰 목표를 확인하고, 내용 학습을 뒷받침할 문법을 선정한다.
- 학습자의 주의는 문법에 중점을 두는 의미와 기능에 집중된다.
- 학습자들은 형태를 확인하고 이에 주목하기 위해 문법적 메타언어를 사용하여 문법(의 형식과 의미)에 대해 이야기하고, 문법이 유의미한 사용 맥락에서 어떻게 기능하는지를 보기 위해 문어 텍스트를 해체한다.

- 교사들은 학습자들이 교수 단원 내내 말하고 쓰면서 초점이 되는 문법에 주의를 기울이도록 지도한다.
- 학습자들은 문법이 유용하게 사용되는 유의미한 작업에 참여할 수 있도록 하는 과제를 완성한다. 이 과제에 대한 수행은 교사에게 그들의 학습을 평가할 수 있는 기회를 제공한다.

유의미한 텍스트로부터 문법을 선정하고, 문법(의 형태와 의미)에 대해 이야기하고, 문어 텍스트에서 문법을 분석하고, 학습자들이 발화하면서 문법에 집중하게 하고, 학습자들에게 유용한 문법을 사용하게 하는 유의미한 활동에 참여시키는 이와 같은 과정을 통해, 교사는 학습자들이 수행하는 활동과 관계가 있는 언어 자원을 형성하도록 도움을 줄 수 있다.

1.6 기능 문법의 교수 · 학습

의미에 집중하는 것은 언어의 사용 맥락에 주의를 기울이게 한다. 언어 선택은 참여 상황으로부터 영향을 받는다는 사실을 학습자들이 깨닫도록 하는 것은 그들이 언어를 더 유연하게 사용할 수 있도록 돕는다. 이 책에서 가장 중요한 사항 중 하나는 우리가 사용하는 문법이 언어로 수행하는 것과 상호작용하는 대상에 어떻게 영향을 받고 있는지를 보여 주는 것이다. 교과 영역과 과제, 그리고 맥락은 모두 우리가 사용하는 언어에 영향을 준다. 학교에서의 상황적 변이situational variation는 교과목에 따른 언어 사용 방식의 차이를 포함한다. 이러한 학과목 영역의 요구는 언어 교사들이 교수에 필요한 문법에 대해 생각하고, 내용 목표의 달성을 위한 수단으로 문법 교육을 사용하도록 돕는다.

맥락 내에서의 의미 초점은 문법 교수의 주요 목적이 언어 사용에서의 정확성을 촉진하는 것이 아닐 수도 있음을 시사한다. 오류는 제2언어 발달에서 자연스러운 부분이기 때문에 제2언어 학습자가 언어 숙달도를 높이기 위해서는 오류를 범할 필요도 있다. 그러므로 문법 교수의 기본적인 목적은 의미와 형태 모두를 고려함으로써 의미 형성을 위한 학습자의 자원을 확장시키는 것이어야 한다. 제2언어 학습자는 다양한 문법적 자원을 학교에 가져오는데, 그들이 이 자원을 더 발전시키며 언어를 사용하는 새로운 방식들을 배우는 것은 바로 교실 맥락에서이다.

이러한 이유로 이 책에서는 기능 문법적 관점을 취한다. 언어학자 마이클 할리데이(Michael Halliday, 1978, 1994)에 의해 발전된 기능 문법은 언어에서 의미가 어떻게 형성되는지 볼 수 있게 하는 도구를 제공한다. 이는 우리가 패턴으로 나타나는 단어들을 인식할 수 있게 하고, 학습자들이 이와 같은 패턴들의 의미를 배울 수 있게 한다. 할리데이(Halliday, 2004)는 학교 교육에서 학습자들은 *언어language*를 배워야 하고, 언어를 *통해through* 배워야 하며, 언어에 *대해about* 배워야 함을 상기시켰고, 그중 언어에 *대한about* 학습이 종종 무시된다고 지적했다. **기능 문법 교수Functional grammar instruction**는 호주에서 널리 도입되었고, 유럽, 아시아, 남미, 북미를 포함한 세계 여러 지역에서도 도입되어 시행되고 있다. 기능 문법적 접근법에서 교사는 우선 의미에 초점을 맞추는 것으로 시작하여 학습자들이 의미를 형성하기 위해 함께 작용하는 형태들에 집중하도록 한다. 어휘, 그리고 전통적으로 우리가 '문법'으로 여긴 것들은 모두 이러한 의미 생산에 개입하므로, 우리가 묘사하는 문법 교수 또한 어휘의 의미 및 형태에 대한 검토를 촉진할 것이다.

이 책은 교사가 학교 교육의 성취를 통해 모든 학습자들이 언어를 성공적으로 다루도록 하기 위해서 내용 교수 중 언어에 초점을 맞출 수 있는 방법을 보여 준다. 이를 이루기 위한 방법 중 하나는 학습자들을 언어에 대한 토론에 참여시키고, 각기 다른 과목에서 언어로 지식을 구성하는 방법을 알아내도록 그들의 인식을 향상시키는 것이다. 언어 그 자체는 학습을 통해서 그 의미가 매우 분명하게 구성되고 평가되지만 많은 수업에서 그에 대해 논의하지는 않는다. 교사들은 학습자들로 하여금 지식을 구성하는 데 있어 언어가 강력하게 사용되는 방법을 분석하도록 함으로써 학습자들도 그 지식의 구성에 참여하게 할 수 있다. 이러한 접근법은 교사가 내용 기반 교수법을 통해 언어를 가르치는 맥락에 적절하다고 할 수 있다.

이 책에서 제시하는 모든 활동들은 학습자들이 반성적 태도를 배양하고, 언어 선택이 어떻게 다른 종류의 의미들을 만들어 내는지 인식할 수 있도록 돕기 위해 설계되었다. 이 활동들은 학습자들과 텍스트의 설명을 해체하여 이야기하고, 개념이 어떻게 제시되며 전개되는지 확인하고, 다른 텍스트를 통해 배울 수 있도록 준비시키기 위한 안내를 제공한다. 기능 문법적 활동은 아동들에게 그들이 읽은 텍스트에 대해 깊이 생각하고, 텍스트의 언어를 다루면서 그 의미가 무엇인지를 확인하며 그것을 스스로 사용하는 데 더 큰 자신감을 키워 나갈 수 있는 기회를 준다. 학습자들은 단순히 읽기를 위해 반복해서 텍스트를 읽는 것에 반대할 수도 있겠으나, 기능 문법적 활동들은 학습자들이 텍스트 내에서 새로운 의미를 찾고 언어를 탐구하는 가운데 흥미를 유지하면서 교육과정 내에서 목적을 가지고 텍스트를 거듭하여 읽도록 도와줄 것이다. 여기에서 제시한 활동들은 또한 학습자들이 쓰기 활동 이전에 언어를 사용하는 새로운 방법을 구어로 연습해 볼 기회를 제공할 것이다. 마지막으로, 기능 문법 활동은 새롭게 발전시킨 언어에 대한 이해를 활용하여 아동들이 더 효과적으로 쓰기를 할 수 있도록 준비시켜 주며, 그들 자신의 의미로 의사소통하는 새로운 방법을 탐구하도록 해 준다.

이 책의 남은 장들에서는 다음 사항들을 강조하며 문법 교수에서의 기능적 접근에 대해 많은 것들을 이야기할 것이다.

- 기능 문법은 언어의 형태에 학습자들의 주의를 집중시키고 어떻게 서로 다른 언어 형식이 서로 다른 종류의 의미를 형성하는지 교육과정 맥락과 연결하여 설명한다. 이는 학습자들이 해야 하는 읽기, 말하기, 쓰기 과제를 성공적으로 수행하기 위해 필요한 문법들을 배운다는 의미이다.
- 기능 문법은 학습자들의 언어적 가용 자원linguistic repertoires을 확장시킬 수 있는 방법을 찾는다.
- 기능 문법 학습은 탈맥락적인 연습이 아니라 학습에 필요한 언어에 초점을 맞추기 때문에 학습자들에게 동기를 부여한다.
- 기능 문법은 교육과정상의 언어를 강조하고 학교 교과목에 쓰이는 언어가 사용되는 방법에 학습자들의 주의를 집중시키므로 학문적 언어 발달을 돕는다.
- 기능 문법 교수는 학습자들이 현재 수행하는 과제에서 사용해야 하는 언어를 가르치기 때문에 효율적이다.

1.7 문법 교수를 위해 교사가 알아야 할 것은 무엇인가?

모든 학년 및 모든 제2언어 학습 맥락의 교사들은 학습자들을 위해 지속적으로 언어를 발달시킬 수 있는 기회를 제공해야 한다. 이는 일상적 대화에서는 제2언어로 유창하게 말할 수 있는 학습자라 할지라도 마찬가지이다. 이러한 학습자들은 여전히 학교에서의 완전한 참여와 교과 영역에서의 성공을 위해 필요한 읽기, 쓰기, 그리고 학문적 언어의 발달을 위해 언어에 대해 배울 것이 많다. 슐레페그렐 & 오핼러런(Schleppegrell & O'Hallaron, 2011)은 중등학교에서의 언어 학습에 대한 연구를 검토하면서, 중등학교에서 제2언어 학습자들의 교사는 모든 과목에 걸친 학습자들의 학문적 언어 학습을 돕기 위해 각기 다른 내용 영역에서 요구되는 언어에 대한 지식이 필요하다고 주장했다. 교사들은 시간이 흐름에 따라 학습자들이 학습에 참여하며 내용 지식과 언어를 발달시킬 수 있도록 도움을 주는 어려운 과제를 계획할 수 있어야 한다. 또한 교사들은 학습자들이 언어와 내용에 참여할 수 있도록 교수 시 매 순간 학습자들을 지원해야 한다. 다른 연구자들 역시 교사와 교사 교육자들이 학문적 **장르**genres의 언어적 특징을 탐구하고 언어에 대해 단어 이해 이상의 **명시적 교수**explicit instruction를 제공할 수 있도록 돕는 새로운 방법을 요구한다(Janzen, 2007을 예로 들 수 있다). 기능 문법이 바로 이를 위한 도구이다. 예를 들어, 게브하르트, 첸, 그리엄 & 구나완(Gebhard, Chen, Graham & Gunawan, 2013)은 테솔TESOL 석사 과정 학습자들이 기능 문법을 이용하여 어떻게 교육과정과 교수 방법을 설계했는지 설명하였다. 이렇게 함으로써 문법에 대한 그들의 생각은 '전통적인 문장 단위, 형태 초점적인 시각에서 더욱 기능적인 이해로 바뀌었다(Gebhard, Chen,

Graham & Gunawan, 2013:107).'

아마 여러분들은 이 책이 독자에게 기대하는 것이 어떤 종류의 기술적인 언어인지 궁금할 것이다. 우리는 여러분들이 *명사*noun, *동사*verb, *접속사*conjunction, *절*clause과 같은 전통적인 문법 용어에 익숙해지기를 바란다. 만약 당신이 이러한 용어들을 다시 공부해야 한다면, 이를 위해 활용할 수 있는 많은 자료가 있다(204쪽의 더 읽어 보기 참조). 다른 용어들을 소개할 때는 그것에 대해 설명할 것이다. 우리는 교사들이 문법에 대한 적은 지식만을 가지고 있어도 교수 내용에 문법 지도를 도입할 수 있으며, 언어에 대한 주의를 촉진시키는 활동에 아동을 참여시킴으로써 교사가 더 큰 이해에 도달하게 된다는 사실을 알아냈다.

이 책의 내용을 따라가면서 여러분은 언어 참여에 초점을 맞추는 법을 배울 것이다. 우리는 여러분과 여러분의 학습자들이 일상적인 언어를 언어의 작용 방식에 대한 대화로 발전시킬 수 있도록 도울 것이다.

1.8 요약

이 장에서는 이미 알고 있는 문법 교수에 대해 다시 생각해 보고, 이를 실제적으로 어떻게 적용할지 생각해 보는 기회를 가졌다. 또한 학습자들이 초등학교와 중학교에서 문법을 배우는 몇 가지 맥락에 대해 설명했고, 문법 교수에서 교사가 수행해야 할 역할을 제시하였다. 2장에서는 제2언어 학습자들에게 문법이 교수되는 방식에 대해 알려주는 이론과 연구들에 집중하기로 한다.

제2장 문법의 교수 · 학습

2.1 개관

이 장에서는 어떻게 하면 문법 학습이 가장 잘 이루어지는지, 그리고 교실에서의 교수가 어떻게 문법 학습을 도울 수 있는지 이해할 수 있게 해 주는 여러 이론을 살펴볼 것이다. 최선의 문법 학습과 그 지도 방법에 대한 이해에 있어 가장 중요한 이론적 관점은 교수와 학습에 대한 사회문화적 지향성을 내포하고 있다. 이러한 사회문화적 지향성은 언어 발달이라는 것이 형태와 의미 모두에 명시적으로 초점을 두는 상호작용 맥락 안에서 이루어진다고 보는 관점이며, 언어 사용에 관한 기능 이론적 관점이다. 앞으로 살펴보게 될 바와 같이, 언어 학습에 대한 이해에 도움을 주는 이론은 K-12[1] 교실에서의 문법 교수에 대한 연구에도 도움을 주어 왔다. 또한 K-12 교실에서의 문법 교수에 대한 연구는 수업에 문법 교수를 도입하는 최선의 방식에 대한 우리의 착상에 큰 영향을 미쳤다.

1) 미국과 캐나다, 호주 등에서 이루어지는 공교육 기간 중 4-6세의 유치원kindergarten 단계부터 17-19살의 12학년까지를 가리킨다(역자 주).

2.2 사회적, 인지적, 그리고 기능적 관점

이 책에서 제시하는 문법 교수 접근법의 특징은 이것이 실제적인 언어 맥락에서 수행되며 담화에 기반을 두고 있다는 점이다. 이러한 접근법은 학습에 대한 비고츠키의 사회문화적 관점을 바탕으로 구축된 것이다(Vygotsky, 1978, 1986 등). 우리는 비고츠키의 사회문화적 관점을 통해 인지적 활동과 사회적 활동이 분리되지 않는다는 사실을 이해할 수 있다. 학습은 특정한 환경에서 수행하는 구체적인 상호작용 안에서 일어나며, 학습의 결과 역시 이러한 상호작용을 통해서 얻게 된다. 상호작용에 참여하는 것은 언어 사용의 기회를 제공하는데, 이러한 참여는 학습자들이 언어를 사용하는 새로운 방법을 내면화할 수 있도록 한다. 즉, 사회적 상호작용을 통한 경험이 언어와 세계에 대한 지식을 형성하는 것이다. 이 책에서 우리가 초점을 맞추는 사회적 맥락은 수업이다. 수업은 학교 교육 맥락에서 이루어지는 상호작용, 그리고 교과목과 관련하여 필요한 언어의 학습을 어떻게 하면 가장 훌륭하게 도울 수 있는지를 보여 줄 수 있는 배경이다. 비고츠키는 이러한 언어를 더 잘 알고 있는 언어 사용자인 교사가 학습자의 현재 능력 수준을 약간 상회하는 언어 사용 기회를 제공하며, 새로운 방식으로 언어를 인지하고 사용하도록 이끌고, 쓰기와 말하기를 통해 언어를 생산하도록 도울 수 있다고 말했다.

최근의 제2언어 발달 이론들은 형태와 의미 모두를 목표로 하는 언어 학습의 관점을 제안하는 데 있어 사회언어학적 이론의 도움을 받고 있다(Lightbown & Spada, 2013). 이러한 연구는 언어에 대한 관심을 유지하기 위해서는 유의미한 활동 맥락이 필요하다는 관점을 일관되게 지지

한다(Ellis, Basturkman & Loewen, 2002). 이러한 관점에 따르면 제2언어는 학습자들이 유의미한 사용 맥락에서 빈번하게 마주치는, 그리고 형태와 의미에 주의를 기울일 것이 명시적으로 장려되는 상황에서의 상호작용을 통해 발달한다. 제2언어 발달은 수월한 여정이 아니다. 학습자들은 그들이 문법 규칙을 알고 형태에 대한 피드백을 받는다고 해서 정확하게 언어를 생산하기 시작하는 것이 아니다. 학습자들은 지속적으로 오류를 생산하고, 말하거나 쓰면서 부적절한 형태를 사용하며, 목표 언어로 수행되는 다양한 상황들을 요구한다.

새로운 언어는 이를 완전히 알게 될 때까지 한 번에 한 요소씩 익히는 방식이 아니라, 새로운 언어를 사용하고 이에 주의를 기울이는 기회를 가짐으로써 학습하게 된다(Ellis & Larsen-Freeman, 2006). 앨리스 & 라슨-프리먼은 **제2언어 습득**second language acquisition, SLA의 기제를 설명하기 위해 사용되는 '주의 집중, 선택적 주의 집중, 차이에 주목하기…'(p.569)'와 같은 용어들이 모두 심리 작용에 관한 것이라는 점을 지적했다. 그러나 그들은 또한 '언어 사용, 사회적 역할들, 언어 학습, 그리고 의식적 경험은 모두 사회적으로 주어지고, 협상되고, 뒷받침되고, 지도받은 것(p.572)'이라는 점도 지적했다. 언어 학습은 사회적이고 인지적인 과정들을 포함하며, 교실에서의 학습은 이러한 두 가지 측면이 모두 촉진될 수 있는 맥락을 제공한다. 우리는 특히 의사소통 상황이나 내용 중심 교수 상황에 놓인 학습자들이 성공적인 학업에 요구되는 언어 발달 수준을 성취하기 위해서는 언어 형태에 대한 명시적인 주의 집중이 필수적임을 뒷받침하는 연구들을 살펴볼 것이다. 문법 교수는 학교 교육의 맥락에서 제2언어 발달에 필요한 *주의 집중*noticing과 *의식 향상* awareness raising을 촉진한다.

이와 같은 사회문화적 관점은, 이 책에서 제시할 기능 문법적 관점을 제공하는 마이클 할리데이의 이론(Michel Halliday, 1978, 1994)에 의해서도 뒷받침된다. 그의 이론에 따르면, 언어란 우리가 사회적 삶을 영위하고 우리의 세계 경험을 해석하는 바탕인 의미 체계를 제공해 주는 의미 구성 자원이다. 이 이론은 학교 상황에서 아동들의 제2언어 및 외국어 학습을 촉진하는 방법으로, 형태와 의미를 연결할 수 있도록 하는 유의미한 메타언어를 제시한다. 우리는 언어의 작용 방식에 대한 명시적인 형태의 문법적 메타언어가 가지는 중요성과 함께, 메타언어가 어떻게 언어 발달에 필요한 주의 집중과 초점화를 가능하게 하는지에 대해 논의할 것이다. 우리는 언어 선택에 초점을 맞춰 이루어지는 텍스트에 관한 대화에서 문법이 어떻게 다루어질 수 있는가에 대해 살펴볼 것이다. 또한 교실에서 이루어지는 문법에 대한 대화가 어떻게 학습자들의 읽기와 말하기, 쓰기, 그리고 내용 학습에 도움을 주는지에 대해서도 알아볼 것이다.

이 책에서는 문법의 교수·학습에 대한 우리의 생각에 대해 알려 주는 이론의 주요 측면을 개관한다. 그리고 3장과 4장에서 제시하는 우리의 문법 교수에 대한 접근법을 이끌어 낼 이론에 기반한 교육적 틀을 소개한다. 사회문화적 이론과 할리데이의 언어 이론, 그리고 폴린 기번스(Pauline Gibbons, 2006a)의 연구에 기반한 이 교육적 틀은, 교사들이 교실에서의 실제적인 언어 사용의 맥락에서 문법 학습을 도울 수 있도록 하는 일련의 방법들을 제공한다.

2.3 상호작용과 언어 학습

학습자들은 언어 발달을 위해 오직 **이해 가능한 입력**comprehensible input만을 필요로 한다는 개념이 얼마 동안 일반적인 것으로 받아들여졌지만(Krashen, 1982), 이제 학습자들이 높은 수준의 정확성을 획득하고 새로운 언어를 통제하기 위해서는 언어 그 자체에 주의를 기울여야 한다는 사실이 명확히 밝혀졌다. 예를 들어 캐나다의 프랑스어 몰입 교육을 통해서는 교실에서의 자연스러운 학습에 참여하는 것만으로는 높은 수준의 문법적 능숙도를 이끌어 낼 수 없다는 사실이 드러났다(Genesee, 1987; Harley et al., 1990; Harley & Swain, 1984; Swain, 1985, 1996). 스웨인(Swain, 1996)은 몰입 수업을 하는 교실에서의 문법 교육이 종종 언어 사용의 유의미한 맥락으로부터 분리된 채 이루어진다는 사실을 밝혔다. 이러한 사실은 학습자의 언어 발달에 있어 눈에 뜨이는 결핍을 가져온다. 몰입 교육을 받는 학습자들은 종종 목표 언어에 대한 높은 수준의 듣기 및 읽기 이해 능력과 함께 어느 정도의 유창성을 획득하지만, 말하기와 쓰기의 문법적인 정확성에 있어서는 지속적으로 문제를 겪는다. 스웨인(1996)은 몰입 교육을 수행하는 교실의 문제점에 대한 관찰을 통해, 학습된 언어의 몇몇 형태들이(예를 들어 특정 동사의 시제certain verb tense 학습자에게 제공되는 언어에서 거의 나타나지 않으며, 이해 가능한 입력을 통해 이들 형태를 학습할 기회가 주어지지 않고, 이에 초점을 맞추거나 연습할 기회가 매우 적다는 사실에 주목했다. 그녀는 교사들로 하여금 학습자들이 유의미한 사용 맥락 안에서 언어 형태들을 발견하고 주목할 수 있는 기회를 제공하는 교수 계획을 세울 것을 제안했다.

스웨인은 새로운 언어의 유의미한 사용이 그 언어의 완전한 발달을 촉진한다는 사실을 주장하기 위해 사회문화적 이론을 도입했다. 그녀는 캐나다의 프랑스어 몰입 교육 프로그램에 대한 광범위한 연구에 의해 뒷받침되는 영향력 있는 논문에서(Swain, 1985), 학습자들을 더 나은 숙달도로 나아가게 하기 위해서는 **이해 가능한 출력**comprehensible output이 필요하다고 주장했다. 스웨인은 언어 생산이 그 자체로 학습의 원천이며, 학습자들은 스스로를 보다 정확하고 명확하게 표현하기 위해 새로운 형태들을 사용하도록 유도되어야 한다는 것을 지속적으로 주장해 왔다(Swain, 1995). 이에서 더 나아가, 스웨인 & 래프킨(Swain & Lapkin, 2002)은 학습되고 있는 언어가 대화를 통해 분석의 대상이 될 수 있으며, 이러한 대화는 학습자들의 주의 집중과 제2언어 학습 수행을 위해 중요하다고 주장했다. 이러한 관점에 따르면 언어 생산이란 언어 발달의 단순한 *증거*만은 아니다. 언어 생산은 연습을 통해 유창성을 강화하고, 새로운 언어 지식 습득 및 가설 검증을 촉발하는 주의 집중을 장려하며, 학습자들로 하여금 '언어적 지식을 통제하고 내면화(Swain, 1995, p.126)'하도록 하면서 언어 발달을 적극적으로 *돕는다*. 다시 말해서, 언어 생산의 필요성은 언어 학습을 촉진한다.

교사와 학습자 간 상호작용과 학습자 간 상호작용 모두 학습자가 언어의 형태와 의미에 초점을 맞추고 이를 반추해 볼 수 있는 사회적 문맥을 제공한다. 스웨인 & 래프킨(2002)은 언어에 대한 학습자 간 상호작용의 가치를 보여 준다. 그들은 쓰기를 하는 동안 대화를 나누고, 작문의 교정에 대해 의논한 후 고쳐 쓰기를 수행한 7학년(12세) 학습자들의 프랑스어 몰입 교육 프로그램의 예를 보여 주고 있다. 두 연구자는 학습자들이 서로 대화를 나누도록 하는 것이, 형성되고 있는 의미와 이의 사용 형태에 대한 논의를 이끌어 내었다고 밝혔다. 스웨인과 래프킨은 이것을 **메타적 대화**meta talk라고 부르면서, 메타적 대화를 통해 의식적으로 언어 사용에 대해 반추해 보는 것은 '화자들이 문제 해결과 지식 구축에 참여하는 대화인 협력적 말하기의 한 종류(p.286)'라고 주장했다. 앞으로 3장과 4장에서 살펴보게 될 바와 같이, 언어에 대한 협력적 대화는 학습자들이 언어 사용의 실제적인 맥락에서 형태와 의미에 집중하게 하는 수단이다.

Classroom Snapshot_수업 장면 2.1

스웨인(1995)은 프랑스어 몰입 교육 프로그램에 참여한 8학년(13세) 학습자인 키스Keith와 조지George가 *딕토글로스dictogloss*(Wajnryb, 1990) 활동을 통해서 받아쓴 텍스트를 어떻게 재구조화했는지 보여 주고 있다. 두 학습자는 내용과 문법 모두에 주목하고 있었으며, 이러한 종류의 활동을 이미 여러 번 수행했다. 아래는 그들이 재구조화한 딕토글로스의 첫 번째 문장이다.

환경과 관련해, 우리가 근심하는 문제들이 있다. En ce qui concerne l'environnement, il y a beaucoup de problèmes qui nous tracassent.(p. 133)

이 부분에서, 두 학습자는 *tracassent*의 의미와 형태에 대해 자신들이 이해한 바를 함께 논의하고 있다. 그들은 동사 *tracasser(근심하게 하다)*를 참고 서적에서 찾아보고 *nous(우리들)*는 절의 주어가 될 수 없다는 사실을 깨달았다. *nous*가 절의 주어일 경우(*-ons*)와는 동사의 어미가 달랐기(*-ent*) 때문이다. 키스는 교사에게 이에 대해 질문한다. 그리고 교사는 일부러 이 질문에 대해 답을 주지 않으면서, 학습자들이 절의 실질적 주어인 *problèmes*(문제: problème의 복수형)에 주의를 기울이도록 했다.

1. 키스: (…) *tracasse*, *aimons*, 이건 *tracasse* 아니야? [방금 온 선생님에게] 이건 nous tracasse [그의 노트에 적은 것]가 아니에요. nous tracassons인가요? 'tracasse', 'aimons', n'est-ce pas que 'tracasse', ce n'est pas 'nous tracasse', c'est 'nous tracassons'?
2. 교사: 우리가 *근심하는nous tracassent* 것은 *문제들PROBLÈMES*이에요. Ce sont des PROBLÈMES qui nous tracassent.
   (…)
3. 조지: 아!(무슨 상황인지 이해하기 시작한다.)Oh!

(…)
우리가 *근심하는nous tracassent* *문제들Les problèmes.* 이건… *문제들les problèmes*이에요...우리가 근심하는. Les problèmes qui nous tracassent, like the…c'est les problems… like, that concerns us.
(…)
근심하게 하다Tracasse 이건 아니, 이건 아니에요…음, 모르겠어요[그가 발견한 것을 분명히 설명할 수 없다]. 'Tracasse' c'est pas un, c'est pas un…Oui, I dunno.

4. 키스: 알겠어요. 이건 *우리가 근심하는nous tracassent* *문제들les problèmes*을 이야기하는 거예요. 그러면 *tracasse*가 동사예요? 동사 변화시켜야 하는? OK. Ça dit 'les problèmes qui nous tracassent', est-ce que 'tracasse' est un verb? Qu'on, qu'on doit conjuguer?
5. 교사: 음. *Uh huh.*
6. 키스: 그러면 이건 *trassons*인가요? Donc est-ce que c'est 'trassons'?
7. 교사: 우리가 *근심하는nous tracassent* 건 *문제들PROBLÈMES*이에요. Ce sont les PROBLÈMES qui nous tracassent.
(…)
8. 조지: *우리들nous*, 그건, 그건 아니에요. 맞아요. 그건 *문제들*problèms이에요, 그건 아니에요, 그건(주어는) *우리들nous*이 아니에요. Nous c'est, c'est pas, c'est pas, oui, c'est les problèms, c'est pas, c'est pas 'nous'.
9. 키스: 아! [프랑스어로] *E-n-t.* 알겠어, 알겠어. Ah! E-n-t. OK, OK.

(Swain, 1995, pp. 133-4)

키스는 *nous tracasse*가 자신이 프랑스어에 대해 알고 있는 사실과 맞지 않는다는 것을 안다. 프랑스어에서 *nous*가 주어일 때 동사의 어미는 *-ons*이다. 학습자들은 그들이 상의하던 형태를 사전에서 찾을 수 없었다. 교사에게 질문하자 해답을 주는 대신 *problèmes*에 강세를 둠으로써 단서를 제공했다. 마침내 3에서 조지는 단어들이 서로 연결되는 방식을 파악하기 시작했고, 두 학습자는 답을 찾아냈다. 우리는 조지와 키스가 어떻게 함께 동사 *tracassent*의 주어는 *nous*가 아니라 대명사 *qui*로 제시된 *problèmes*임을 알아내는지 보았다. 스웨인이 지적한 바와 같이, 이러한 깨달음은 문장의 의미에 대한 이해를 불러온다. 스웨인은 학습자들이 많은 문법적 메타언어 없이도 그들의 통찰력에 기반하여 형태, 기능, 그리고 의미를 연결하며 이를 밝힐 수 있다는 사실을 관찰했다.

학습자들은 진정한 사회적 맥락에서의 상호작용에 위치하는 언어 사용 및 문법 교수와 함께 언어와 의미를 초점화하며 언어 형태에 주

의를 기울일 수 있는 다양한 기회를 요구하게 된다. 언어 형태와 의미에 대해 토의하는 학습자 간 상호작용은, 목표 언어의 문법이 사용 맥락에서 어떻게 작용하며 문법적 선택들이 어떻게 의미를 구성하는지를 이해하도록 돕는다. 본서에서는 학습자가 교과목을 배우면서 언어를 학습하도록 하는, 교실 상호작용 속 의미 중심 형태 교수법focus on form의 다양한 예들을 볼 수 있다.

2.4 주의 집중과 의식 향상

주의 집중noticing은 학습하는 언어의 언어학적 형태에 주의를 기울이게 하는 방법이다(Nassaji, Fotos, 2004; Schmidt, 1990). 지금까지의 많은 연구는 학습자들의 주의를 형태와 의미의 연결로 돌리는 것이 그들을 고급 수준의 언어 사용 단계로 올려놓는 데 중요한 역할을 한다는 사실을 증명해 왔다. 몇몇 연구자들에게(예를 들어 Swain, 1995) 주의 집중은 학습자들이 말하고자 하는 것과 말할 수 있는 것 사이의 차이를 확인하게 하는 방법으로 간주되었다. 우리는 주의 집중이 학습자들이 의미 생성 과제에 참여하면서 취할 수 있는 선택들에 대한 의식 또한 높일 수 있다는 것을 보임으로써, 주의 집중의 역할에 대한 관점을 확장할 것이다. 문법 교수는 종종 교사들이 학습자 오류에 대해 문법적 정확성에 관한 피드백을 제공하면서 일어난다. 본서가 문법 교수에 있어서 반응적 의미 중심 형태 교수법reactive focus on form 이상의 것을 지향하지만, 연구자들이 피드백에 대한 연구를 수행하면서 알아낸 것들에 대해서는 고려해 볼 필요가 있다. 예를 들어 라이스터 & 랜터(Lyster & Ranta, 1997)

는 학습자들이 그들의 오류에 주목하고 형태를 수정하는 데 초점을 맞추게 하려는 교사들의 방식에 대해 연구했다. 라이스터 & 랜터는 프랑스어 몰입 교육을 실시하는 초등학교의 네 개 학급에서, 교사들이 의사소통적 상호작용을 통해 학습자들에게 제공하는 여섯 가지 유형의 피드백 유형을 확인했다. 교사들은 학습자의 음운적, 어휘적, 그리고 문법적 오류에 대하여 명시적인 교정Explicit correction, **오류 고쳐 말하기recast**, 명료화 요청clarification requests, 메타언어적 단서 주기metalinguistic clues, 유도하기elicitation, 그리고 반복하기repetition를 통해 응답했다.

Activity 활동 2.1

다음은 라이스터 & 랜터가 서술한 여섯 가지 유형의 피드백에 대한 정의이다. 교사의 응답은 다음에서 설명된 어떤 종류의 피드백과 일치하는가?

표 2.1 피드백 유형의 정의(Lyster & Ranta, 1997)

피드백의 유형	라이스터 & 랜터(1997)의 정의
명시적 교정	교사는 올바른 형태를 제공하거나 학습자의 발화가 부정확함을 지적한다.
오류 고쳐 말하기	교사는 학습자 발화를 오류가 없는 형태로 재구성한다.
명료화 요청	교사는 학습자의 발화가 제대로 이해되지 않았거나 올바른 형태가 아님을 지적하면서 이를 반복하거나 재구성할 것을 요청한다.
메타언어적 피드백	오류가 있음을 지적하면서 올바른 형태를 제시하지 않는다.
유도하기	교사는 학습자들에게 그들의 발화를 재구성하도록 요구하거나 형태 수정을 유도하는 질문을 하거나, 발화를 완성할 것을 요구한다.
반복하기	교사는 오류 부분을 강조하는 억양을 사용하여 학습자의 오류를 반복한다.

표 2.2 피드백 유형의 종류

교사-학습자 상호작용	피드백 유형
1. 학습자: 흠...아이들the childs, 착한 아이들childs이 여기에 있어요. Hmm...the childs. The nice childs are here. 교 사: '아이들the childs'이라고 말할 수 있을까요? Can we say 'the childs'?	
2. 학습자: 우리는 빨대를 여섯 조각으로 잘랐어요cutted. We cutted the straws into six pieces. 교 사: 과거 시제의 경우에도 '우리는 빨대를 여섯 조각으로 잘랐어요cut'라고 말해요. 'cut'은 불규칙 동사예요. We say 'we cut the straws into six pieces', even though it's past tense. 'Cut' is an irregular verb.	
3. 학습자: 제가I 제 여동생을 위해 편지를 써도writes 될, 될까요?. May, May I writes a letter...for my sister? 교 사: 네? Excuse me?	
4. 학습자: 그 고양이는 달릴runs 수 있어요can. The cat can runs. 교 사: 그 고양이는 달릴runs 수 있어요can? 그 고양이는... The cat can runs? The cat can...	
5. 학습자: 아이들. The childs. 교 사: 아이들? The childs?	
6. 학습자: 메리는 그녀로by her 케이크를 만들었어요. Mary made the cake by her. 교 사: 아. 메리는 혼자서by herself 케이크를 만들었어요. Oh. Mary made the cake by herself.	

첫 번째 학습자-교사 상호작용은 *메타언어적 피드백*의 예이다. 학습자는 'the children'이라고 말해야 했다. 이 사례에서 교사는 학습자에게 "'아이들the childs'이라고 말할 수 있을까요?"라고 물음으로써 올바른 형태를 제시하지 않은 채 오류가 있음을 지적했다. 두 번째 상호작용에서 교사는 *명시적 교정*을 제공했다. 학습자는 동사 'cut'의 잘못된 형태

를 사용했다. 교사는 학습자에게 무엇이 올바른 형태인지를, 그리고 'cut'이 불규칙 동사임을 명시적으로 알려 준다. 세 번째 학습자-교사 대화는 교사가 학습자에게 '네?'라고 질문하면서 이루어지는 *명료화 요청*의 예이다. 네 번째 대화는 *유도하기*의 예이다. 학습자는 조동사 'can' 뒤에 'run'의 동사 원형 대신 삼인칭 단수를 사용했다. 이 사례에서 교사는 학습자의 발화를 반복한 후, 학습자에게 올바른 형태를 사용하여 문장을 완성할 것을 요청한다("The cat can runs? The cat can…"). 다섯 번째 대화는 *반복하기*의 예이다. 학습자는 'child'의 잘못된 복수형인 '*childs'를 사용했다. 이 사례에서 교사는 잘못된 형태에 주의를 집중시키기 위해 학습자의 발화를 의문문 억양으로 반복한다. 여섯 번째 대화는 *오류 고쳐 말하기*의 예이다. 학습자는 재귀대명사 'herself' 대신에 목적격 대명사 'her'를 사용했다. 교사는 학습자 발화에서 오류를 제거하고 "Oh. Mary made the cake by herself."라고 고쳐 말한다.

라이스터 & 랜터(1997)는 이와 같은 피드백의 유형 중 가장 많이 나타나는 것이 오류 고쳐 말하기라고 밝혔으며, 다른 연구들에서도 이것이 제2언어 교사들에 의해 가장 일반적으로 제공되는 유형의 피드백이라는 사실이 드러났다(Simard & Jean, 2011; Zyzik & Polio, 2008). 그러나 라이스터(2004)는 내용 중심의 프랑스어 몰입 교육을 실시하는 교실에서 학습자들이 교사의 오류 고쳐 말하기에 거의 응답하지 않으며, 교사의 교정은 학습자들에게 받아들여지지 않는 경향이 있다는 사실을 알아냈다. 학습자들로 하여금 자가 교정을 더 자주 수행하게 하는 피드백 유형은 학습자들이 형태에 주의를 기울이도록 한 뒤에 이들로부터 어떠한 응답을 요구하는 것이었다. 이러한 유형의 피드백 이후에, 학습자들은 오류 고쳐 말하기 피드백 이후보다 더 올바른 형태를 사용하는 경향을 보였다. 피드백에 있어서 중요한 점은 학습자들이 실제 언어 사용에 능동적으로 주의를 기울이며 참여하는지의 여부이다. 본서에서는 전반적으로 상호작용과 의미 협상이 어떻게 형태에 주의를 기울이게 하는지에 대해 기술할 것이다.

학습자들은 유의미한 사용 맥락에서 형태와 의미를 접하고 그 사용에 참여할 수 있는 다양한 기회를 필요로 한다(Spade & Lightbown, 1993, 1999). 교실에서의 학습은 여러 수업을 통해 전개되는 주제와 반복적으로 재고되는 내용을 통해 언어의 유의미한 사용 맥락을 만나고 경험할 수 있는 훌륭한 기회를 제공한다. 학습자들이 교과를 학습하며 다루는 언어는 잦은 초점화를 위한 최적의 기회를 제공하고, 언어와 내용의 학습을 모두 촉진한다. 이러한 사실은 프랑스어의 성별 표지에 초점을 맞추도록 고려된 프랑스어 몰입 교육 프로그램의 6학년 학습자 두 명을 대상으로 할리가 실시한 실험적 연구(Harley, 1998)를 통해 밝혀졌다. 이 연구를 통해서, 아동들은 교사가 지도하는 주제와 명백한 연관성을 가진 언어로 공부할 때 성별 표지 학습을 더 잘 수행하며, 단어들이 어떤 주제나 교과 과정과 관련 없이 제시될 때 보다 더 나은 성취를 보인다는 사실이 드러났다. 이는 본서가 주장하는 실제적 담화에서의 선행적proactive/계획적planned 문법 교수의 사례에 해당한다. 주요 연구 2.1은 또 다른 예시를 보여 준다.

Spotlight Study_ 주요 연구 2.1

도티 & 바렐라(Doughty & Varela, 1998)는 중학교 과학 수업에서 '오류 고쳐 말하기'의 효과를 알아보는 형태 초점form-focused 교수 연구를 수행했다. 이 연구는 과거 시제와 조건법의 사용에 대해 피드백을 받은 학습자들이 해당 형태의 사용에서 정확도가 향상되었다는 것을 증명했다. 목표 문법은 학습자들이 과학을 배우면서 수행하는 쓰기와 말하기에서 빈번하게 나타나며, 형태에 초점을 두는 것은 학습자들이 그들의 가설을 진술하고 결과를 보고할 때 더 나은 정확도를 보이며 쓰기와 말하기를 수행하도록 도움을 주었다.

도티 & 바렐라의 연구에서, 교사는 '오류 고쳐 말하기'의 효과를 탐구하기 위해, 외국어로서의 영어ESL로 과학 수업이 진행되는 두 개 학급 34명의 중학교 학습자들을 통제 집단과 실험 집단으로 나누었다. 연구 대상으로 선택된 형태들은, 학습자들이 과학 실험에 관한 작문에 필요한 과거 시제와 조건법을 어려워한다는 것을 알고 있는 교사와 연구자들 사이의 토의를 거쳐 고른 것이었다. 연구자들은 실험 전후에 학습자들을 대상으로 이러한 형태에 관련된 테스트를 실시했다. 연구 기간 동안 이 형태들에 대한 교수는 따로 이루어지지 않았다.

실험 집단의 교사는 학습자들이 말하기와 쓰기를 하면서 과거 시제와 조건법 오류에 지속적으로 주의를 집중하도록 했다. 이 수업 중 교사는 오류를 상승 억양으로 반복해 말하고 목표 형태의 이상적인 형태를 제시하는 오류 고쳐 말하기로써 교정적 오류 고쳐 말하기corrective recasts를 제공했다.

호세: 저는 벌레가 흙 아래로 다닐 거라고will go 생각해요think. I think that the worm will go under the soil.
교사: 저는 벌레가 흙 아래로 다닐 거라고will go 생각해요think? I think that the worm will go under the soil?
호세: (대답하지 않는다 no response)
교사: 저는 벌레가 흙 아래로 다닐 거라고would go 생각했어요thought. I thought that the worm would go under the soil.
호세: 저는 벌레가 흙 아래로 다닐 거라고would go 생각했어요thought. I thought that the worm would go under the soil.

(Doughty & Varela, 1998, p.124)

이에 더해, 학습자들은 쓰기 작업에서 오류를 생성했을 때 이러한 형태들에 대해 교정적 피드백을 받았다. 실험 집단은 말하기와 쓰기에서 이와 같은 형태들을 사용할 때 정확도 면에서 눈에 띄는 향상을 보였다. 또한 실험 집단은 더 많은 과거 시제를 사용했다. 두 달 후, 실험 집단의 향상은 여전히 유지되고 있었다. 게다가 실험 집단의 학습자들은 이러한 처치에 의해 해당 형태들에 대한 의식이 향상되었음을 보이는 자가 교정self-correct을 시작했다.

이 연구에서 특별히 우리의 흥미를 끄는 것은 연구에 참여한 교사들이 처음에는 학습자 오류의 교정을 꺼려했다는 점이다. 참여 교사는 과학에 초점을 두기를 원했으며, 교정이 수업의 역동성과 학습자의 내용 학습에 영향을 미칠 것을 염려했다. 그녀가 이 연구에 참여하게 된 것은 이 연구에서 초점화한 문법적 형태들이 과학을 배우는 데 중요하다는 사실을 깨달았기 때문이다.

그러나 교사들은 이러한 종류의 교정적 피드백을 제공하면서 일종의 도전을 경험했으며 이러한 교정이 수업의 역동성에 다른 방식으로 영향을 미친다는 사실을 발견했다. 예를 들어 학습자들은 교사의 응답이 의미가 아닌 문법만을 교정할 때 혼란스러워했다. 형태에 대한 집중은 의미에 대한 집중을 방해할 수 있기 때문에, 교사는 학습자들이 제시되는 의미와 형태 모두에 집중해야 한다는 사실을 스스로에게 지속적으로 환기시켜야 했다. 이에 더해 교사는 학습자들이 종종 '오류 고쳐 말하기'와 '반복' 유형의 피드백 때문에 좌절하게 되므로, 어떤 특정 학습자에 대한 직접적인 교정의 횟수를 제한해야 한다는 사실을 깨달았다. 그리고 마지막으로, 교사는 교정이 적절한 때와 그렇지 않을 때를 알아야 한다. 예를 들어 교사들은 학습자들에 의한 소그룹 발표panel presentation에서의 교정이 방해가 되고 종종 학습자들을 창피하게 한다는 사실을 깨달았다. 그러나 무엇보다도 학습자들은 '오류 고쳐 말하기'에 열린 태도를 보였으며, 이것이 그들이 무엇을 말했는지와 어떻게 말했는지 모두에 집중하게 했다고 보고했다.

도티 & 바렐라의 연구는, 학습자들이 수업 과제를 완성하는 데 요구되는 형태를 사용하면서 문법에 주의를 기울이도록 하여 교과 수업과의 관련성을 만들어 낼 수 있는 의미 중심 형태 교수법focus on form의 예를 보여 준다. 이것은 **반응적 의미 중심 형태 교수법**reactive focus on form만큼이나 **선행적 의미 중심 형태 교수법**proactive focus on form이 필요하며, 단순한 오류 고쳐 말하기와 언어 생산 유도를 넘어, 실행과 유도의 기술을 위한 도움이 필요하다는 것을 보여 준다. 이러한 점은 3장과 4장에서 형태와 의미에 초점을 두도록 하는 문법 교수의 방법에 대해 논의하면서 우리가 계속해서 다룰 주제가 될 것이다.

이 장의 후반에서 우리는 기번스(2006a)의 체계에서 제시되는 '오류 고쳐 말하기'에 대한 조금 다른 정의를 소개할 것인데, 이는 3장과 4장에서 이루어질 문법 교수에 대한 논의에 도움이 될 것이다. 여기에서 주목해야 할 점은, 형태 초점 교수에 대한 해당 연구의 결과가 학습자의 응답을 촉진함으로써 언어 자체에 대한 명시적 주의 집중을 유도하고 학습자 참여를 이끌어 내는 교수의 중요성을 보여 준다는 것이다. 이 연구는 문법 교수의 목적을 단순한 오류 교정으로서가 아니라 의미 생성을 위한 학습자들의 언어 자원 구축으로서 생각해 보게 해 준다.

2.5 메타언어의 역할

지금까지 우리가 살펴보았던 연구는 학습자의 참여와 응답을 요구하는 데 초점을 맞춘 상호작용의 중요성 및 학습되어야 하는 언어에로의 다양한 노출과 생산이 필요하다는 사실을 보여 준다. 이에 더해 다음 장에서 제시될 접근법은, 언어를 일반화하고 학습자들이 언어 체계를 이해하도록 도우려면 '언어에 대한 대화를 위한 언어'가 필요하다는 생각에 바탕을 두고 있다. 메타언어는 학습자가 읽고 쓰는 텍스트에서 언어의 선택wording에 주의를 기울이게 하고, 이에 대한 대화에 동참하게 하는 도구를 제공한다.

할리(Harley, 1998)는 7, 8세의 아동들조차도 몇몇 메타언어를 사용하여 그들이 배우고 있는 언어에 대해 말할 수 있다는 것을 보여 준다. 이 선행적 형태 초점 교수법proactive form-focused instruction에 대한 연구에서, 아동들은 명사가 남성과 여성으로 표시되는 프랑스어의 성별 표지에 주의를 집중하도록 고안된 게임과 연령에 알맞은 여타 활동들에 참여했다. 할리에 의하면 프랑스어 명사의 성별 표지는 학습자들에게 매우 도전적인 주제이며, 프랑스어 몰입 교육 맥락에서 지속적으로 문제가 된다고 한다. 그녀의 연구에서 아동들에게 실시한 인터뷰의 내용은 학습자들이 스스로 발전시킨 명시적 문법 지식에 대해 보고하는 과정에서 '남성형masculine', '여성형feminine'이라는 메타언어를 어떻게 받아들였는지에 대해 보여 준다.

면담자: 방금 'le biberon jaune(남성형: 역자 주)'이라고 이야기했어요. 왜 'LE biberon'이라고 이야기했는지 말해 줄 수 있어요? Tout à l'heure tu as dit 'le biberon jaune'. Est-ce que tu peux me dire pourquoi tu as dit 'LE biberon'?

학습자: 음, 왜냐하면 그것은 'on'이고, 'on'이라고 말할 때는 언제나 남성형이니까요. Um. Parce que c'est 'on' et c'est toujours masculin quand c'est on.

면담자: 그래요, 좋아요. OK. Bien.

학습자: 음, 'la maison(여성형: 역자 주)'은 아니에요. Uh, pas 'la maison'.

면담자: 'la maison'은 아니에요, 좋아요. Pas 'la maison', OK.

(Harley, 1998, p.168)

이 책에서 우리는 문법적 메타언어의 사용이 어떻게 학습자들이 문맥 안에서 문법을 배우는 것을 돕고, 더 넓은 교육 과정의 목표를 수행하는 데 사용되는 유의미한 언어를 통해 형태에 주목하도록 하는 자원이 되는지를 볼 수 있다.

대부분의 교사는 **동사**verb, **명사**noun, **접속어**conjunction, 그리고 **현재 시제** present tense와 같은 전통적인 메타언어에 익숙하다. 본서는 몇몇 기능적 메타언어들도 소개할 것이다. 새로운 메타언어의 사용 그 자체도, 학습자들이 읽고 쓰는 텍스트의 언어에 대해 메타언어를 사용해 이야기할 수 있도록 하기 위해 가르쳐야 할 필요가 있는 기술이다. 그러나 유의미한 메타언어의 학습을 위해서는 이것이 내용 학습의 목표로 채워져 있으며 그 달성을 돕는 교수적 맥락에서 이루어져야 한다. 제1언어와 제2언어 연구, 그리고 쓰기 교수 연구는 언어학적 용어들을 배우는 것 자체만으로는 다른 내용 교수에 도움이 되지 않는다는 것을 보여 준다(Myhill, 2003; Svalberg, 2007). 그러므로 언어에 대한 명시적 대화가 메타언어를 필요로 하지만, 메타언어의 사용은 그 자체로 의미와의 연결을 돕지는 않는다. 베리(Berry, 2010)는 메타언어가 대상thing(용어)이자 과정process(언어에 대한 대화)으로 간주될 수 있다고 있다고 지적했다. 이 책에서는 교사가 내용 학습 가운데 언어에 대한 대화를 도입하고, 더 큰 교수 목적을 이루기 위해 이를 활용할 수 있는 방법을 보일 것이다. 메타언어를 사용한 상호작용은 학습자들이 의미 영역과 연결되는 언어의 패턴들을 가까이 들여다볼 수 있도록 돕는다.

Classroom Snapshot_수업 장면 2.2

슐레페그렐(Schleppegrell, 2013)은 영어 학습자가 대다수인 2학년 주류mainstream 교실에서 일어난 메타언어적 대화의 예를 보여 준다. 학습자들은 교사가 '행위 과정doing processes'으로 언급한 내용을 확인하는 그룹 활동을 하도록 요구받았다. 이 학급의 학습자들은 현재 행동에 대한 동사구에서 행위 과정을 확인하는 방법을 배웠다. 교실에서는 앤절라 존슨Angela Johnson의 *줄리우스*Julius 이야기를 읽고 있었다. 교사의 목표는 돼지인 줄리우스가 이야기의 첫 부분에서 했던 행동과 몇몇 예의를 배운 후에 하는 행동을 대조하는 것이었다. 줄리우스는 필자에 의해 다음과 같이 소개되었다.

> 그러나 그는 돼지였다. 아주 큰 돼지. 북극곰 흉내 내기를 하고 상자에서 기어 나오는 알래스카 돼지. But it was a pig. A big pig. An Alaskan pig, who did a polar bear imitation and climbed out crate.
>
> (Johnson, 1993)

한 그룹의 아동들은 '북극곰 흉내 내기를 하고 did a polar bear imitation'에 중점을 뒀다. 교사는 이 부분에 중점을 두는 것이 맞는지 전체 학급에 물었다. 몇몇의 학습자들은 '아니요no'라고 응답하기도 하는 등 서로 다른 의견을 제시했다. 교사는 '누가 아니라고 대답했고, 왜 그렇게 생각하죠? Who's saying no and why do you think not?' 라고 물었다. 한 학습자가 대답했다. '왜냐하면 줄리우스는 북극곰이 아니니까요. 그는 돼지였어요. Cuz he wasn't a polar bear-he was a pig.' 교사와 학급 전체는 '흉내 내다imitate'와 '흉내 내기imitation'의 차이에 대한 논의를 시작했다. 그들은 다른 종류의 흉내 내기와 그들 자신의 흉내 내기 경험에 대해서 이야기했다. 마침내 교사는 다시 물었다. '그래서 여러분은 줄리우스가 여기에서 무언가를 했다고 생각하나요, 아니라고 생각하나요? So do you think he did something here? Or no?' 모든 아동들이 함께 '그는 무언가를 했어요. He did'라고 대답했다.(p. 162)

등장인물의 행동에 대한 묘사를 살펴보는 것과 '행위 과정'이라는 메타언어를 사용하는 것은 학습자들이 언어와 의미에 대해 더 근접하여 주목하도록 했다. 메타언어적 표시가 형태와 의미에 주의를 기울이게 했을 때, 메타언어는 '북극곰 흉내 내기를 하고 did a polar bear imitation'는 정말로 하나의 행동이었다는 것을 깨닫게 했다.

이러한 종류의 메타언어와 메타적 대화는 학습자들로 하여금 새로운 언어가 의미를 제시하는 방식에서 나타나는 패턴들을 깨닫고, 그들이 새로운 언어를 사용하면서 할 수 있는 선택들에 대해서 인식하도록 한다. *행위 과정*doing process과 같은 기능 문법적 메타언어는 의미에 연결되기 때문에, 언어에 대한 이런 대화는 등장인물이 한 행동이나 말한 것, 생각한 것에 대해 논의할 수 있도록 한다. 또한 메타적 대화는 등장인물이 어떻게 묘사되었는지, 그리고 텍스트를 통해 어떻게 변화되는지에 대해 학습자들이 논의할 수 있게 한다. 이러한 방식을 통해, 메타언어는 학습되는 지식을 언어로 제시할 수 있는 명시적인 수단을 제공함으로써 교육과정의 목표 달성을 돕는다(Schleppegrell, 2013).

교육과정 활동 맥락 안에서, 학습자들이 형태에 주목하고 주의를 기울이도록 하기 위해 제시된 기능적 메타언어의 사용은 아주 어린 학습자들에게조차 의미 생성 자원을 확장하는 데 도움을 준다는 것이 밝혀졌다(Williams, 2004, 2005; French, 2010). 이 책에서는 일반적인 학교 교육 맥락에서 기능적 메타언어가 어떻게 텍스트(독서 및 논증 글쓰기의 자료, 역사 교과서, 과학 보고서)의 의미에 대한 대화를 촉진할 수 있는지에 대한 연구에 중점을 두고 있다. 메타언어는 학습자들이 텍스트에서 의미를 구성하기 위해 이루어진 필자의 언어적 선택을 인식하고, 목표 언어의 문법이 어떻게 작용하는지를 학습할 수 있도록 돕는 이러한 선택들에 대해 분석할 수 있게 한다.

2.6 기능 문법: 문법과 의미의 초점화

1장에서 논의했듯이, 이 책에서 우리가 '문법'을 배운다고 하는 것은 학교 교육의 목표를 성취하기 위한 언어적 자원을 발전시킨다는 의미이다. 문법에 대한 이러한 개념화를 가능하게 하는 바탕을 제공하는 언어 이론은 마이클 할리데이Michael Halliday의 **체계 기능 언어학**systemic functional linguistics, SFL에서 왔다(SFL에 대해서는 Butt, Fahey, Feez & Sinks, 2012나 Humphrey, Droga & Feez, 2012를, 전통적 문법과 기능 문법과의 연결에 대한 소개는 Derewianka, 2011 그리고 Droga & Humphrey, 2003을 참조하라). 문법 교수를 위한 이러한 접근법은 언어 그 자체와 형태-의미 간 연결을 명확히 하고 있다. 그러나 언어는 문법 규칙의 명시적 교수와 오류에 대한 답을 통해서가 아니라, 교수와 학습에 사용된 언어에서 의미가 어떻게 제시되며 텍스트와 담화에서 언어가 어떻게 사용되는지를 통해 전달된다. 이것은 교사들이 오류에 대해 답을 하거나 문법 규칙을 가르치지 말아야 한다는 의미가 아니라, 문법 교수의 이러한 측면이 이 책의 주된 관심사는 아니라는 의미이다. 그 대신, 이 책에서는 사용 맥락에서 언어의 형태와 의미를 연결하며 문법을 의미 생성의 자원으로 인식하게 하는 틀을 제시한다. 이러한 틀은 초등학교와 중등학교 교실 활동에서 학습 내용에 초점을 유지하면서 이루어지는, 원칙에 입각한 문법 교수 접근법을 제공한다. 이것은 교사들이 의미를 강조하는 동시에 언어 형태를 명시적으로 제시하며, 문법을 중심적 역할에 놓는 명시적 교수를 제공할 수 있도록 한다.

기능 문법의 관점에서 볼 때, 문법 학습은 새로운 언어에서 다양한 종류의 의미를 만들기 위해 사용할 수 있는 선택시들을 배우는 것이다. 이것은 특정한 언어를 사용하는 새로운 방법에 대한 학습을 의미한다. 문법의 기능적 부분에 초점을 맞추는 것은, 제2언어 학습자들로 하여금 구어와 문어에서 서로 다른 언어를 선택하는 것의 의미를 깨닫게 한다. 교사는 제2언어 학습자들을 화자나 필자의 문법적 선택에 대한 대화에 참여시켜 특정 상황에서 특정 의미를 생성하기 위해 사용되는 언어에 관련된 지식을 향상시킬 수 있는 기회를 제공한다.

기능적 문법 활동들은 언어에 대해 가르칠 수 있는 기술을 제공한다. 이러한 활동들은 독자로 하여금 일련의 단어들이 문장의 다른 부분에서 어떻게 함께 기능하며, 문장의 각 부분들이 어떻게 서로 연결되는지를 깨달음으로써 텍스트에 대해 논의할 수 있게 한다. 앞으로는 독자들이 무엇이 묘사되고 정의되었는지를 확인하고, 행위들과 행위 참여자를 분석하며, 텍스트 전체에 걸쳐 지시 대상물을 추적하여 난해하고 복잡한 구절들을 해석할 수 있도록 지도하는 방법에 대해 배울 것이다. 학습자들이 언어 패턴을 관찰할 수 있도록 논리적 접속 부사와 접속사에 초점을 맞추게 될 것이다. 그리고 필자가 다양한 종류의 텍스트를 창작하는 방식을 보면서 어린 독자들이 의미를 발견할 수 있도록 돕는, '언어에 대한 대화를 위한 언어'를 발전시킬 것이다.

교육적 관점에서, 문법 및 문법 교수 방법에 대한 이러한 관점은 다른 상황에서 사용되는 언어에 대한 면밀한 분석에 초점을 맞출 것을 제안한다. 이때 언어에 대한 면밀한 분석은 왜 필자들이 어떤 효과를 얻기 위해 특정한 언어를 선택했는지를 주제로 한 교실 토의를 통해 이루어진다. 우리는 책 전체에 걸쳐 이와 같은 기능 문법적 접근법을 다루고 있는 연구의 많은 예를 보게 될 것이다. 예를 들어 기번스(Gibbons, 2003; 2006a)는 과학 수업에서의 교사-학습자 간 대화가 학습자의 언어 발달에 어떻게 기여하는지에 대해 조사했다. 기번스는 교사와 학습자들이 의미를 함께 만들어 나가는 방법과 교사들이 제2언어 학습자들의 일상 언어와 학문적인 과학 언어 사이에 연결 다리를 만들어 나가는 방법에 대해 구체적으로 탐구했다.

체계 기능 언어학 문법의 근본이 되는 가장 중요한 이론적 원칙은 우리가 언어를 사용할 때 언제나 개념을 제시하는 것과 동시에 청자나 독자와의 관계를 구현한다는 생각이다. 그리고 이 두 가지 활동을 동시에 수행하면서 일관성 있는 메시지를 구성할 필요도 있다. 문법은 이러한 세 가지 측면, 즉 언어가 개념을 제시하는 방법, 관계를 구현하는 방법, 그리고 일관성 있는 메시지를 만드는 방법에 대한 검토를 가능하게 한다. 이는 아래 내용에서 사례들과 함께 자세하게 다루어질 것이다.

개념의 제시

개념의 제시 측면에서 우리는 명사와 동사, 전치사구, 그리고 부사들에 의해 어떤 정보가 제공되었는지를 찾음으로써 메시지의 내용에 초점을 맞춘다. 이 책에서 우리가 논의한 많은 연구들은 언어 형태를 언급하기 위해 **참여자**participant, **과정**process, 그리고 **환경**circumstance이라는 기능 문법 용어를 사용했다. *참여자*는 명사와 명사 집합이며, *과정*은 동사와 동사 집합에 의해, *환경*은 전치사구와 부사에 의해 제시된다. 기능적 메타언어는 문장의 부분들을 개별 단어로서만이 아니라 함께 기능하는 문장의 부분으로서 볼 수 있도록 한다. 또한 이러한 분류명labels들은 함께 기능하는 문장의 부분들을 빠르게 확인할 수 있도록 해 준다. 그러므로 각 문장 안에서 각 단어를 분류하기 위해 전통적인 메타언어를 사용하는 대신, 유의미한 부분들을 확인하기 위해 기능적 메타언어들을 사용할 수 있다. 이러한 용례는 **그림 2.1**을 통해 제시되어 있다.

유의미한 부분들을 확인하는 것은 각 분류의 단어들이 문장에서의 전체 의미에 어떻게 기여하고 있는지를 알게 해 준다. 과정은 무엇이 진행되고 있는지를, 즉 *행하기doing, 생각하기thinking, 말하기saying, 혹은 존재being*를 보여준다(Martin & Rose, 2003). 참여자는 사람(들) 혹은 물건(들)으로 나타나, 누구 혹은 무엇이 과정에 참여하고 있는지를 언급한다. 사건을 둘러싼 환경은 *언제, 어디에서, 어떻게,* 그리고 *왜* 과정이 일어났는지를 가리킨다.

My favorite experience last summer was a trip to the mountains.
지난여름에 한 경험 중에서 가장 좋았던 것은 산악 지역으로 간 여행이었다.

전통적인 메타언어를 사용한 문장 분석:

My	favorite	experience	last	summer	was	a	trip	to	the	mountains
한정사	형용사	명사	형용사	명사	동사	한정사	명사	전치사	한정사	명사

기능적인 메타언어를 사용한 문장 분석:

My favorite experience	last summer	was	a trip to the mountains
참여자	환경	과정	참여자

그림 2.1 전통적 · 기능적 메타언어를 사용한 문장 분석

3장과 4장에서는 다른 유형의 과정들에 대해 다룰 것이다. 그리고 과정의 유형에 초점을 맞춤으로써 제2언어 학습자들이 일반적으로 정보를 전달하는 텍스트, 즉 역사, 과학, 언어 교과의 텍스트들에서 나타나는 차이를 깨닫도록 할 수 있는 방법에 대해서도 배울 것이다. 당신은 학습자들이 동사 및 동사구가 행위, 사고, 감정, 발화 혹은 존재를 설명한다는 것을 생각해 보도록 함으로써, 그들이 다른 과목과 과제에서 주어지는 텍스트에서 나타나는 정보와 경험의 종류에 대해 생각해 보게 하는 수단을 발전시킬 수 있다. 또한 학습자들이 학년이 올라감에 따라 텍스트를 통해 정보를 제시하는 방식이 변화한다는 사실도 깨닫게 될 것이다. 예를 들어, 학습자들이 중등학교에 들어가면서(관계적 과정relational processes이라고도 불리는) 존재 과정being processes이 보다 두드러지는 것을 알 수 있다. 이는 학습자들이 초등학교 텍스트에서 부각되는 경향을 보이는 행위와 감정보다는 추상적이고 이론적인 개념들에 대해 더 자주 읽고 쓰기 때문이다. 이것은 초중등학교의 다른 단계들에서 이루어지는 교수에 통합되기에 가장 유용한 문법이 무엇인지 암시한다.

3장과 4장에서는 과정의 유형에 초점을 맞추는 것이 어떻게 학습자들의 이해 전략 발달을 도울 수 있는지에 대해 살펴볼 것이다. 이를 통해 텍스트를 어떻게 해체하는지에 대해서 알 수 있을 것이다. 이러한 해체는 학습자들이 서로 다른 과목 영역에서 언어들이 어떻게 의미를 만들어 내는지를 볼 수 있도록 돕는 과정과 '참여자', '환경' 그리고 접속 부사에 의해 이루어진다. 4장에서는 명사화와 복합 명사군을 포함하여 더 많은 '참여자'들에 대해 배울 것이다. 이러한 참여자들은 학교 교육의 후반기 텍스트에서 나타나는 추상화와 평가, 이론화를 가능하게 하는 것이기 때문에 중등학교 텍스트에서 일반적인 형태라고 할 수 있다.

이제 학습자들이 환경circumstances을 분석함으로써 무엇을 학습할 수 있는지에 대해 살펴보자.

Activity 활동 2.2

아래의 텍스트는 초등학교 언어 교과 과정으로부터 가져온 바바라 배시Barbara Bash 작, 도시의 홰Urban Roosts를 발췌한 것이다. 이것은 도시의 새들, 그리고 그들이 어디에 사는지에 대한 정보를 제공하는 텍스트이다. 텍스트의 시간과 공간적 배경을 확인하고, 이를 통해 학습자들이 언어에 대해 무엇을 배워야 하는지 생각해 보라.

> 도시의 친숙한 거주자 중 하나는 비둘기이다. 이들은 유럽 해안을 따라 이어진 암벽에서 살았기 때문에 오래전에는 양비둘기라고 불렸다. 오늘날 이들은 미국 전역에 걸쳐 우리 도시의 구석구석에서 번성하고 있다. One familiar urban dweller is the pigeon. Long ago it was called a rock dove, because it lived in the rocky cliffs along the coast of Europe. Today it flourishes all over the United States in the nooks and crannies of our cities.
>
> (Bash, 1990)

장소 배경은 '유럽 해안을 따라 이어진 암벽에서 in the rocky cliffs along the coast of Europe'와 '미국 전역에 걸쳐 우리 도시의 구석구석에서 all over the United States in the nooks and crannies of our cities'를 포함한다. 이러한 장소 배경은 비둘기가 어디에 살았으며 어디에 살고 있는지에 대해 묘사한다. 시간 배경은 '오래 전Long ago'과 '오늘날Today'이다.

아동들은 이를 확인하고 문장의 처음이 필자가 두 시점을 대비시킨 시간 배경으로 시작된 것을 볼 수 있다. 그리고 아동들은 장소 배경이 어떻게 두 시점에서 비둘기들의 차이를 나타내는지 알게 된다.

다음 장에서 보게 되듯이, '과정'과 '참여자' 그리고 '환경'에 따라 문장을 해체하는 것은 절에서 함께 의미를 만들어 내는 단어들을 확인함으로써 의미에 초점을 맞추는 전략을 사용할 수 있게 한다. 교사와 학습자들은 텍스트를 읽거나 쓰기를 준비하는 상황에서 이러한 방법으로 함께 문장을 탐구하면서, 필자의 언어적 선택에 대한 대화에 참여하는 동시에 언어 자원들이 의미 생성을 위해 어떻게 사용되었는지에 대해 더 많은 것을 배우며 형태와 내용에 집중하게 된다.

독자·청자와의 관계 정하기

모든 언어 사용에서 우리는 참여하는 관계의 종류(격식적인지 비격식적인지, 친밀한지 소원한지, 그리고 다양한 유형의 태도들에 의해 구현되는지)를 가리키는 문법 체계를 사용한다. 이것은 명사와 동사, 그리고 다른 구조들의 의미에 초점을 맞출 뿐만 아니라 의미의 교환이나 상호작용을 지탱하는 문법적 선택들을 탐구한다는 의미이다. 예를 들어 **수업 장면 1.1**은 교사가 교실 구성원들에게 영어의 서술문과 의문문, 그리고 명령문의 서법mood을 확인하고 그 발화 기능speech function을 살펴보도록 요청하는 방법을 보여 준다. 이 수업의 학습자들은 다양한 맥락에서 서로에게 어떤 일을 하도록 '명령'할 때, 우리가 어떻게 다른 문법적 선택들을 사용하는지에 대해 이야기했다. 3장에서 이 상호작용에 대해 더 자세하게 살펴볼 것이다.

서법 체계에서의 선택에 더해, **양태**modality는 대인관계적 의미를 탐구하는 데 초점을 맞출 수 있도록 하는 또 다른 문법적 자원이다. 양태적 의미의 두 가지 주요 범주는 *개연성*probability과 *의무*obligation이며, 양태는 양태 동사들과 부사류adjuncts, 그리고 명사에 의해서도 표현된다. 예를 들어 개연성의 양태는 아래의 형태 모두를 통해 표현된다.

- 양태 동사: might, could 등
- 양태 부사류: maybe, certainly 등
- 명사에서의 양태 의미: possibility, requirement, potential 등

위의 형태들, 그리고 가능성을 나타내는 다른 형태들을 살펴봄으로써 학습자들은 적절한intermediate 태도를 나타내기 위한 영어의 자원들을 탐구할 수 있다(이 의미 영역에 대해서는 Lock, 1996 등을 참조하라).

일관된 메시지를 구축하기

몇몇 언어적 선택들은 내용을 제시하거나 관계를 나타내기 위한 것이 아니라 절에서 절로 만들어지고 결합되는 의미 구조를 만들기 위한 것이다. 예를 들어 접속사는 텍스트나 절의 부분들 사이에서 관계를 만들고, 지시reference는 다른 언어적 자원들 사이에서 대명사와 지시사, 그리고 유의어로 나타나는 응집적인 연결에 의해 만들어진다.

이 책에서 *연결어*connector는 텍스트 전체에 걸친 논리적 전개와 **응결성**cohesion을 만드는 접속사나 다른 연결구를 가리킨다. **그림 2.2**는 접속부사와 이들이 보태는 의미의 영역들에 대한 예를 제시한다.

의미	연결어의 예
첨가	and, and then, furthermore
비교/대조	but, for example, instead, in other words, however, in fact
시간	when, then
원인/결과	because, so, despite, nevertheless, even though
조건	if, unless
목적	in order to, so
순서	first, second, third

그림 2.2. 연결어

3장과 4장에서는 연결어와 접속사들에 초점을 맞추는 것이 어떻게 아동과 청소년의 텍스트 구조 분석을 도울 수 있는지 보기 위해 이들의 역할을 살펴볼 것이다. 또한 학습자가 설득적 쓰기를 더 효과적이고 신뢰성 있게 작성하기 위해 접속사를 사용하도록 돕는 교실 활동들에 대해서도 보게 될 것이다.

그리고 학습자들이 지시적인 연결을 통해 응결성이 만들어지는 과정에 주의를 기울이게 하는 방식도 제시할 것이다. **그림 2.3**은 지시 장치reference devices들에 대한 정보를 보여 준다. 여러분은 텍스트 전체를 통해 지시를 찾아내는 방법을 배우고, 이러한 지시가 어떻게 학습자들로 하여금 의미의 전개와 연결을 인지하게 하는지를 보게 될 것이다.

문법이 의미를 생성하는 방식의 이러한 세 가지 측면-개념의 제시, 관계의 설정, 그리고 일관된 메시지의 구축-은 체계 기능 언어학의 관점에서 *메타기능*metafunctions으로 언급된다. 타인들과의 상호작용을 구성하고 이에 참여하는 것을 돕는 메타기능은 언어 수행의 매우 중요한 기능이다. 체계 기능 언어학의 메타언어는 우리로 하여금 서로 다른 언어 자원들에 의해 제시된 의미의 다양한 종류를 탐색하고 이러한 메타기능 중 어느 한쪽에 초점을 맞춤으로써 여러 방식으로 텍스트에 접근할 수 있도록 한다.

이 책에서는 또한 전통적인 문법적 메타언어를 활용하며, 전통적 용어에 더 익숙한 독자들을 돕기 위해 전통적 메타언어와 기능적 메타언어 사이를 연결하는 방법을 제공한다. 몇몇 기능적 메타언어의 소개가 언어 사용 맥락에서 형태와 의미에 초점을 맞추도록 하는 데 부가적인 교육적 자원을 제공할 수 있기를 바란다.

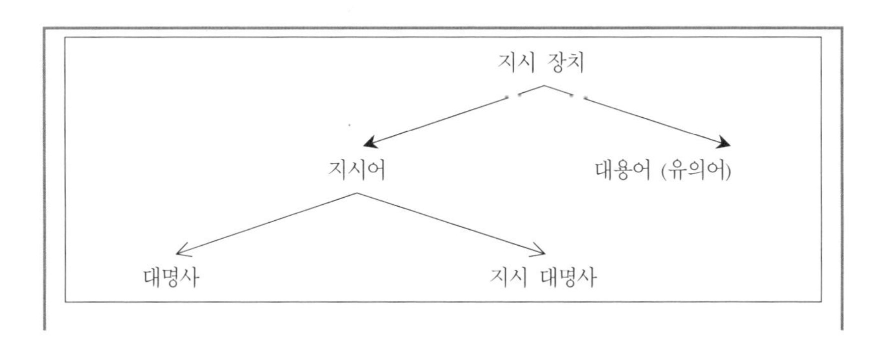

- 지시 장치**Reference devices**는 텍스트 안의 다른 단어들을 의미하는 단어들이다. 아래는 몇몇 일반적인 지시 장치들이다.
- 지시어**Referrers**는 선행절의 명사를 다시 언급하기 위해서 사용되거나, 후행절에서 나올 명사 혹은 명사류를 앞서서 언급한다. 지시어는 **대명사**(itself, its, they 등)나 **지시대명사**(this, that, these, those 등)이다.
- **대용어Substitutes**는 이미 다루어졌거나 앞으로 소개될 개념을 나타내기 위한 단어나 다른 지시어들과 함께 나타나는 유의어이다. (만약 대용어가 쓰이지 않는다면 텍스트는 매우 반복적이 될 것이다.) 대용어들은 다음 텍스트에서처럼 지시어와 함께 쓰일 수 있다.

> 카를로스 왕은 스페인의 권리를 보호하기 위해, 알타 캘리포니아에 정착지를 건설할 것을 명했다. To protect Spanish claims, King Carlos ordered that settlements be built in Alta California.
>
> (…)
>
> 카를로스 왕은 그he가 러시아가 알래스카에 식민지를 건설했다는 소식을 들은 후에 이 명령this order을 내렸다. 그 왕The king은 러시아 모피 무역상들이 알래스카로부터 남쪽으로 내려올 것을 걱정했다. 그들은They 캘리포니아에 식민지 건설을 시도할 수도 있었다. King Carlos gave this order after he heard that Russia had set up a colony in Alaska. The king worried that Russian fur traders would move south from Alaska. They might try to set up a colony in California.
>
> (Boehm et al., 2000, p.142)

- **This**는 지시대명사이며 **order**는 King Carlos ordered that settlements be built in Alta California의 대용어이다
- **He**는 King Carlos를 다시 언급하는 대명사이다.
- **The king**은 King Carlos의 대용어이다.
- **They**는 Russian fur traders를 다시 언급하는 대명사이다.

그림 2.3 지시 장치(Schleppegrell & de Oliverira, 2006)

체계 기능 언어학은 복잡한 언어학 이론이다. 이 책에서는 체계 기능 언어학에 대해서 가르치는 대신, 최선의 언어 학습 방식에 대한 연구 결과에 기반하여 최신 제2언어 교수를 통해 알게 된 통찰을 나누고자 한다. 이러한 연구들은 제2언어의 발달을 활성화하고 돕는다고 밝

혀진 체계 기능 문법이, 문맥에 따른 형태와 의미 초점 교수를 위한 도구들을 제공한다는 사실을 보여 준다.

Spotlight Study_ 주요 연구 2.2

아기레-무뇨스, 박, 아마비스카 & 보스카르딘(Aguirre-Muñoz, Park, Amabisca & Boscardin, 2008)은 교사들이 쓰기를 향상시킬 수 있는 효과적인 방법들을 통해 제2언어 학습자들에게 피드백을 제공하는 데 있어 기능 문법의 관점을 사용할 수 있다는 증거를 보여 준다. 그들의 연구는 캘리포니아의 영어 학습자들이 보호적 교수법을 통해서는 학문적 글쓰기와 문학을 다루는 언어 교과 수업에서 수행해야 하는 고난이도의 과제를 수행할 수 없었다는 사실에 대한 우려로 인해 시작되었다. 연구자들은 담당 교실에 많은 영어 학습자들이 있는 주류mainstream 중등학교 교사 21명을 위해 체계 기능 언어학에 기반한 방안을 개발했다. 그들의 방안은 학문적 언어 형태에 대한 교사들의 이해를 증진시키고, 이를 통해 쓰기에 대한 피드백을 보다 명시적으로 수행할 수 있도록 하기 위해 구성되었다.

그들은 교사와 학습자들이 읽기 텍스트를 검토하고, 그 내용을 탐구하고, 쓰기 과제에서 사용할 수 있는 문법적 형태들에 대해 이야기하기 위한 언어적 도구들과 전체적인 틀을 제공했다. 교실 대화를 통해서 교사들은 학습자들이 읽은 문학 작품에서 인물이 묘사되고 평가되는 방법을 보면서 작가에 의해 인물과 사건이 어떻게 제시되었는지에 주의를 기울이도록 했다. 학습자들은 문학 작품에 대한 쓰기에서 인물과 대상, 장소를 묘사하는 명사구를 확장하면서 동일한 언어 형태들을 사용했다. 교사들은 이것이 학습자들이 인물을 명사와 고유 명사만 사용해서 묘사하는 수준을 넘어서는 데 도움이 되었다고 보고했다. 또한 교사들은 문학에서 텍스트를 더 흥미롭게 만들기 위해 접속사와 연결구들, 그리고 다른 종류의 동사들이 어떻게 사용되었는지에 주목하도록 했다. 이것은 학습자들이 보다 다양하고 더욱 잘 구조화된 문장들을 만들어 텍스트 전체에서 더 분명한 응결성을 가질 수 있도록 했다.

이러한 방안을 실행한 후, 연구자들은 언어적 형태에 대한 훈련이 교사의 학습자 과제 평가에 준 영향과 교수 실행에 미친 효과를 살펴보았다. 그들은 교사들이 응결성을 만드는 문법적 구조, 해석을 드러내는 어휘들, 문장의 다양성을 향상시키는 긴 명사구, 그리고 에세이 전체의 구조와 응집성에 대해 학습자들과 이야기할 수 있었다는 사실을 알게 되었다.

우리가 이 책에서 강조하는 문법 형태의 교수는 기능적 메타언어를 사용하면서 문맥 안에서의 언어에 대해 대화할 것을 요구한다. 이것은 더 일반적인 내용 학습을 도우며, 학습자들이 배워야 하는 교과 관련 지식을 제시하는 언어 형태에 주의를 기울이면서 토의할 수 있게 한다. 이 책은 명사류의 확장, 접속사, 응결 장치, 자원과 같은 문법 형태에 대해 이야기하는 방법을 소개할 것이다. 3장과 4장에서는 학습자들이 문법을 반추하고 이에 대해 이야기하도록 하는 교사들을 보면서, 이들의 행위와 활동이 제2언어 발달에 있어서 중요한 사항들을 어떻게 뒷받침하는지에 대해 생각하게 될 것이다.

2.7 문법 학습의 발달적 진행

다양한 교육 환경에 놓인 학습자들은 언어를 내용 지식과 함께 배운다(Lightbown, 2014; Lindholm-Leary & Borsato, 2006; Lyster, 2007; Snow, 1998; Snow, Met & Genesee, 1989). 제2언어 맥락에서 교사에게 가장 중점적인 사안은, 교실 교수 상황에서 학습자들이 언어와 내용 모두를 학습하도록 돕는 방법이다. 교과 과목 학습의 맥락 안에 문법 교수를 넣는 것은, 학습자들이 성취할 필요가 있는 언어에 대한 빈번한 노출, 문법과 의미에 초점 두기, 그리고 의식적인 주의 기울이기의 기회를 제공한다. 또한 내용 지식의 학습 안에 포함된 문법 교수 접근법은 더 일반적인 학습과 언어 발달 이론들에 의해 뒷받침된다(Vygotsky, 1986). 언어는 상호작용을 통해 발달하며, 문법을 통한 교수는 그들이 말하기와 쓰기를 배우면서 만들어 낼 수 있는 언어적 선택에 대한 추가적인 통찰을 제공한다.

이 책에서 중시되는 문법은 일반 교실과 학령별 상황에서의 읽기, 쓰기, 구어 활동으로부터 나온 것이며 이러한 활동을 돕기 위한 것이다. 3장과 4장의 연구들에서 소개되는 문법 활동은 필자와 화자가 의미적 측면에서 특정한 효과와 차이를 만들어 내기 위해 어떻게 형태를 선택했는지 학습자들이 이해할 수 있도록 돕는 방법을 알려 준다. 또한 3장과 4장에서 소개되는 활동들은, 문법 교수 요목syllabus이 배워야 하는 문법들의 단순한 나열이 되지 않도록 하는 방법을 보여 준다. 언어는 선형적 방식으로 하나씩 학습되는 것이 아니기 때문에(Ellis & Larsen-Freeman, 2006; Lightbown & Spada, 2013), 중점이 되는 문법은 학교 교육과정에서 마주치게 되는 문맥으로부터 도입되어야 한다.

언어 구조의 목록이 문법 교육 과정을 바탕으로 하지 않음에도 불구하고, 교사들이 학교에서 학습자들과 함께 공부하면서 의식해야 하는 언어 발달 과정이 있다. 프랜시스 크리스티(Frances Christie, 2012)는 전체 학령과 교과 영역에 걸쳐 학습자들에 의해 쓰인 수천 개의 글을 대상으로 한 분석에 근거하여, 학교의 학습자들이 그들의 모어 문법 발달에 있어 따라야 하는 발달 과정을 그려 낸다. 이 발달 과정은 제2언어 학습에 있어서의 도전 과제에 대한 생각에도 도움이 된다. 모어와 제2언어 발달 모두에 있어서 아동들은 대개 현시점의 상황(그들이 말하는 상대와 당시의 시각적 요소, 제스처와 몸짓 언어들을 볼 수 있는)에서 어떻게 말해야 하는지를 배운다. 아동들은 학교에 입학해 눈해 기술literacy skills을 발달시키면서, 그들이 공유한 경험과 즉각적인 상황에 등장하지 않는 사물과 사건을 언급하기 위해 언어를 보다 추상적인 방식으로 사용하는 방법을 배운다(Gibbons, 2002). 이것은 그들이 일반화와 추상화를 위해 새로운 언어적 자원을 사용해야 한다는 것을 의미한다(Gibbons, 2006a). 이러한 맥락에서, 교사들은 새로운 언어 자원에 초점을 맞추고 학습자들이 이를 사용할 수 있는 언어 사용의 공유된 경험을 만들어 내야 한다.

학습자들이 참여해야 하는 경험의 성격은 학령기 동안 변화한다. 학습자들은 점진적으로, 일상적인(예를 들어, 학습자들이 역사나 과학에 대한 연구를 실행하고 보고하면서 혹은 그들이 영어로 된 읽고 쓰기literacy 텍스트를 돌이켜 보거나 분석할 때) 활동으로부터 시작하여 일상적인 활동으로부터 더 멀리 떨어진 의미들을 제시하는 지시적인 텍스트까지 학습하게 된다. 이것은 교과 영역에 대한 교육적 담화에서 지식과 경험, 그리고 개념을 다루기 위해서 문어를 대표하는 문법에 대해 더욱 주의를 기울일 것을 요구한다. 이러한 종류의 언어는 *학문적 언어*academic language 혹은 *학교 교육 언어*language of schooling로 특징지어져 왔다(Cummins & Man, 2007; Schleppegrell, 2004).

크리스티는 문법에 대해 어떻게 말하는 것이 학습자들이 점차 치밀하고 추상적인 언어를 다루도록 변화시키고, 표현을 보다 고급의 형태로 발전시키도록 도울 수 있는지에 대해 보여 준다. 그녀는 아동들이 문식성의 발달에 있어서 문어 형식으로 나아갈 때 그들이 가진 최초의 구어 자원을 어떻게 활용하는지 설명한다. 문어 형식으로의 변화는 문장 안에 더 조밀하게 들어찬 정보들을 포함하는 문어의 문법적 구조에 대한 학습, 태도를 표현하는 새로운 방식의 발달, 그리고 일반화와 추상적 개념의 제시에 대한 평가를 포함한다. 기번스와 크리스티는 초등교육의 시기에 생산적으로 초점을 맞출 수 있는 요소가 무엇이며, 중등학교에서는 어떠한 언어 형태가 이해와 생산을 위해 중요한지에 대한 이해를 돕는다. 교사들은 문어 형식에서의 언어와 학교 교육의 과제가 요구하는 문법적 표현의 새로운 형태를 인식함으로써, 학습자들이 새로운 지식을 발전시키는 데 필요한 새로운 종류의 의미를 생산하게 하는 새로운 언어 자원을 구축하도록 도울 수 있다. 문법 초점 교수법은 학교 내 아동들의 언어 학습을 위해 교육 과정의 활동 내내 도입될 수 있으며 모든 교과 영역에서 적용될 수 있다. 이것이 본서에서 취하는 접근 방식이다. 3장과 4장에서는 이러한 언어 형태에 대한 학습자들의 의식을 향상시키는 방식에 관한 연구들에 대해 더 깊이 알아볼 것이다.

Activity 활동 2.3

학습자 쓰기에서 가져온 다음 문장들을 비교하라. 문장들을 통해 보이는 연령의 순서에 따라 배열해 보라. 결정을 내리는 데 도움을 준 요소는 무엇인가?

- 사과를 모두 따면 로라와 나는 영화를 보러 가야 한다. When the apples were all picked, Laura and I got to go to a movie.
- 우리는 바닷가에 갔다. We went to the beach.
- 지난여름에 한 경험 중에서 가장 좋았던 것은 산악 지역으로 간 여행이었다. My favorite experience last summer was a trip to the mountains.
- 지난 주말에 내 친구와 나는 호수까지 자전거를 타고 갔다. Last weekend my friend and I rode our bikes to the lake.

이 네 개의 문장들은 구조와 정보량에 있어서 차이가 난다. 이 문장들은 아동들의 성장에 따라 이루어질 것으로 기대되는 언어 운용력의 발전을 반영한다. '우리는 바닷가에 갔다. We went to the beach'는 초급 단계의 필자들이 영어 문법을 사용하는 전형적인 방식이다. 그들은 명확한 지시를 위한 문맥이나 공유된 지식, 활동의 참여자에 대한 소개 없이 대명사we를 사용한다. 이 문장은 또한 행위의 시간에 대한 정보를 생략하고 있다. '지난 주말에 내 친구와 나는 호수까지 자전거를 타고 갔다. Last weekend my friend and I rode our bikes to the lake.'는 필자가 문두의 시간 배경을 통해 행동의 시간적 지시를 제공하고 'my friend'로 두 번째 행위 참여자를 확인함으로써 언어 운용에 있어서의 발달을 보여 준다. '사과를 모두 따면 로라와 나는 영화를 보러 가야 한다. When the apples were all picked, Laura and I got to go to a movie.'는 필자가 시간 관계에 있어서 두 개의 절을 연결하고, 두 개의 행위를 연결함으로써 더 진전된 복잡성의 발달을 보여 준다. 마지막으로, '지난여름에 한 경험 중에서 가장 좋았던 것은 산악 지역으로 간 여행이었다. My favorite experience last summer was a trip to the mountains.'는 '가장 좋았던 경험 My favorite experience'이라는 추상적인 형태로 묘사되는 사건을 제시하고 평가하는 문장을 구성하는 데 영어의 문법과 어휘를 사용할 수 있는, 비교적 높은 연령의 학습자에 의해서 쓰인 것이다.

이러한 예들은 아마도 교사들이 관찰하기를 기대하는, 언어 발달에 대한 단순화된 관점을 보여 준다. 우리가 본서에서 초점을 두는 것은 바로 이러한 종류의 제2언어 능력 발달이다. 우리는 교사들이 특정한 종류의 상호작용에서 학습자들이 언어의 의미 생산 가능성을 깨닫고 새로운 방식의 말하기와 쓰기를 배우는 것을 도울 수 있는 방법을 제시한다. 이러한 관점은 학습자들이 단순한 텍스트만을 접하도록 제한할 필요가 없음을 의미하기도 한다. 학습자들은 자신의 연령과 인지 발달 수준에 적합한 텍스트와 과제로 활동을 수행할 수 있다. 이는 학습자들이 언어가 어떻게 기능하는지를 보고, 읽은 텍스트를 분석하고, 쓰기에서 언어를 고를 수 있도록 도울 수 있는 자원을 교사들이 가지고 있을 때만 가능해진다.

문법 교수는 제2언어의 모든 숙달도 수준에서 필요하다. 초급 학습자는 학습을 지속하면서 계속해서 의식하게 되는 언어 형태에 명시적으로 주의를 집중함으로써 이득을 얻을 수 있다(Ellis, 2005). 고급 학습자(예를 들어 학교 안에 있는 대부분의 학습자)는 학교에서 어려운 과제를 수행하기 위해 문법에 주의를 기울일 필요가 있다. 이 책은 실제적이고 교실 학습 연령에 적절한 맥락에서, 교사와 학습자들이 읽고 쓰는 텍스트의 언어를 사용하면서 이에 관해 대화하는 가운데 문법 교수를 명시적으로 수행하는 방식에 대한 다양한 예들을 제공한다. 문어에 대한 대화는 학습자들에게 새로운 방식으로 언어를 사용하는 연습 기회를 주면서 초점이 되는 문법이 분석되고, 해체되며, 탐구될 수 있다는 이점을 갖는다.

2.8 문법 교수의 틀: 기번스Gibbons의 유형 전환 활동

3장에서는 과학 교수의 맥락에서 제2언어 아동들과 함께 수행한 폴린 기번스(2006a)의 중요한 연구에 대해서 더 알아볼 것이다. 여기에서 우리는 그녀의 연구를 소개하고자 하며, 아울러 초등학교 및 중등학교 교실을 살펴볼 때 우리에게 초점으로 남겨진 일련의 문제로서 그녀가 강조하는 문제를 소개하고자 한다. 기번스는 학습자들이 면대면 상호작용으로부터 시작하여 자신들의 경험을 재구성하고, 배운 것을 보고하고, 서로 다른 학과목과 장르에 적합하도록 텍스트를 쓰는 방향으로 나아가면서, 학습자들이 사용하는 언어 자원이 어떻게 예상되는 방식으로 이동하는지 이해하기 위해 **유형 연속체**mode continuum를 구성할 것을 제안한다. 유형 연속체는 구어와 문어 사이의 변화뿐만 아니라 보다 일상적이고 보다 전문적인 언어 사이의 변화를 참조한다. 기번스는 제2언어 학습자들이 그들이 이미 사용할 수 있는 것을 도입하도록 하고, 그들의 의미 생성 자원들을 새로운 영역으로 확장할 수 있도록 돕기 위해 유형 연속체를 가로질러 전후로 이동할 것을 제안한다. 기번스는 교사들이 이러한 변화를 촉진할 수 있는 방법을 평가하기 위해 교사와 학습자들이 구어/문어뿐만 아니라 격식/비격식의 연속체들에 걸쳐 모드mode를 전환할 수 있도록 하며, 학습자들 스스로 문맥에 맞게 언어를 조절하도록 돕는 다음의 네 가지 **교육적 방안**pedagogical moves을 제시했다.

1. 유의미한 메타언어를 사용하여 언어에 대해 말하기 talking about language, using meaningful metalanguage
2. 문어를 분석하기 unpacking written language
3. 학습자 담화 오류를 고쳐 말하기 recasting student discourse
4. 상기시키고 넘겨주기 reminding and handing over

(Gibbons, 2006a, pp.125-6)

기번스에 의하면 '유의미한 메타언어를 사용하여 언어에 대해 말하기'는 특정한 과제에서 학습자들의 주의를, 그들의 목적을 달성하기 위해 요구되는 언어 자원들로 유도하라는 의미이다. 예를 들어 교사는 자성magnetism에 대한 쓰기를 준비하는 학습자에게, '나는 네가 이것을 통해 자석에 대해서 *알게 된* 것을 말해 주길 바란다… 그건 *언제나* 일어나는 일이니까 *현재* 시제로 쓸 거야. I want you to tell me what you know about magnets from this ... it would be something that happens always so we would write it in the present tense.' 라고 말한다(Gibbons, 2006a, p.136). 여기에서 메타언어인 '현재 시제'는 언제나 발생하는 무언가에 대해 글을 쓰는 맥락에서 불변의 의미를 제시하는 기능과 연결되어 있다. 언어가 어떻게 기능하는지에 대한 이 대화는, 학습자로 하여금 작문 과정에서 효과적인 선택을 하도록 돕는 문법을 일반화할 수 있게 한다.

'문어를 분석하기'는 글로 쓰여진 무언가를 읽고 그것을 더 일상적이거나 비격식적인 방식으로 고쳐 말하면서 유형 연속체를 따라 전후로 이동하라는 의미이다. 3장과 4장에서는 문법적 구성 요소를 확인하고 그 요소들이 더 긴 텍스트나 담화 안에서 수행하는 역할에 대해 이야기함으로써 교과서나 다른 문어 텍스트의 언어를 분석하는 작업을 함께 수행하는 교사와 학습자의 예를 제시한다.

기번스가 사용하는 '오류 고쳐 말하기recast'라는 용어는 형태 초점 문법 교수 연구들에서 설명되던 방식과는 약간 다르다. 기번스에 따르면, 오류 고쳐 말하기는 학습자가 발화한 주제에 대해 그들의 말을 보다 권위 있거나 기술적이거나 교육적인 담화로 고쳐 말함으로써 이루어지는 응답을 의미한다. 이것은 단순히 학습자의 부정확한 발화를 재구성하는 것만을 의미하지는 않는다. 예를 들어 4학년의 학습자가 '저는 모든 금속이 자석에 붙을 것이라고 생각했지만 실제로 해 보니까 몇몇 금속은 붙지 않았습니다. I thought that all metal can stick on magnets but when I tried it some of them they didn't stick.'라고 말하면서 자석과 관련하여 주어진 그룹 과제에 대해 보고한 경우, 교사는 이 발화를 '좋아요, 그래서 학생은 어떤 물질이든지, 만약 그게 금속 물질이라면 자석에 이끌릴 것이라고 생각했군요. OK, so you thought that no matter what object, if it was a metal object it would be attracted to the magnet.'라고 고쳐서 말한다(Gibbons, 2006a, pp.126-7). 이것은 학습자가 자성에 대해 권위 있게 말하기 위해, 그리고 학습자의 지식이 '과학적'이라고 인식될 수 있는 방법으로 표현하기 위해 필요한 기술적 언어의 학습을 돕는 데 초점을 맞추면서 형태와 의미 모두를 고쳐서 말한 것이다.

'상기시키고 넘겨주기'는 학습자가 말한 것을 교사가 재발화하기보다는 학습자가 스스로 말한 것을 재구성하도록 단순히 유도하는 것으로, 오류 고쳐 말하기의 대안이다. 이것은 위에서 살펴본 오류 고쳐 말하기와 유도에 대한 라이스터(Lyster, 2004)의 구분에도 반영되었는데, 이 연구에서는 장기적으로 보았을 때 학습자가 유도를 통해 얻는 이점이 더 많다고 주장했다. 상기시키고 넘겨주는 것은 교사에 의해 제공되는 비계scaffolding의 양을 감소시킬 뿐만 아니라 학습자들에게 점차 책임을 많이 부과하는 방향으로 나아가는 단계이다. 이것은 보통 학습자가 메타언어 지식을 구축한 후에 발생하며, 학습자의 학습을 측정하는 도구이기도 하다.

이 모든 조치들은 학습자들이 언어 능력을 획득하고 문법을 배우도록 돕는다. 3장과 4장에서는 이러한 교육적 조치들의 측면에서 교사와 학습자 간 상호작용의 예를 살펴볼 기회를 가질 수 있을 것이다.

2.9 요약

여러 연구에서는 학습자가 문식성 발달이나 학문적 또는 전문적 맥락에서의 언어 사용을 목표로 하고 있을 때, 의미 중심 형태 교수법focus on form이 언어 교수 프로그램에 통합되어야 한다는 관점을 분명하게 지지해 왔다(예를 들어 Doughty & Williams, 1998; Ells, 2002; Norris & Ortega, 2000, 2009; Spada, 2010). 학교에서 제2언어를 배우는 아동들은 종종 언어 그 자체를 목적으로 할 뿐만 아니라 문식성 과제와 내용 학습에 참여하기 위해서도 언어를 배운다. 아동들이 제2언어 혹은 외국어를 학교에서 배울 때, 그들은 구어적이고 상호작용적인 기술을 구축하는 것 이상을 해내야 한다. 그들은 새로운 언어를 통해 그들의 발달 단계에 적절한 내용을 배울 수 있어야 한다. 따라서 문법 교수의 초점은 *발달development*에 두는 것이 가장 적절하며, 이에 따라 문법 교수는 학습자들의 의미 구성 레퍼토리를 확장하는 데 기여하게 된다. 이러한 과정에서 학습자들은 불가피하게 새로운 오류들을 생성한다. 그러므로 문법 학습에서의 성장이 형태의 정확성에 대한 것만이 아니라는 사실을 인식하는 것이 중요하다.

본 장에서는 이후의 장들에서 살펴볼 문법 교수에 대한 이론적 관점을 제시했다. 우리가 논의한 제2언어 문법 교수에 대한 접근법들은 제2언어 학습의 사회적 성격 및 발달적 성격을 인식함으로써 문법 교육을 학교 교육의 목적과 부합하는 학습 맥락 안에 위치시킨다. 여기에서 살펴본 사회문화 언어학과 기능 언어학의 관점들은 앞으로 3장과 4장을 읽으면서 초·중등학교 교실을 통해 탐구하게 될 교육적 조치와 활동을 부각시킨다. 3장과 4장의 연구들에서 보여 주는 교육적 조치들은 학습자가 언어에 주의를 기울이게 하고, 제2언어 발달을 촉진하는 주의 집중과 의식 향상을 가능하게 하도록 도울 것이다.

이후의 장들에서는 교과목들의 학습을 통해 언어에 초점을 맞추도록 유도하는 것이 언어의 기능 방식에 대한 학습자들의 의식을 향상시킬 수 있다는 사실을 보여 줄 것이다. 3장과 4장에서는 교사가 서로 다른 사용 맥락에서 의미 생성을 위해 사용할 수 있는 선택지들과, 특정한 언어 구조의 사용에 학습자의 주의를 돌림으로써 학습자의 언어 자원을 확장시키는 방법과 관련된 연구들에 대해 보고한다. 이들 장에서는 문법 교수에서 교사의 역할을 설명하고, 언어 발달에서 *주의 집중*noticing이 가지는 중요성에 대해 다시 한번 강조할 것이다. 이들 장에서 설명하는 활동들은 학습자에게 중요한 사회적 맥락에서 언어 사용을 탐구하는 경험을 제공한다. 이러한 주의 집중, 언어의 형태에 대한 토의, 그리고 사회적 상호작용은 형태 및 맥락에 따른 의미의 선택을 협상하는 연습의 기회를 제공할 뿐만 아니라 학습자들이 새로운 언어 체계에서 할 수 있는 언어적 선택을 이해하도록 돕는다.

제3장 교실 중심 문법 연구: 아동기

3.1 개관

2장에서는 제2언어 교실에서 문법을 의미 있는 방식으로 가르칠 수 있는 방안에 대한 이론과 연구를 살펴보았다. 이 연구에 따르면 제2언어 학습자들은 유의미한 맥락에서 문법에 대하여 명시적으로 주목할 기회를 가질 필요가 있으며, 이를 통해 언어 발달을 촉진하는 주의 집중 및 의식 향상을 기할 수 있다. 이 장에서는 초등학교 수준의 제2언어 학습 맥락에서 제2언어 문법 교수·학습을 다루어 온 연구들을 살펴볼 것이다.

3.2 초등학교에서 학습자들은 문법에 대해 무엇을 배워야 하는가?

제2언어 문법 교수·학습에 대한 2장에서의 논의가 보여 주듯이, 문법은 제2언어 학습에 기여하는 의미 있는 맥락에서 교육될 필요가 있다. 2장에서 논의된 언어 발달 이론에 따르면, 제2언어 학습자들은 문법 형태grammatical forms에 주목함으로써 의미 구성meaning-making에서 문법이 수행하는 역할을 인식할 필요가 있다. 언어의 형태 또는 의미에만 집중하는 것은 아동들이 학교 교과의 복잡한 언어를 다루고 사용하는 데 충분한 도움을 줄 수 없다. 학교에서 언어를 학습하고 있는 아동들은 보통 언어 이외의 다른 것들도 함께 배운다. 교과 교육과정의 내용을 배우는 몰입immersion 교실이나 주류 교실에서의 문법 교수·학습은 전 과목에 걸친 교실 수업에 통합될 수 있다. 교사들은 언어 학습이 일차적 목표인 외국어 교실이나 제2언어 교실에서도 언어 학습을 위한 의사소통적 맥락을 택할 필요가 있다. 이러한 환경에서 문법 교육의 맥락은 의사소통에 초점을 맞추는 게임이나 활동이라고 할 수 있다. 아동들을 가르치는 교사라면 누구나 언어란 그 사용과 분리되어 교수될 수 없음을 잘 알고 있다. 이 책은 특정한 문법 형식을 산출하는 데 있어 정확성의 문제뿐만 아니라 제2언어 학습자의 문법적 자원grammatical resources의 확장에도 초점을 맞춤으로써 문법 교육이 제2언어 학습자 발달을 위해 의미 있는 사용 맥락에 놓일 수 있음을 보여 준다.

몇몇 독자들은 초등학교 연령대의 아동이 과연 문법을 배울 수 있는지 의문을 가질 것이다. 문법이란 추상성abstraction과 범주categories에 대한 사고 능력을 요구하기에 초등학교 저학년 학습자가 이러한 종류의 교실 활동을 따라갈 수 있을지 의아하게 여기는 것이다. 그러나 비고츠키(Vygotsky, 1986)의 저술에 기초한 현재의 아동 발달 이론은 아동들조차도 언어 및 운용 원리에 대해서 사고할 수 있으며 -심지어 이를 즐길 수 있으며- 추상적인 개념을 이용하여 학습할 수 있음을 인정한다. 비고츠키(1986)는 아동들이 학교에서 배우는 것 중 대부분은 자신들이 하고 있는 것에 대한 의식적인 인식이라 지적하며, '문법과 쓰기는 아동들이 더 높은 수준의 담화 발달에 이를 수 있도록 돕는다(p. 184).'라고 말한다. 이처럼 아동들이 어린 나이에도 문법에 대한 추상적 이해를 할 수 있다는 사실은 윌리엄스(Williams, 2005)와 프렌치(French, 2010; 2012)에서도 밝혀진 바 있다. 제1언어와 제2언어 학습자들이 함께하는 초등학교 수업에 대한 이들의 연구에서, 문법에 대한 의미 있는 초점화가 언어의 기능 방식에 대한 초등학교 학습자들의 인식 형성에 도움을 준다는 것이 밝혀졌다. 아동의 기능적 문법 접근functional grammar approach을 다룬 프렌치(2010)에서는 아동을 문법 활동에 참여시키는 것이 이들의 추상성 발달을 돕는 하나의 수단이라고 하면서 '적절한 지성적 도구와 지지가 아동들에게 주어진다면 더 많은 추상적 사고가 가능할 것(p. 227)'이라고 결론짓고 있다. 이러한 도구 중 하나가 아래에 제시한 것과 같은 문법적 메타언어grammatical metalanguage인데, 이는 학습자들로 하여금 언어와 의미에 대해 생각해 보도록 할 수 있다.

2장에서 언급하였듯, 3장에서는 교사들이 모드 전환mode shifting 개념을 활용하여 수업 단원 내의 각기 다른 지점에서 다른 활동을 할 수 있도록 아동들을 돕는 언어 인식을 수행하면서 어디에 초점을 맞출 것인지 결정하는 방법을 다루는 것으로 논의를 시작한다. 그 다음에 교사들이 어떻게 초등학교급 수준에서 문법에 대한 아동들의 인지를 적극적으로 향상시킬 수 있는지를 탐구해 본다. 여기에서 제시되는 다양한 맥락 및 내용 영역의 예들은 문법이 교실 수업에 통합되는 방식을 보여주고자 사용되었다.

앞서 1장에서 문법이란 의미를 나타내는 언어 자원의 총체라고 정의한 바 있다. 문법에 대한 이러한 관점은 초등학교부터 시작되는 학교 교육 시기(제1언어와 제2언어 학습을 모두 포함) 동안 학습자가 접하게 되는 언어의 유형들에 주목하는 것이다. 또 학교 교육 맥락에서 문법적 자원을 확장한다는 것은 아동들이 교실 활동에서 요구되는 과업에 참여할 수 있도록 언어 발달을 돕는다는 것을 뜻한다.

1장에서 우리는 여러 수업 단원에 걸쳐 문법 교육에 대해 생각해 보는 방식을 제안한 바 있다. 이러한 관점을 수학 학습을 통해 언어 발달을 도모하고자 하는 제2언어 교실 사례에 적용해 보자.

Activity 활동 3.1

여러분이 제2언어 학습자들에게 분수의 나눗셈을 가르치면서 언어적 지원도 함께 제공하고자 하는 5학년 교사라고 가정해 보자. 여러분은 어떠한 문법에 초점을 둘 것인지 분명하지는 않다. 여러분은 학습 자료나 시청각 자료를 활용하여 학습자들이 분수를 이해할 수 있도록 실질적인hands-on 그룹 활동에 참여하게 한다. 그리고 학습자들이 그룹 활동에 대해 구두로 발표하도록 하며, 그다음에는 문제 해결 방법에 대한 글을 작성하도록 학습자들에게 요구한다. 또한 수학 교과서의 설명을 활용하기도 한다.

표 3.1은 학습자들이 수학을 배우면서 접하게 되는 언어 유형의 네 가지 ('텍스트') 사례를 보여 주고 있다. 학습자들은 다음과 같은 문제를 다루고 있다.

> 스탱글 씨는 친구들에게 복숭아 타르트를 만들어 주고자 한다. 타르트 한 개에 복숭아 2/3개가 필요한데 그녀가 가진 복숭아는 10개이다. 10개의 복숭아로 그녀가 만들 수 있는 타르트의 개수는 최대 얼마인가?
>
> Ms. Stangle wants to make peach tarts for her friends. She needs two-thirds of a peach for each tart and she has 10 peaches. What is the greatest number of tarts she can make with 10 peaches?
>
> (Chapin, O'connor & Anderson, 2003, p. 31)

표 3.1 학습자들이 수학을 공부하면서 접하는 텍스트 사례

텍스트 1	학습자 1: 이렇게 표시해 봐. Mark it like this ... 학습자 2: 아니, 이렇게 해 봐. No, try this way. 학습자 1: 그래, 이것들을 세 보면... 30이네. OK, count those … 30. 학습자 2: 타르트에 필요한 건 두 개야. 30 나누기 2는. The tarts all need two. Thirty divided by two. 학습자 1: 15야. Fifteen.
텍스트 2	우리는 복숭아 10개를 그려서 각각을 세 조각으로 나눴어요. 그리고 나시 우리는 그 조각 모두를 세어 보았어요. 그 결과 조각이 30개였어요. 각각의 타르트에는 2조각이 필요하니까 우리는 30을 2로 나누어 타르트 15개를 얻었어요. We drew the ten peaches and then cut each one into three parts. Then we counted all the parts. So it was 30 parts, and each tart had to have two parts, so we divided 30 by two and got 15 tarts.
텍스트 3	3분의 1조각이 몇 개인지를 알고자 할 때, 여러분은 복숭아 10개 각각을 세 조각으로 나누어 볼 수 있다. 여러분이 1/3조각이 전부 몇 개인지를 세어 보면 그것은 30개이다. 각각의 타르트에는 1/3조각 2개가 필요하기 때문에 여러분은 30을 2로 나누어서 15를 얻을 수 있다. 그것은 스탱글 씨가 타르트 15개를 만들 수 있음을 뜻한다. When you want to find how many thirds there are, you can divide each of the ten peaches into three. When you count how many thirds there are in total, you get 30. Since each tart needs two thirds, you can divide 30 by two and get 15. That means that Ms. Stangle can make 15 tarts.
텍스트 4	분수 나눗셈의 연산은 다음과 같다. The division of fractions algorithm is a/b÷c/d = a/b×d/c 즉 a/b를 c/d로 나눗셈 하는 것은 a/b를 c/d의 역수로 곱하기 하는 것과 같다. 이를 여기에 적용하면 다음과 같다. that is: a/b divided by c/d is equal to a/b multiplied by the reciprocal of c/d. In this case, 10÷2/3 = 10×3/2 10×3 = 30 30÷2 = 15

1. 각각의 '텍스트'는 다음의 맥락들 중 어느 것에 대응하는가? 그것을 어떻게 알 수 있는가?

A. 문제를 해결하는 방법에 대하여 학습자가 작성한 설명

B. 학습자의 교과서
C. 소그룹 학습자들의 행동이나 그들의 동작으로 의사표현된 것
D. 활동 이후, 수행에 대해 학습자가 구술하는 것

2. 여러분은 어떤 순서로 학습자들이 이러한 활동에 참여하도록 하겠는가? 왜 그런가?

이러한 '텍스트들'은 아동들이 상호작용적인 맥락에서부터 보다 공식적으로formally 말하고, 읽고, 쓰는 맥락, 즉 보다 학문적인academic 맥락으로 이동할 때 언어가 어떻게 변화하는지를 보여 준다.

텍스트 1은 맥락 C에 대응한다. 이는 소그룹의 학습자들이 행동이나 동작을 수행하며 말한 것이다. 이는 사용되고 있는 언어—명령형('표시하다mark', '시도하다try') 및 다른 상호작용적 언어('아니no', '그래OK')—를 통해 알 수 있다.

텍스트 2는 맥락 D에 대응한다. 이는 사건 이후의 행동에 대해서 학습자가 말하는 것이다. 여기에서 학습자는 과거 시제 동사('그렸다drew', '잘랐다cut', '세었다counted')와 순차sequencing 및 결과consequence 접속어('그다음에then', '그래서so')를 사용하면서 그룹 활동에 대하여 보고한다.

텍스트 3은 맥락 A에 대응한다. 이는 학습자가 문제를 해결하는 방법을 글로 작성한 설명이다. 여기에서는 현재 시제 동사('찾기를 원한다want to find', '나눌 수 있다can divide', '세다count')가 사용되어 일반적이고 비시간적인 진술이 나타나며, 상이한 과정들이 일어나는 조건('-ㄹ 때when', ' 때문에since')을 나타내는 접속어가 중심이 되고 있다. 또한 '그것That'이라는 지시어가 사용되어 필자가 결론('그것은 …을 뜻한다That means…')을 이끌어 내도록 하고 있다.

텍스트 4는 맥락 B에 대응한다. 이는 교과서 내용 중 일부이다. 여기에는 긴 명사구('분수 나눗셈 연산the division of fractions algorithm')와 해당 교과 영역에서 쓰이는 기술적 용어technical vocabulary('나누다divided', '곱하다multiplied', '역수reciprocal')와 같은 문어체 학문 언어의 전형적인 특성이 잘 나타나 있다.

우리는 여기에서 텍스트와 활동의 상이한 목표를 달성하고자 사용되고 있는 문법 선택의 기능성functionality을 확인할 수 있다. 언어적 자원의 이러한 기능성을 인식하는 것은 학습자들이 다양한 학습 과업에서 다양한 텍스트를 다룰 수 있도록 하기 위해 교사가 어떤 문법에 초점을 맞추어야 하는지 결정할 때 도움이 될 수 있다.

이처럼 순차적인 교수 활동은 학습자들이 보다 친숙한 언어에서 나

아가 덜 친숙한 형태의 언어를 구성하도록 하는 데 도움이 될 수 있다. 교사들은 대개 하나의 교수 단원을 구체적이고 실제적인 활동으로 시작하는데, 이로써 학습자들이 보다 편하게 느끼는 상호작용적 언어에 초점을 둔다는 것을 알 수 있다. 소규모 그룹 활동에 대해 학습자들이 보고하게 하는 것은 초등학교 교육과정에서 일반적인 활동으로 다시 말하기 연습을 하도록 하는 것이며, 이를 통해 교사는 학습자들이 순서 연결어sequencing connector를 따라 과제에서 요구되는 과거시제 동사에 주목하도록 할 수 있다. 우리는 2장에서 도티Doughty와 바렐라Varela의 논의를 통해 과학 보고서에 필요한 특정한 언어 형태에 주목하는 것이 과학 수업에서 학습한 내용에 대한 학습자들의 보고 능력을 향상시켜 준다는 점을 확인한 바 있다. 그다음으로 교사는 문제 해결 방법에 대하여 학습자들이 설명을 작성하도록 하면서 현재 시제에 대해서 언급할 수 있으며 또한 비시간적이거나 일반적인 것에 대하여 쓰거나 말할 때 왜 현재 시제가 사용되는지를 다룰 수 있다. 학습자들은 설명 과정에서 '-ㄹ 때when'와 '때문에since'가 어떻게 쓰이는지를 확인할 수 있으며, 또한 이러한 접속어를 사용하여 문장 쓰기를 연습할 수 있다. 교사는 교과서에서 분수 나눗셈에 대한 설명을 읽으며 학습자들과 함께 긴 명사구는 무엇을 의미하는지, 그리고 그것들이 어떻게 함께 작용하는지 검토하면서 그것을 해체해 볼 수 있다. 또한 교사는 학습자들이 교과서의 추상적 언어에서 시작하여 보다 구체적이고 실제적인 활동으로 옮겨 갈 수 있도록 이끌 수도 있다. 각각의 경우에서 언어 자체를 초점화 하는 메타언어로 언어에 대해 말해 보는 것은 학습자들이 수학을 배우면서 문법을 익히는 데 도움이 된다.

이 장에서 우리는 교사가 어떻게 초등 학습자의 제2언어 학습을 도울 수 있는지에 관한 연구를 살펴보았다. 교실에서의 대화, 언어 형태 및 그것의 기능을 교육 자료에서 읽고 알아차리는 것, 구체적인 쓰기 과제에 적절한 새로운 형태를 활용하여 글을 작성하는 것 등이 그 지원 방안이다. 이 장의 목표는 여러 과목의 텍스트가 보여 주는 문법의 상이성에 대한 인지를 향상시키는 것이다. 이를 통해 여러분은 특정한 교육 목표에 부합하는 문법 교육의 초점을 선택하는 데 도움을 얻을 수 있을 것이다. 다음으로는 대화를 통한 문법 학습에 대해서 살펴보기로 한다.

3.3 초등학교에서 대화를 통하여 문법 학습하기

2장에서 살핀 바와 같이, 제2언어 학습자의 언어 발달에 있어서 교실 대화classroom talk의 중요성은 연구 문헌을 통해 잘 입증되어 있다(Gibbons, 2002; Wells, 1994, 1999 참조). 언어 산출은 제2언어 학습에 주요하게 기여한다(Swain, 1995). 상호작용은 제2언어 학습자들이 이미 지니고 있는 문법적 자원을 사용하게 할 뿐 아니라 새로운 문법적 자원을 익히고 활용하는 데에도 기여한다. 이처럼 구어체 언어의 발달은 아동의 언어 발달 전반에 걸쳐 결정적이며, 학습자가 더 나은 제2언어 숙달도proficiency로 이행할 수 있는 토대가 되기도 한다. 따라서 제2언어 학습자들에게는 교과 영역에서 요구하는 것을 충족시킬 수 있는 의미 있는 교실 활동 맥락에서의 대화 참여 기회가 필요하다(Oliver & Philp, 2014 참조). 아동들은 학문적 내용academic content을 들어 언어의 작동 방식에 대해 이야기하는 과정을 통해 언어에 대한 지식을 키워 나갈 수 있다. 이것이 교실 활동의 중요한 부분으로 다루어질 필요가 있다. 다시 말해, 텍스트를 두고 이루어지는 구어 상호작용oral interaction은 일상 언어와 학문 언어 학습을 연결하는 다리로서 학습자들에게 중요하다(Gibbons, 1998, 2003, 2006a, 2006b).

교사들은 아동의 언어 산출에 대해 자세히 분석하기, 보다 적절한 표현으로 고쳐 말하기recasting, 담화에서 나타나는 여러 문법 유형을 보여 주기, 표현의 재구성을 촉진하기 등을 수행하며 아동의 구어체 언어 역량을 향상시키는 데 주요한 역할을 한다(Gibbons, 2006a). 이러한 것들이 2장에서 언급된 기번스Gibbons의 네 가지 교육적 조치pedagogical moves라 알려진 활동들이다. 여러분은 이 장에서 언급된 연구에서의 교실 상호작용 사례를 분석하는 데 이 네 가지 교육적 조치를 활용해 볼 것이다.

제2언어 학습자들에게도 언어 자체에 대한 대화의 기회가 필요하다. 언어에 대한 대화에는 언어 형태와 학습 목표를 의미 있게 연결해 주는 메타언어가 요구된다. 메타언어를 사용하면 문식성literacy 및 교과 학습에 기여하는 의미 있는 활동에서 문법을 보다 가시화할 수 있다. 메타언어의 사용은 특정한 문법적 특징에 이름을 붙이는 것 이상의 의미가 있다. 그것은 제2언어 학습자가 읽고 쓰게 될 텍스트의 내용에 대한 논의를 하여 언어가 어떻게 기능하는지에 주목하게 함을 뜻한다. 메타언어는 문법과 문법 구조grammatical structure에 대한 학습자들의 의식 향상에 있어 교사들을 도와 학습자들이 자신의 말하기와 쓰기에서 이러한 문법 구조를 인지하고 활용할 수 있게 한다.

앞서 1장에서는 영어의 여러 발화 기능(서술statement, 질문question, 제안offer, 명령command)이 세 가지 문법적 서법(서술문declarative, 의문문interrogative, 명령문

imperative)으로 실현된다는 점을 학습자들이 인식하도록 하고, 이야기를 읽어 주는 맥락에서 이들 중 하나를 선택하여 사용하는 것이 청자에게 미치는 영향에 대해 생각해 보게끔 하는 초등학교의 수업 장면을 함께 살펴보았다. 이 이야기에는 초등학교를 방문한 어느 경찰관이 들려주는 안전에 대한 정보가 다수 포함되어 있으며, 이 안전에 관한 정보들은 해야 할 일들에 대한 명령으로 제시되어 있다. 수업에서는 이러한 점들, 즉 필자가 명령문을 만들기 위하여 어떤 서법을 선택했는지를 분석하고 있다.

수업 장면 1.1에서 교사는 제2언어 학습자가 명령 표현에 사용되는 언어에 대하여 지식을 형성할 수 있도록 대화를 활용한다. 이러한 맥락에서의 '명령command'이란 기능적이며 의미 중심적인meaning-focused 메타언어이다. 교사는 명령을 나타내는 문법이 어떻게 해서 서술문이나 의문문, 또는 명령문일 수도 있는지를 보여 주며, 학습자들은 명령문을 이들 세 가지 문법 패턴으로 분류해 보는 활동을 수행한다. 아래의 **표 3.2**는 아동들이 분석한 몇몇의 명령문이 이야기 속에서나 대화상에서 어떻게 표현되었는지를 보여 준다.

표 3.2 담화 기능/문법적 서법(Schleppegrell, 2013에서 인용)

담화 기능/문법적 서법 Speech function/ grammatical mood	서술문 Declarative	의문문 Interrogative	명령문 Imperative
명령Command	'누가 문을 닫았으면 좋겠어요. I'd like someone to close the door.'	'명령해 볼래요? Can you give me a command?' '바르게 앉아 주시겠어요? Would you please sit	'신발 끈을 묶으세요. Keep your shoelaces tied.' '누가 미끄러져서 넘어지기 전에 바닥에 흘린 것은 항상 닦으

담화 기능/문법적 서법 Speech function/ grammatical mood	서술문 Declarative	의문문 Interrogative	명령문 Imperative
		right?'	세요. Always wipe up spills before someone slips and falls.'

학습자들은 의미 있는 교실 활동에 참여하며 문법을 배운다. 교사의 질문—'후세인, 명령을 알겠어요? 선생님에게 명령을 해 볼래요? Hussein, do you know a command, can you give me a command?'—과 후세인의 대답—'어, 선생님께서 방금 하나 이야기하셨어요. Well, you just said one'—은 영어에서 명령이 어떻게 표현되는지에 대한 대화를 유도하고 있다. 이어지는 학습자들과의 토론에서 교사는 학습자들에게 자신이 명령문을 제시했다고 생각하는지를 묻는다. 어떤 학습자들은 '그렇다'라고 대답하고 다른 학습자들은 '그렇지 않다'라고 대답하기도 하는데, 대화가 끝날 때쯤 교사가 '어떤 종류의 명령이었어요? What kind of a command?'라고 묻고 학습자들이 '질문A question'이라고 대답하자, 교사는 '제가 질문을 하고 있군요. I'm interrogating'라고 응답한다. 이에 학습자 모두는 교사가 자신들에게 질문의 형태로 명령을 했다는 점에 동의한다(Schleppegrell, 2013, p.159).

다음의 **활동 3.2**를 해 보면서 **수업 장면 1.1**(18쪽 참조)을 다시 살펴보자.

Activity 활동 3.2

기번스의 교육적 조치(1 '유의미한 메타언어를 사용하여 언어에 대해 말하기' 2 '문어를 분석하기' 3 '학습자 담화 오류를 고쳐 말하기' 4 '상기시키고 넘겨주기')에 대하여 생각해 보자. **수업 장면 1.1**에는 어떤 것이 나타나는가? 이러한 조치들에 대한 2장에서의 상세한 설명을 참조해 보라. 교사는 이러한 조치들을 통하여 무엇을 수행하고 있는가?

기번스의 유형 전환 활동mode-shifting moves 측면에서 보면, 교사는 학습자들을 두 방식으로 참여시키고 있음을 알 수 있다. 즉, 유의미한 메타언어를 사용한 언어에 대한 명시적인 대화(기번스의 첫 번째 교육적 조치)와 텍스트 분석(두 번째 조치)이 그것이다. 이러한 활동 자체가 아동들에게 유의미한데, 그 이유는 자신들이 읽고 있는 이야기에 대한 이야기를 하게 되기 때문이다. 상이한 종류의 명령형에 대한 이러한 대화를 통해 아동들은 무엇이 명령을 '공손polite'하게 하는지, 누가, 어떻게 명령을 하는지, **사회언어학적 능력sociolinguistic competence**과 관계된 다른 문제들은 무엇인지 생각해 볼 수 있다. 또한 아동들은 자신들이 주목해 왔던 문법을 사용하여 명령문을 작성하기도 한다.

기번스(2006a)는 보다 일상적인 표현 방식과 보다 형식적인 표현 방식 간의 이행이 어떻게 이루어지는지 과학 수업을 통해 보여 준 바 있다. 그녀는 교사가 교실 대화에서부터 쓰기에 이르기까지 각 단계에서 문법에 대한 이야기를 나누는 방법을 한 수업 단원에 걸쳐 보여 주었다. **주요 연구 3.1**은 이러한 계획이 어떻게 과학 학습 내용에 대한 초점을 유지시켰을 뿐 아니라, 학습자들이 내용을 보다 권위 있게 표현할 수 있는 언어에 집중하도록 이끌었는지에 대한 내용이다. 교사는 학습자들이 말하기와 쓰기를 할 때 학습자들의 언어 선택에 대해 피드백하였으며, 그 결과 학습자들은 유형 연속체mode continuum 사이를 오가게 되었다.

Spotlight Study_ **주요 연구 3.1**

기번스(2006a)는 어떻게 과학 교실 담화를 통해 언어적·문화적으로 다양한 초등학생들이 일상적인 의미 구성 방식에서 과학 분야의 말하기와 쓰기를 위한 보다 전문적이고 과목 특정적인 형태subject-specific forms의 표현으로 옮겨 갈 수 있는지를 탐구하였다. 기번스가 연구 대상으로 삼은 호주의 5학년 과학 교실 두 반에서는 학습자의 92%가 영어를 제2언어로 사용하고 있었다. 이들 대부분이 대화체의 영어는 유창하였으나, 학교 과학 시간에 사용되는 내용 중심의 언어에는 훨씬 덜 익숙하였다. 그 시간의 주제는 자력magnetism이었으며, 자력의 끌어당기는 힘과 밀어내는 힘에 대한 학습자들의 이해를 높이기 위해 네 개의 실험 활동이 고안되었다. 교사들은 세 단계의 교실 활동으로 이루어진 교실 대화를 계획하였다. 이는 다음과 같다.

1. 그룹 대화: 소그룹으로 직접 실험하기
2. 교사 지도의 보고: 실제 실험의 활동과 결과를 전체 학급에 다시 알리기
3. 쓰기 보고서: 과학 저널의 쓰기 과제 완성하기

기번스는 교사가 일상적 언어 및 학문적 언어를 통해 학습된 것에 대해 이야기를 함으로써 어떻게 영어 학습자ELLs에게 언어적 지원을 할 수 있는지 살피기 위해 교실에서의 구어 상호작용spoken interactions과 학습자들의 쓰기 텍스트를 분석하였다.

수업 장면 3.1은 교사가 기번스의 '담화 연결bridging discourse' 개념을 사용하여 '일상적인 의미 구성 방식과 과목 특유의 의미 구성 방식을 연결 짓고 이를 통해 학습자들의 선행 지식과 현재의 언어를 새로운 언어로 소개하는 방법(Gibbons, 2009, p.62)'을 보여 준다. 이는 자석과 관련하여 교사가 실제적 그룹 활동에 대한 학습자들의 구두 보고를 공동 구성해co-constructed 가면서 어떻게 교사의 대화가 덜 형식적인 언어에서 보다 '과학적인' 언어로 옮겨 갔는지에 대한 하나의 사례를 제시한다. 자력에 대한 이러한 대화는 이어서 보다 전문적인 방식의 글쓰기 준비

에 기여하였다. 기번스는 교사가 어떻게 일상적인 언어와 보다 전문적인 언어 사이를 이동하는지를 보여 주고자 교사 대화를 아래와 같이 두 열로 제시하였다.

Classroom Snapshot_**수업 장면 3.1**

표 3.3 교사의 '담화 연결' 활용(Gibbons, 2006a에서 인용)

학습자 Student	교사 Teacher	
	(일상적 Everyday)	(공식적 Formal)
서로 *달라붙어요.* it *sticks* together		
	이것처럼 (보여 주면서) like that (demonstrating)	
		그것들은 서로 *끌어당겼습니다.* they *attracted* to each other
이것들이 서로 밀어 내지 않는다는 것을 느낄 수 있어요... 다른 쪽으로 하면 *밀어내는* 것을 느낄 수 없어요. you can feel … that they're not pushing … if we use the other side we can't feel *pushing.*	그것들은 서로 *달라붙었어요.* they *stuck* to eah other.	
		어느 한쪽에 갖다 대면 당신은 자석이 *끌어당기고* 있음을 느꼈습니다. when they were facing one way you felt the magnets *attract*
	그리고 서로 *달라붙어요.* and *stick together*	

학습자 Student	교사 Teacher	
	(일상적 Everyday)	(공식적 Formal)
		자석 가운데 하나를 돌리면 당신은 *밀어내는* 힘을 느꼈습니다. when you turn one of the magnets around you felt it *repelling*
	또는 *밀어내 버려요.* or *pushing away*	

우리는 기번스의 체계에서 *고쳐 말하기recast*라는 용어의 사용이 의미 중심 형태 교수법focus on form 연구에서의 고쳐 말하기 사용과는 다소 차이가 있음을 2장에서 살펴보았다. 이 연구에서 교사의 고쳐 말하기는 학습자의 발화를 보다 문법적으로 정확하게 재구성하여 정확한 형태를 만들도록 하는 역할을 한다. 여기에서 우리는 의미 초점의 대화에서는 초급 수준의 학습자들이 때로 자신들의 부정확한 언어 사용을 교사의 고쳐 말하기에 따라 '수정repair'하지 않았음을 발견한 바 있다(Lyster & Ranta, 1997). 기번스의 체계에서 고쳐 말하기를 아동의 언어적 가용 자원linguistic repertoires 일부가 될 보다 정확한 언어 모델의 제공으로 파악하는 것은, 이러한 피드백이 아동의 구어에 즉시 반영되지 않는 경우에라도 그 교육적 처치가 가치를 지닌다는 것을 알 수 있도록 해 준다. 이러한 교육적 처치의 기능은 학습자가 선택 가능한 어휘와 문법적 패턴이 기능하는 실제적인 맥락에서 이들을 접할 수 있도록 하는 것이다. 그러나 고쳐 말하기가 학습자의 오류에 대한 반응에서 나타나는 것은 아니다. 고쳐 말하기는 교사가 단원 학습을 통해 초점을 맞추고자 하는 언어에 대해 학습자들에게 모델을 제공하는, 계획적이고 규칙적으로 반복되는 재진술 restatements 안에서 일어난다. 학습자들이 실험에 대한 보다 공적인 구두 보고나 작문 보고를 산출하는 '상기시키고 넘겨주기reminding and handing over' 단계에서는 보다 '과학적인' 언어 패턴 사용이 권유된다.

우리는 여기에서 학습자들이 표현하는 의미가 과학에서 가치 있는 보다 전문적인 방식으로 재구성되는 방법을 보여 주기 위하여 어떻게 교사의 고쳐 말하기가 정확성에 대한 피드백을 넘어서는지를 확인할 수 있다. 교사는 '자석들은 달라붙는다magnets stick'와 '밀어내지 않는다not pushing'를 각각 '자석은 끌어당긴다magnets attract'와 '밀어낸다repelling'로 고쳐 말한다(p.130). 기번스에 따르면 '달라붙다*stick*/끌어당기다*attract*'와 '밀어내지 않는다*not pushing*/밀어낸다*repelling*'와 같은 교사의 고쳐 말하기는 동일한 과학적 내용을 표현하는 데 있어 다른 단어만을 사용하는 학습자와 자석에 대한 동일한 뜻을 표현하고 있다. '이것들은 서로 달라붙는다 they stuck to

> each other/이것들은 서로를 끌어당긴다 they attracted to each other', '네가 자석의 한 쪽을 돌리면 자석이 밀어내는 것 when you turn one of the magnets around you felt it repelling'/' 또는 밀치는 것을 느낀다 or pushing away(p.130)'와 같이 교사가 동일한 과학적 내용을 전개하고 반복할 때, 교사는 일상적 언어와 과학적 언어 사이를 지속적으로 옮겨 다니는 셈이다. 이러한 변환으로 학습자들의 일상적 언어는 보다 학문적 언어로의 연계 수단으로 쓰이는 것이다. 우리는 동일한 것을 상이한 방식으로 말하는 이러한 연습을 문법 교육이라 여기며, 이러한 고쳐 말하기는 제2언어 학습자의 언어 발달에 특히 중요하다고 보는데, 그 이유는 제2언어 학습자에게는 학교 밖에서 학교 과목에 대한 말하기와 쓰기에 필요한 전문적 언어와 접촉할 기회가 거의 없기 때문이다. 이러한 활동은 또한 학습자들의 새로운 어휘 학습에도 도움이 되기에, 학습자들이 배우는 과학에 대한 말하기와 쓰기에 기여하는 문법적 자원을 확장시키는 주요 훈련이 될 수 있다. 학습자들은 과학자들이 자력에 대하여 말하는 방식을 연습하고 있는 것이다.

기번스에게 있어서 네 가지 교육적 조치는 교수 단원 내내 나타나는 교실 담화의 일부이다. 그러므로 이러한 고쳐 말하기는 교사가 계속해서 보다 학문적인 언어에 대해 상기시키는 메타언어를 사용하는 맥락 안에서 행해진다(첫 번째 교육적 조치: '유의미한 메타언어를 사용하여 언어에 대해 말하기'). 또한 교사는 학습자들과 함께 학문적 텍스트를 분석해 보는 작업을 반복적으로 하게 된다(두 번째 교육적 조치: '문어를 분석하기'). 고쳐 말하기(세 번째 교육적 조치)를 통해서는 자석에 대하여 '끌어당기다 attract'와 '달라붙다stick', 그리고 '밀어내다repel'와 '밀어내 버리다push away'와 같은 표현을 동시에 사용하면서 전문적 용어와 일상적 용어가 어떻게 상호 관련되는지를 보여 준다. 이러한 고쳐 말하기는 수업 시간 내내 이루어지는데, 이를 통해 교사는 학습자들이 스스로를 표현하는 데 필요한 학문적 언어를 상기시키고, 그것을 학습자들 스스로 사용하는 데까지 나아갈 것이라 기대할 수 있다(네 번째 교육적 조치: '상기시키고 넘겨주기').

'상기시키고 넘겨주기'는 학습자들이 학습해 온 것에 대하여 글을 작성해 보도록 함으로써 이루어지기도 하는데, 이에 따라 학습자들 각자는 새로운 문법의 습득을 증명해 보이는 언어를 산출하게 된다. 기번스(2006a)에서는 수업 장면 3.1에서 제시한 토의의 전후로 아동들이 쓴 작문, 그리고 교사가 말하기와 쓰기의 '과학적' 방법에 초점을 맞추도록 하기 위해 수행한 다른 활동들의 예를 제공한다. 다음은 줄리앤Julianne이라는 제2언어 학습자가 토론 전에 작성한 글이다.

> 옆에 놓인 자석은 다른 자석에 달라붙지 않았다. 우리가 자석을 돌려보자 다른 자석에 달라붙었다.
>
> The magnet which we put next didn't touch the other magnet. When we turned it over it stucked on the other.
>
> (Gibbons, 2006a, p.166)

이 텍스트는 특정 실험 장면에서 일어난 일을 자세히 이야기하기 위해 '우리we'와 과거 시제 동사 그리고 *'달라붙었다stucked'와 같은 일상적 표현을 사용하여 학습자들이 실험 중에 했던 활동을 나타내고 있다. 그런데 토론 이후에, 이 글은 그룹 활동보다는 자력에 대한 정보를 나타내는 쪽으로 변화한다. 이 학습자는 항상 진리인 사실을 나타내기 위해 현재 시제와 '당신you'이라는 일반화된 표현을 사용하여 자력에 대한 보다 일반적인 원리를 서술하고 있다.

> 모든 자석에는 척력의 면과 인력의 면이 있다. 만약 당신이 자석의 N극끼리 또는 S극끼리 마주하게 두면 자석들은 달라붙지 않지만, N극과 S극을 마주하게 두면 자석끼리 달라붙는다.

All magnets have a side which repels and a side that attracts. Magnets don't stick if you put north with north or south and a south but if you put a south with a north they stick.

(Gibbons, 2006a, pp.166-167)

여전히 일상 어휘('달라붙다stick')를 다소 사용하고는 있으나, 이 학습자는 보다 복잡한 문법 구조를 사용하여 자석에 대한 일반적 진술을 할 수 있게 되었다. 그녀는 자석과 그 특성에 대하여 서술하고 있으며, 자석의 일반적인 원리를 진술한다. 또한 조건절'if' clauses을 사용하여 조건적 관계를 나타내고 있으며, 교사가 학습자와의 토론에서 사용한 고쳐 말하기recasts를 통해 습득한 과학적 용어도 일부 사용하고 있다.

'상기시키고 넘겨주기'는 교사의 별다른 제시 없이도 학습자들이 새로운 언어를 받아들일 준비가 되어 있을 때 활동을 통해 구두 언어로도 이루어졌다. 예를 들어, 한 학습자가 자석 실험 활동에 대하여 교사의 제시에 따라 보고하면서 '우리는 자석의 S극끼리는 서로 달라붙지 않는다는 것을 알게 되었어요. We found out that the south and the south don't like to stick together.'라고 하자, 교사가 '이제 (...) 과학적 언어를 사용해 보도록 합시다. 미셸. Now (...) let's start using our scientific language, Michelle.'이라고 말한다. 그러자 학습자는 즉각 'N극끼리는 척력이 나타나고, 마찬가지로 S극끼리도… The north and the north repelled each other and the south and the south also...'(Gibbons,2006a, 138쪽)라고 말한다. 이러한 상기시키기는 학습자가 자신의 언어 선택을 인지하고 이 맥락에서 표현의 부적절성을 즉각 인식하도록 유도한다. 또 교사는 '넘겨주기'를 통하여 '과학적' 방식으로 언어를 표현하는 책무를 학습자에게 이양함으로써 학습자들로 하여금 과학적 의미를 문법적으로 완전하고 적절하게 구성할 수 있도록 한다.

3.4 초등학교 읽기에서 문법 학습하기

교사들은 초등학교급에서 제공되는 읽기 텍스트에 학습자들을 참여시키는 맥락에서도 문법을 교육할 수 있다. 우리는 앞서 여러 종류의 활동에서 언어가 어떻게 달라지는지 수학과 과학의 사례를 통해 살펴보았다. 언어가 달라지는 또 다른 방식은 여러 교과의 내용 영역content areas에서 찾을 수 있다. 예를 들어 감정과 태도를 나타내는 언어는 내러티브에서 더욱 자주 나타나며, 반면에 정의하는defines 언어는 과학 텍스트에서 보다 두드러지는 경향이 있다. 문법 교육을 선도하기 위해서는 텍스트에서 다양한 측면의 의미를 드러내기 위해 다양한 언어 형태에 초점을 두는 방식을 알 필요가 있다. 내용 교육content learning을 돕고자 문법 초점grammar focus을 선택하는 것은 여러 학과목에서 전형적으로 등장하는 언어 유형에 대한 이해를 필요로 한다.

다음의 **활동 3.3**에서는 텍스트가 의미의 다른 측면을 표현하기 위해 어떤 방식으로 다른 언어 형태에 초점을 두는지 주의하면서, 내용 영역 텍스트 간의 차이점을 확인할 수 있다.

Activity 활동 3.3

4학년 역사 및 과학 교실에서 쓰인 다음 글을 읽고 몇 가지 두드러지는 언어적 특성이 무엇인지 확인해 보라. 텍스트마다 필자의 문법적 선택이 어떻게 다르며, 그 이유는 무엇이겠는가?

텍스트 1 (역사)

알타 캘리포니아에 정착하다Settling Alta California

1960년대까지 스페인은 알타 캘리포니아에 거의 관심을 보이지 않았다. 그때쯤 스페인의 카를로스 3세는 러시아와 같은 다른 나라들이 북미 대륙의 태평양 연안을 탐험하기 시작했다는 소식을 들었다. 스페인의 요구를 지키기 위하여 카를로스 왕은 알타 캘리포니아에 정착지 건설을 명령하였다.

Spain paid little attention to Alta California until the 1760s. Then King Carlos III of Spain heard that other countries, such as Russia, had started to explore the Pacific coast of North America. To protect Spanish claims, King Carlos ordered that settlements be built in Alta California.

스페인의 귀환**The Spanish Return**

카를로스 왕은 러시아가 알래스카에서 식민지를 세웠다는 소식을 들은 다음에 이와 같은 명령을 내렸다. 왕은 러시아의 모피 상인들이 알래스카에서 남쪽으로 이동하는 것을 걱정하였다. 그 러시아 상인들은 캘리포니아에 식민지를 건설하려 들지도 몰랐다.

King Carlos gave this order after he heard that Russia had set up a colony in Alaska. The King worried that Russian fur graders would move south from Alaska. They might try to set up a colony in California.

그러나 알타 캘리포니아에 대한 스페인 식민지배의 시작은 쉬운 일은 아니었다. 캘리포니아에로의 여행은 힘들었고, 그렇게 멀리 가고자 하는 사람이 거의 없었다. 스페인은 식민지배를 시작하는 가장 좋은 길은 전도단 즉, 종교적인 정착촌을 건설하는 것이라고 결정하였다.

Starting a Spanish colony in Alta California was not easy, however. Travel to California was difficult, and few people wanted to move so far away. Spain decided that the best way to start a colony was to build missions, or religious settlements.

(Boehm et al., 2000, pp.142-143)

텍스트 2 (과학)

세포는 생명체라는 건물의 벽돌이다. 세포는 생명체의 가장 작은 단위로서 여기에서 모든 생명 과정이 이루어질 수 있다. 모든 생명체는 세포로 이루어져 있다. 어떤 생명체들은 단 하나의 세포로 구성되어 있다. 식물 및 동물과 같은 대부분의 생명체는 다수의 세포로 되어 있다. 고양이 한 마리의 모든 부분-근육에서부터 혈액까지-은 수천 개, 수백만 개 심지어 수십억 개의 세포로 이루어져 있다. 많은 세포들은 특정한 역할을 한다. 어떤 종류의 세포들은 생명체가 성장하고, 발달 및 번식하는 데 쓰이는 에너지를 얻도록 돕는다. 다른 세포들은 생명체에게 필요 없는 것들을 제거하는 데 도움을 주고, 또 다른 세포들은 환경에 적응하거나 반응하는 데 활용된다. 그 밖의 세포들은 생체를 보호해 주거나 건강을 유지시키기도 한다. 모든 세포들은 다른 살아 있는 세포들로부터만 유래한다.

A cell is the building block of life. A cell is the smallest unit of a living thing that can perform all life processes. All living things are made of cells. Some living things are made up of just one cell. Most living things, like plants and animals, are many-celled. Every part of a cat—from its muscles to its blood—is made of thousands, millions, even billions of cells. Many cells have a particular role. Some cells help the living thing get energy it uses to grow, develop, and reproduce. Other cells help it get rid of what it doesn't need. Others help it to move or react to its environment. Still other cells may protect the living thing or help it stay healthy. All cells come only from other living cells.

(Scott Foresman Science, 2006, p.7)

표 3.4를 활용하여 위의 두 텍스트를 비교해 보라. 첫 번째 열에 제시된 질문들은 두 텍스트의 중요한 문법적 특징에 주목하는 데 도움을 줄 것이다.

표 3.4 문법적 선택과 역사 및 과학 텍스트 분석

문법적 선택 Grammatical choices	역사 텍스트 History text	과학 텍스트 Science text
시간은 어떻게 표현되고 있는가 (동사의 시제, 시간 관련 다른 표현들)? How is time represented (verb tense, other expressions of time)?		
어떤 종류의 환경과 연결어가 사용되고 있는가? What kinds of circumstances and connectors are used?		
어떤 종류의 과정이 사용되고 있는가 (예를 들어 행위, 사고/감정, 진술, 존재 동사)? What kinds of processes are used (e.g. verbs of doing, thinking/feeling, saying, being)?		

알타 캘리포니아 정착을 다루는 역사 텍스트는 과거 시제past tense 및 환경circumstance을 활용하고 있으며, 또한 '1960년대까지until the 1760s', '그때then', '그 뒤에after'와 같은 시간을 나타내는 연결어connectors를 사용하고 있다. 예를 들어 '그때쯤 스페인의 카를로스 3세는 러시아 등 다른 나라들이 북미 대륙의 태평양 연안을 탐험하기 시작했다는 소식을 들었다. Then King Carlos III of Spain heard that other countries, such as Russia, had started to explore the Pacific coast of North America.'라는 문장에서 '그때then'라는 접속어를 살펴보자. 이 접속어는 시간 순서를 보여 주면서 사건들의 순서를 구성하는 데 기여한다. 이 문장은 카를로스 왕 및 스페인 정부의 생각과 행동에 따른 사건들을 다루고 있기에, 여기에는 주로 행위 및 사고/감각 동사들이 사용

되고 있다. 마지막 단락에서 여행이 '어렵다difficult'거나 식민지 건설에 착수하는 것이 '쉽지 않다not easy' 등과 같은 기술이 있는데 이는 존재 과정들에 해당한다. 이 텍스트는 어떤 사건이 왜 발생했는지와 텍스트의 목적을 실현 가능하게 하는 필자의 문법적 선택에 대한 것이다.

과학 텍스트는 정의definitions를 내리고(예를 들어 '세포는 생체의 가장 작은 단위로서 여기에서 모든 생명 과정이 이루어질 수 있다. A cell is the smallest unit of a living thing that can perform all life processes.') 세포의 구조를 설명하고자 주로 존재 과정being processes을 사용한다. 이 텍스트에는 인간 참여자가 없기 때문에 말하기나 사고, 감정 과정들 역시 나타나 있지 않다. 다만 마지막 단락에서 몇몇의 행위 과정이 세포의 기능에 대해서 보고하고 있다. 이 텍스트의 주된 목적은 세포의 역할을 정의하고 설명하는 것이며, 문법은 이를 수행하는 데 도움이 된다.

이들 텍스트에서 사용된 언어의 다른 점은 교사들이 어떻게 이 텍스트와 다른 텍스트가 상이한 의미를 드러내고자 서로 다른 언어 형태를 사용하고 있는지를 보여 줌으로써 강조될 수 있다. 예를 들어 교사는 학습자들이 역사 텍스트를 읽을 때 과정 유형process type의 메타언어를 사용하면서 일련의 사건들이 어떻게 진행되고 있는지 그리고 이러한 사건들에 대한 왕의 생각이 어떻게 텍스트에 반영되고 있는지를 알아 가는 데 도움을 줄 수 있다. 연결어connectors와 환경circumstances에 주목하는 것은 학습자들이 시간이 이 텍스트에서 어떻게 드러나고 있는지를 아는 데 도움이 될 수 있으며, 이로써 수업 목표, 즉 알타 캘리포니아에 선교 목적의 거주지가 건설되었던 이유와 이러한 결과를 야기한 사건들을 이해하는 수업 목표가 달성될 수 있다. 교사는 과학 텍스트를 가르치면서 세포가 생명체를 구성하는 방식이 '-이다is/are'와 '만들어지다/구성되다is made of/made up of'로 어떻게 설명되는지 다룸으로써 존재 과정의 문법에 초점을 둘 수 있다. 이는 교사들이 전문적 용어technical terms(예를 들어 '세포cell'와 '생명체living things')를 정의하는 것을 넘어서서 학습자들이 읽는 다른 텍스트에 나타나는 문법 유형에도 주목하도록 한다. 학습자들은 처음에는 세포가 존재 과정에서 어떻게 정의되는지 그리고 이 세포의 역할이 그 다음에는 행위 과정doing processes에서 어떻게 전개되는지를 지켜보면서 텍스트의 상이한 부분을 점검할 수 있다. 따라서 학습자들은 정의하기defining/기술하기describing와 설명하기explaining의 방법이 과학에서 어떻게 행하여지는지를 이해하기 시작한다.

메타언어는 문법 용어grammatical terms를 소개하고 사용하는 적절한 맥락을 보여 주는 활동을 통하여 형태와 의미에 대한 의도적인 초점화를 가능하게 한다(Dare 2010; de Oliveira, Lan, & Dodds, 2013; Moore & Schleppegrell,

2014). 앞서 1장에서는 초등학교 언어 교과Language Arts와 중등학교 역사 수업에서 활용되는 몇몇의 메타언어를 살핀 바 있는데, 수업 계획과 관련한 이러한 사례들은 목표의 설정, 학습 동기 부여, '텍스트'에 학습자 참여시키기 이후에 어떻게 교사들이 텍스트의 언어를 설명하는 데 메타언어를 활용할 수 있는지를 보여 주었다. 이는 의미 있는 맥락에서의 형태 초점의 한 방법을 제공해 준다.

활동 3.3에서는 역사 텍스트와 과학 텍스트에서 나타나는 전형적인 차이들에 대하여 말해 보고자 과정 유형process type의 메타언어를 사용하였다. 또 2장에서는 *과정process*이라는 기능적 문법이 동사구 전체를 의미 덩어리meaningful chunks로 인지되도록 하는 방법임을 살펴본 바 있다. 상이한 *유형types*의 과정을 인지하는 것은 독자들이 동사가 나타내는 의미의 유형에 집중하는 데 도움이 되며, 또한 문장/절 내에서의 명사가 동사의 의미와 어떤 관련이 있는지 생각해 보게 할 수 있다. 이는 독자들이 문장을 접할 때 문장의 의미상 *어떤 일이 진행되고 있는지 what is going on* 생각해 보게 한다. 아동들은 기능적 유형의 문법에 친숙해지면서 문법에 초점을 두는 것이 언어의 작동 방식에 대한 이해를 이끌어 낼 것이라 여기게 될 것이다. 즉, 아동들은 의미와 사회적 목적이라는 측면에서 언어를 알아가게 될 것이다.

Activity 활동 3.4

활동 3.3의 역사 및 과학 텍스트에서 따온 아래의 문장들을 살펴보자. *기울임 표시된italicized* 각각의 과정을 *행위doing, 말하기saying, 감각sensing, 존재being* 표현으로 분류해 보라.

1. '그때쯤 스페인의 카를로스 3세는 러시아와 같은 다른 나라들이 북미 대륙의 태평양 연안을 탐험하기 시작했다는 소식을 *들었다*. Then King Carlos III of Spain *heard* that other countries,such as Russia, had started to explore the Pacific coast of North America.'

2. '왕은 러시아의 모피 상인들이 알래스카에서 남쪽으로 이동하는 것을 *걱정하였다*. The King *worried* that Russian fur traders would move south from Alaska. They might try to set up a colony in California.'

3. '스페인의 요구를 보호하기 위하여 카를로스 왕은 알타 캘리포니아에 정착지 건설을 *명령하였다*. To protect Spanish claims, King Carlos *ordered* that settlements be built in Alta California.'

4. '세포는 생명체라는 건물의 벽돌*이다*. A cell *is* the building block of life.'

5. '어떤 종류의 세포들은 생명체가 성장하고, 발달 및 번식하는 데 쓰이는 에너지를 얻도록 *돕는다*. Some cells *help* the living thing get energy it uses to grow, develop, and reproduce.'

1과 2의 '들었다heard'와 '걱정했다worried'는 카를로스 왕이 인지하고 느낀 것에 관해 보고하는 감각 과정sensing processes에 해당한다. 3에서의 '명령하다order'는 행위 과정doing process, 즉 정착촌 건설을 나타내는 말하기 과정saying process(말하기와 쓰기 모두 포함)에 해당한다. 문장 4는 세포를 정의하는 존재 과정being process을 나타내며, 문장 5는 세포의 기능에 대해 설명하는 행위 과정doing process에 해당한다.

과정 유형의 차이와 그것이 참여하는 구조의 종류에 대한 학습자들의 관심을 이끌어 내면 영어가 어떻게 작동하는지에 대한 의식을 높일

수 있다. 과정과 관련한 메타언어를 사용하는 것은 영어 동사형의 복잡한 형태와 무관하게 전체의 의미 단위에 주목하도록 한다(예를 들어 학습자들은 '-려고 했다was going to go'의 성분 요소 각각을 동사 형태의 한 유형으로 여길 필요가 없이 하나의 과정으로 인지해 내는 것이다.) 그러나 이러한 메타언어가 친숙하지 않을 수도 있다. 교사들은 이들을 *행위doing 동사action verbs*, *말하기 동사saying verbs*, *사고 동사thinking verbs*, *존재 동사being verbs*로 다룸으로써 유사한 목표를 성취할 수 있다. 이러한 접근을 **수업 장면 3.2**에서 살펴보자.

Classroom Snapshot_수업 장면 3.2

배일리 & 헤리티지(Bailey & Heritage, 2008)에서는 5학년 교사인 웨스트 선생님*(Ms West)*이 19세기 초의 미국에 대해 학습하는 사회 과목 시간에 학습자들이 설명 텍스트expository text를 이해할 수 있도록 어떻게 돕고 있는지를 다루었다. 학습자들은 미국 서부 탐험의 일부로서 루이스Lewis와 클라크Clark의 탐험에 대한 정보를 담고 있는 글을 읽고 독서 메모를 작성하였다. 웨스트 선생님은 학급 학습자들 가운데 한 명인 옥타비아가 텍스트의 사건들과 루이스와 클라크가 탐험한 강의 역할을 관련짓지 못하고 있다는 것을 알아차린다. 웨스트 선생님은 이러한 연관성을 보여 주기 위하여 옥타비아로 하여금 문법 자원grammatical resource에 주목하여 텍스트에서 *행위 동사action verbs*가 탐험 중 강의 역할을 이해하는 데 어떻게 도움이 되는지를 보여 주고자 한다. 다음은 웨스트 선생님과 옥타비아가 나눈 대화이다.

웨스트 선생님: *루이스와 클라크의 놀라운 여행*에 대해 어떻게 생각해요? What did you think of the book, *The Incredible Journey of Lewis & Clark?*

옥타비아: 별로 좋지는 않았어요. I didn't really like it that much.

웨스트 선생님: 아니라고요? 왜요? Oh no? How come?

옥타비아: 무슨 일이 일어나고 있는지를 알아내기가 어려웠어요.
It was hard to tell what was going on.
(...)

웨스트 선생님: (...) 옥타비아가 작성한 것들이 상호 연관되어야 한다는 것에 대해서 알고 있어요? 예를 들어 탐험, 수로, 서부가?

(...) Do you have a sense of what these things you wrote about had to do with each other? For example, the expedition, the waterways, and the West?

옥타비아: 그다지요. Not really.

웨스트 선생님: 그래, 좋아요. 옥타비아에게 도움이 될 만한 전략 하나를 생각하고 있었어요. 그건 역사책을 읽는 독자들이 내용을 이해하기 위해 사용하는 전략인데, 바로 텍스트의 행위 동사에 특별히 주목하는 것이에요. 행위 동사가 무엇인지 기억하고 있어요?

That's alright. I was thinking of a strategy that might help you. It's a strategy that readers of history often do to help them understand what they are reading. They pay attention to the action verbs in the text. Do you remember what action verbs are?

옥타비아: 네, 기억해요. *푸른 돌고래 섬* 장에서 찾아보기를 했었어요.

Yes, I remember. We had to find them in that chapter in *Island of the Blue Dolphins*.

웨스트 선생님: 맞아요. 행위 동사는 독자에게 일이 어떻게 되는지, 사람들이 무엇을 하고 있는지 그리고 이것들이 서로 어떻게 연관되어 있는지를 말해 줄 수 있어요. 루이스와 클라크 책에서 행위 동사들을 잠시 살펴보고, 옥타비아가 독서 일지에 쓴 내용들이 어떻게 상호 연결되어 있는지를 알 수 있는가 살펴봅시다. [옥타비아는 책의 해당 페이지를 편다.]

Exactly. Action verbs often can tell a reader what things and people do and how they are connected together. Let's take a quick look at the action verbs in the Lewis and Clark book and and see if we can figure out how these ideas you wrote about in your reading log relate to one another. [Octavia opens book to the fight pages.]

옥타비아: 네, 여기요. Okay, here it is.

웨스트 선생님: 그 부분에서 그들이 탐험과 수로에 대해 이야기하는 부분을 찾을 수 있겠어요?

Can you find the part where they talk about the expedition and the waterways?

옥타비아 : 바로 여기예요. [옥타비아는 책의 해당 부분을 가리킨다.]

It's right here. [Octavia points to the section in the text.]

웨스트 선생님: 훌륭해요. 거기에서 찾은 행위 동사 몇 개를 나에게 읽어 주세요. Great. Read to me some of the action verbs you find there.

옥타비아: 건너가다, 노를 젓다, 배를 젓다, 항해하다 … Cross, paddle, row, sail...

웨스트 선생님: 잘했어요. 이러한 단어들이 수로와 탐험이 어떤 관계가 있는지에 대한 단서를 주고 있어요?

Great. Do these words give you any hint about what the waterways had to do with the expedition?

옥타비아: 음, 아마도 그들은 탐험에서 강을 건너기 위해서 수로를 넘어야 했을 거예요.

Well, maybe they had to get beyond them, to cross them in the expedition.

웨스트 선생님: 나도 그렇게 생각해요! 아주 잘했어요. 이제 옥타비아가 스스로에게 적합한 전략을 지니게 된 것 같네요.

I think so too! Very good. I think you may have a strategy that can work for you.

(Bailey & Heritage, 2008, pp.142-144)

웨스트 선생님은 탐험에서 강이 하는 역할을 인식하게끔 하기 위해 옥타비아에게 '건너가다cross', '노를 젓다paddle', '배를 젓다row', '항해하다sail'와 같은 행위 동사를 찾아보도록 요청하고 있다. 이는 동사에 대한 일반적인 대화라기보다는 학습자가 서부 탐험에서 강이 지니는 도전 과제와 편리함을 알아 가면서 어느 한 유형의 동사—행위 동사— 의미에 초점을 두도록 하고 있다. 웨스트 선생님은 이것을 옥타비아가 다른 역사 텍스트에도 활용할 수 있는 독서 '전략strategy'이라고 하고 있다. 웨스트 선생님이 말하듯, '행위 동사는 독자에게 사람들이 무엇을 하는지, 또한 이것들이 어떻게 서로 연결되어 있는지를 말해 줄 수 있다.' 그리고 이는 역사 사건 논의에 있어서 공통적인 초점에 해당한다.

그러나 이는 독서 전략인 동시에 형태-의미form-meaning 관계에 초점을 맞추는 문법 교육이기도 하다. 이러한 사례에서 행위 동사에 초점을 두는 것은 언어에 대한 학습자들의 이해에 기여할 수 있는데, 그 이유는 학습자들이 동사가 항상 행위만을 나타내는 것은 아님을 알 수 있기 때문이다. 동사는 때로 교사들에 의해 무심코 행위 동사라 정의되곤 하는데, 이는 학습자들이 여러 유형의 텍스트에서 의미를 구성할 때 이들과 관계된 동사의 역할을 잘못 이해하도록 만드는 방식이다.

여러 과목에 걸친 텍스트를 읽으며 교사와 학습자는 문법이 다양한 의미를 구성하는 방법을 탐구하기 위해 언어에 초점을 두고 문어를 분석해 볼 수 있다. 지올리베이라 & 도즈(de Oliveira & Dodds, 2010)는 주류 교실mainstream classrooms에서 중간 및 고급 수준의 언어 숙달도를 갖춘 제2언어 학습자들을 위한 과학 시간에 적용된 이러한 접근법을 살피고 있다. **활동 3.5**는 교사가 기능적 문법의 메타언어를 사용하여 학습자들이 과학에 관해 이야기하고 과학 텍스트를 읽는 데 필요한 언어를 가르치는 방법을 보여 준다. 이때 주요 목표는 과학적 의미를 논의하고 학습자들이 텍스트에서 그 의미가 나타나는 문법 패턴을 인식하도록 돕는 것이다.

Activity 활동 3.5

지올리베이라 & 도즈(De Oliveira & Dodds 2010)는 어떻게 문법적 메타언어grammatical metalanguage가 언어와 의미에 대한 생산적 대화를 촉진하는 데 도입될 수 있는지를 제시하고 있다. 이 활동은 이들의 저서를 참조한 것이다.

케이티 도즈Katie Dodds는 언어 기반의 과학 수업을 계획하여, 다양한 수준의 영어 숙달도를 지닌 4학년 영어 학습자들이 난이도가 높은 교과서를 읽는 데 도움을 주고자 한다. 이 수업에서 학습자들은 그 전날 언어를 중점적으로 다룰 때 내용을 더 잘 이해하기 위해 자신들이 이전에 읽었던 텍스트를 다시 읽어 보게 된다. 다음은 이러한 수업에서 다룬 텍스트의 일부이다.

목성Jupiter

태양의 다섯 번째 행성인 목성은 가스 거인이다. 이 가스 거인은 대개 가스로 이루어진 아주 커다란 행성이다. 목성의 대기권은 주로 수소와 헬륨으로 이루어져 있다. 목성은 우리 태양계에서 가장 큰 행성이다. 실제로 목성의 속이 비어 있다면 그 안에 다른 모든 행성들이 들어갈 수 있을 정도로 크다!

Jupiter, the fifth planet from the Sun, is a gas giant. A gas giant is a very large planet made mostly of gases. Jupiter's atmosphere is mainly hydrogen and helium. Jupiter is the largest planet in our solar system. In fact, if it were hollow, it is so big that all of the other planets could fit inside of it!

(Scott Foresman Science, 2006, p.528)

교사의 목표는 제시되는 아이디어를 이해하기 위한 패턴을 찾아서 텍스트를 면밀하게 읽어 가는 방법을 학습하고자 학습자들이 해당 텍스트를 분석하는 데 도움을 주는 것이다. 교사는 텍스트의 첫 문장에 대한 분석을 학습자와 공동으로 수행함으로써 이러한 과정을 계획하고, 학습자들이 짝을 이루어 아래의 도표를 완성하도록 요청한다. 학습자들은 과정 유형process type, 참여자participant, 연결어connector라는 메타언어에 익숙하다. 이전 수업에서 교사는 과정, 참여자 그리고 연결어의 여러 유형을 설명하였으며, 각 용어에 대한 정의를 정리하여 교실 벽에 게시해 두었다. 이러한 특정 수업을 위해 교사가 게시한 정보는 다음과 같다.

참여자**Participant:** 주요 참여자는 주어에 해당하는 명사군 전체이다.
과정**Being Process:** 정의하고 설명하는 데 도움을 주는 동사들.
연결어**Connector:** 다양한 과정들이 연관되는 방식을 말해 주는 단어들.

교사는 다음과 같이 질문한다. '첫 번째 문장에서 과정에 해당하는 것은 무엇인가? 그 과정에서 두 개의 참여자는 무엇인가? What is the process in the first sentence? What are the two participants in that process?' 학습자들은 주요 참여자가 존재 과정 '-이다is' 앞에 온다는 것과 이 과정 뒤에는 주요 참여자가 정의되고 설명되는 방식이 뒤이어 온다는 것을 알게 된다. 그런 다음 학습자들은 다른 문장들을 분석해 보며 도표의 나머지 부분을 채우는 활동을 한다.

표 3.5 과정 유형, 참여자, 그리고 연결어라는 메타언어를 이용한 텍스트 분석해 보기

연결어 Connector	주요 참여자 Main participant	과정 Process	주요 참여자가 정의되거나 설명되는 방식 How the main participant is defined or described
	목성, 태양의 다섯 번째 행성 Jupiter, the fifth planet from the Sun	이다 is	가스 거인 a gas giant.

학습자들이 짝을 이루어서 도표를 채우는 활동을 한 후에는 교실 앞에 나와 완성된 분석을 보여 준다. 다음은 그 도표이다.

표 3.6 과정 유형, 참여자 그리고 연결어라는 메타언어를 활용한 텍스트 분석의 완성 사례

연결어 Connector	주요 참여자 Main participant	과정 Process	주요 참여자가 정의되거나 설명되는 방식 How the main participant is defined or described
	목성, 태양의 다섯 번째 행성 Jupiter, the fifth planet from the Sun	이다 is	가스 거인 a gas giant.
	가스 거인 A gas giant	이다 is	대부분 가스층으로 이루어진 매우 거대한 행성 a very large planet made mostly of gases.
	목성의 대기권 Jupiter's atmosphere	이다 is	주로 수소와 헬륨으로 mainly hydrogen and helium.
	목성 Jupiter	이다 is	우리 태양계에서 가장 큰 행성 the largest planet in our solar system.
실제로, ~라면 In fact, if	그것 it	이었다 were	속이 빈 hollow
	그것 it	이다 is	그 안에 다른 모든 행성이 들어갈 수 있을 정도로 큰! so big that all of the other planets could fit inside of it!

이 수업에서는 텍스트의 주요 참여자main participant인 목성이 언급되는 여러 방식, 즉 '가스 거인gas giant', 대명사pronoun '그것it', 그리고 '대기권atmosphere'과 관련한 방식을 논의해 나간다. 학습자들은 여기에서의 과정들은 모두 존재 과정이라는 것을 확인할 수 있다. 그다음의 논의는 주요 참여자 항목에 집중되는데, 여기에는 보통 가장 난해한 과학적 정보가 나타난다. 경우에 따라서는 의미가 어떻게 나타나는지 탐구하기 위해 더 자세히 조사해야 할 수도 있다. 학습자들은 목성이 설명되는 모든 방식-'대부분 가스층으로 이루어진 매우 거대한 행성a very large planet made mostly of gases', '주로 수소와 헬륨mainly hydrogen and helium', 그리고 '우리 태양계에서 가장 큰 행성the largest planet on our solar system'-을 확인한다. 학습자들은 목성이 얼마나 거대한지에 대한 진술 앞에 있는 '실제로 ~라면*in fact, if*'이라는 연결어가 실재적

이지 않은(목성은 비어 있지 않기 때문에) 조건을 세우고 있다는 것을 인지한다.

일단 교사가 학습자들의 텍스트를 이해하고 있다고 확신한 뒤에는 학습자들에게 논의를 활성화시키는 질문 몇 가지를 던진다. 교사는 문법 분석에서 시작하여 텍스트의 과학적 내용을 태양계에 대한 학생들의 선행 지식으로 연결시키는 질문들을 만들었다.

- '가스 거인a gas giant'이라는 말을 들을 때 무엇이 연상됩니까?
- 목성의 대기권은 지구의 대기권과 유사합니까?
- 우리의 태양계에 다른 어떤 행성들이 있습니까?
- 필자가 지시하는 '다른 행성'은 무엇입니까?

이러한 질문들은 언어와 이 언어로 표현되는 과학 모두에 주의를 기울이게 하는 신호에 해당한다. 수업을 계획할 때 교사는 학습 내용 및 대답해야 할 주요 질문에 초점을 맞추었으며, 학습자들은 텍스트 분석을 통해 이러한 질문에 대답할 수 있게 되었다.

과정 유형 개념은 학습자들이 이야기 텍스트narrative texts를 읽을 때에도 유용하다. 학습자들은 등장인물의 행동을 행위 과정을 찾으면서 확인할 수 있으며, 또는 등장인물의 감정을 감각이나 존재 과정에 의해 인식할 수 있다. 이러한 과정에서 등장인물이 어떻게 참여하는지를 탐색해 보는 것은 학습자들이 이야기의 흐름에 따라 등장인물 및 등장인물의 전개를 이해하는 데 도움이 될 수 있다.

Spotlight Study_ 주요 연구 3.2

무어 & 슐레페그렐(Moore & Schleppegrell, 2014)은 교사들이 등장인물의 감정에 초점을 둔 언어 교과 활동을 위해 과정 유형의 메타언어를 어떻게 사용하는지를 보여 준다. 연구자들은 등장인물의 감정이 이야기에서 나타나는 여러 방식을 학습자들이 어떻게 알아가는지를 기록하고 있으며, 필자가 이 감정과 강도를 표현하기 위해 사용한 과정의 유형을 식별할 수 있는 방법을 설명한다. 예를 들어, '그는 다소 실망했다. He was kind of disappointed'는 존재 과정에서 다소 부정적인 감정을 나타내며, '그녀는 기뻐서 펄쩍 뛰었다. She jumped for joy.'는 행위 과정에서 매우 긍정적인 감정을 나타낸다. 이와 같은 메타언어를 사용함으로써 학습자들은 필자가 등장인물의 감정을 보여 주기 위해 감각 과정이나 존재 과정 외에도 얼마나 자주 행위 과정이나 말하기 과정을 사용하는지 알 수 있다. 행위 및 말하기 과정은 감정에 대한 직접적 진술이 아니기 때문에, 이 과정들은 해석될 필요가 있다. 예를 들어, ""가까이 오지 마"라고 그는 으르렁거리듯 말했다. "Stay away", he growled'는 부정적인 감정을 나타내는 '으르렁거리듯 말했다growled'를 읽어 낼 것을 요구한다. 교사들은 학습자들이 행위 및 말하기 과정에 포함된 감정에 대해서 생각해 보게 하고, 그 감정을 감각 및 존재 과정을 사용해 더 명시적으로 다시 쓰게 하였다. 예를 들어, 학습자들은 '그녀는 의자에 털썩 주저앉았다. She slumped down in her chair.'라는 문장을 읽고 이를 '그녀는 낙담하였다. She was disappointed.'라고 재기술하였다. 이는 학습자들을 등장인물과 그 전개에 관해 이야기하고 글을 쓰는 데 필요한 해석에 참여시킨다.

이러한 활동에는 텍스트의 읽기와 해석 맥락에 놓여 있는 의미에 대한 많은 토론이 포함되었다. 또한 이러한 활동은 어휘 발달 촉진에도 기여하였는데, 이 연구에 참여한 영어 학습자들은 감정을 묘사하는 형용사로 '행복한happy'이나 '슬픈sad' 이외의 것은 거의 사용하지 않았기 때문이다. 보다 복합적인 의미를 표현하는 방법을 발달시키는 것은 유의미한 맥락에서 새로운 어휘를 도입할 수 있게 한다. 이 어휘는 아동들이 분석하며 논의하고 있는 등장인물에 대한 글을 쓸 때 자원으로서 활용될 수 있다. 예를 들어 무어, 슐레페그렐(2014)에서는 이야기의 등장인물이 '불안감을 느꼈다felt anxious'라고 했을 때 학습자들은 등장인물이 무언가 걱정하는worried 맥락에서 '불안해하는anxious'의 의미가 무엇인지 처음에는 이해하지 못했다고 보고하였다. 학습자들 대부분은 '불안해하는anxious'이라는 단어를, 예컨대 다가오는 휴일을 갈망하는 '흥분된excited'이라는 일상적인 뜻으로만 알고 있었다. 여기에서 제시한 활동은 텍스트의 언어에 대한 토의를 통해 아동으로 하여금 필자가 쓴 것을 보다 비공식적이고 일상적인 언어로 고쳐서 되

말할 수 있도록 함으로써 텍스트에 대한 그들의 잘못된 이해가 드러나도록 한다. 그와 동시에 이러한 논의는 학습자들이 문학적·기술적인 언어 사용을 통하여 무엇을 성취했는지에 초점을 맞추고 있다. 이는 학습자들의 언어적 가용 자원linguistic repertoires을 발전시켜 의미 구성을 위한 학습자들의 어휘적, 문법적 자원을 확장해 준다. 텍스트와 문법적 메타언어 사용에 대한 이러한 대화는 교사가 유형 연속체mode continuum을 따라가며 대화를 이끌 수도 있게끔 하며, 이때 학습자들은 문학적 언어로 표현되는 감정을 인지하게 된다. 무어와 슐레페그렐은 과정 유형의 메타언어와 감정에 대한 해석은 필자가 명시적이거나 암시적인 방식으로 등장인물의 태도를 표현함으로써 등장인물의 변화를 보여주기 위해 언어를 사용하는 방식을 학습자들이 확인하게 한다고 보고했다. 이러한 기능적 메타언어의 사용은 교사가 영어 학습자ELLs의 학문적 언어 발달에 기여하는 동시에 교육과정에 포함된 어려운 과제의 해결에 참여할 수 있는 새로운 방식을 제시해 준다.

Activity 활동 3.6

다음의 문장들은 수업 장면 1.1(18쪽 참조)에서 제시되었던 *버클 경찰관과 글로리아Officer Buckle and Gloria* 이야기의 일부이다. 이 문장들 가운데 감정을 나타내 주는 단어에 밑줄을 그어 보라. 어떤 감정이 표현·언급되고 있는가? 또 감정이 표현되는 과정의 유형을 식별해 보라. 언어가 사용되는 방식을 이해하는 데 이러한 활동이 도움이 되는가?

글로리아라는 개가 버클 경찰관과 함께 들어오기 이전 장면:

Before Gloria, the dog, starts coming along with Officer Buckle:

버클 경찰관은 냅빌 학교의 학습자들과 안전 수칙 관련 정보를 공유하고 있었다. Officer Buckle shared his safety tips with the students at Napville School.

아무도 귀기울여 듣지 않았다. Nobody ever listened.

때때로 코를 고는 소리도 들렸다. Sometimes, there was snoring.

글로리아가 따라 들어온 이후에:

After Glorea starts coming along:

버클 경찰관이 첫 번째 안전 수칙을 말했다. Officer Buckle gave Safety Tip Number One.

'여러분의 신발끈을 묶으세요.' 아이들은 자리에 앉아서 버클 경찰관을 바라보았다. 'KEEP your SHOELACES tied!' The children sat up and stared.

(...)

버클 경찰관은 자신이 그날 아침에 생각해 낸 안전 수칙을 떠올렸다. Officer Buckle thought of a safety tip he had discovered that morning.

(...)

'여러분이 앉을 자리에 절대로 압정을 놓지 마세요. NEVER leave a THUMBTACK where you might SIT on it!'

청중이 큰 소리로 웃었다. The audience roared.

버클 경찰관은 이를 보이며 웃었다. 그는 나머지 정보들을 풍부한 표현력으로 설명했다. 아이들은 손뼉을 치며 환호했다. 아이들 가운데 몇몇은 웃다가 눈물을 흘리기까지 했다. Officer Buckle grinned. He said the rest of the tips with plenty of expression. The children clapped their hands and cheered. Some of them laughed until they cried.

(Rathmann, 1995, no page numbers)

여러분은 이러한 과정이 감정을 나타내는 것이라고 인식하였는가?

- '아무도 귀기울여 듣지 않았다. 때때로 코를 고는 소리도 들렸다. Nobody ever listened. Sometimes, there was snoring.' (아동들은 따분했다; 행위 과정)
- '아이들은 자리에 앉아서 버클 경찰관을 바라보았다. The children sat up and stared.' (아동들은 흥미를 느끼기 시작한다; 행위 과정)
- '청중이 큰 소리로 웃었다 . The audience roared.' (청중은 매우 흥분되어 있다; 행위 및 말하기 과정)
- '버클 경찰관은 이를 드러내고 웃었다. Officer Buckle grinned.' (그는 행복하다; 행위 과정)
- '아이들은 손뼉을 치며 환호했다. 아이들 가운데 몇몇은 웃다가 눈물을 흘리기까지 했다. The children clapped their hands and cheered. Some of them laughed until they cried.' (그들은 매우 흥분되어 있으며 행복하다; 행위 과정)

우리는 필자가 등장인물의 *행위doing*를 통하여 감정을 표현하는지를 확인할 수 있다. 처음에 아동들의 행동은 수업을 따분해하고 있다는 것을 보여 주고 있다('아무도 귀기울여 듣지 않았다. Nobody ever listened'; 코를 고는 소리도 들렸다 there was snoring'). 버클 경찰관이 강아지 글로리아를 데리고 들어오자 분위기는 극적으로 변한다. 또다시 필자는 아동들의 행동을 통해 그들이 어떤 감정을 느끼는지 독자에게 보여 준다. 문장의 의미와 필자가 특정한 언어를 선택한 이유, 그리고 행동으로 표현되는 감정에 대한 토론은 아동들이 어떻게 영어가 등장인물의 감정을 *말하지 않고not tell 보여 주는show* 데 초점을 둘 수 있는지를 인식하도록 돕는다. 이는 언어 수업 목표의 실현을 도울 뿐만 아니라, 학습자들로 하여금 감정을 언어로 표현할 수 있는 다양한 방법에 초점을 둘 수 있게 한다.

*행위 과정*doing process을 분석하여 그 의미를 *존재 과정*being process의 감정으로 재해석하는 것은 감정이 직접적으로는 존재와 감각 과정에서 표현될 수 있으며, 간접적으로는 행위 과정에서 표현될 수도 있음을 독자에게 알려 준다. 이처럼 감정을 표현하는 다양한 방법을 인식하고 범주화해 보면 학습자들은 등장인물의 감정이 행위를 통해 전달되는 경우에도 그 감정을 이해할 수 있다. 또한 텍스트에 관한 대화는 학습자들이 텍스트에 나타난 의미 있는 문법적 부분들과 그것들이 함께 작동하는 방식을 이해하는 데 도움이 된다. 이처럼 언어가 작동하는 방식에 주목하는 것은 문법과 의미 모두에 초점을 맞추는 것이다. 이는 학습자들이 의미와 관련한 언어 활동에 보다 심도 있게 참여할 수 있는 기회를 확장시키며, 그와 더불어 그러한 의미들이 어떻게 표현될 수 있는지에 대해서도 학습할 수 있는 텍스트에 관한 대화를 가능하게 한다.

3.5 초등학교 쓰기에서 문법 학습하기

언어에 대한 대화, 유의미한 메타언어 사용, 텍스트 분석, 고쳐 말하기를 통한 유형 연속체로의 이행 이후에, 교사들은 상기시키고 넘겨주기라는 교육적 조치를 담당한다. 이는 학습자들이 어느 정도 메타언어적 지식을 쌓은 이후에 가능하며 또한 학습자들의 학습에 대한 평가 수단으로도 활용될 수 있다. 쓰기 교육은 문법 학습의 중대한 맥락이지만 문법 발달의 잠재력을 실현하기 위해서는 교사들이 학습자들의 오류를 바로잡는 것에서 더 나아가 특정 유형의 쓰기 과제에 적합한 언어 선택의 종류들을 이해할 필요가 있다. 교사들은 또한 각 장르에서 중요한 텍스트나 장르의 유형과 목적 및 언어 기능을 고려해야 한다(장르 관련 논의는 Rose & Martin, 2012 참조). 이러한 관점을 취하고 있는 연구들은 아래의 **주요 연구 3.3**에서 확인할 수 있다. 여기에서는 교사가 학습자들이 적절한 텍스트 기능을 사용하여 특정 장르의 글을 쓰도록 하고, 효과적인 글쓰기 과제 수행에 필요한 학문적 언어 사용역register에 보다 큰 통제력을 지닐 수 있도록 지도하는 방법을 보여 준다.

Spotlight Study_ **주요 연구 3.3**

게브하르트, 하먼 & 세거(Gebhard, Harman & Seger, 2007)에서는 5학년 교사인 웬디Wendy가 문법에 중점을 두어 제2언어 학습자가 논증arguments을 위한 학문적 언어를 사용할 수 있도록 지도하는 방법을 설명한다. 학습자들은 논증하는 글을 쓰며 비공식적이고 구어체와 유사한 언어 전략—예를 들어 '학생들이 (...) 쉬는 시간을 가질 수 없다는 것은 불공평하다!!!!!!!!! That is not fair that students (...) CAN NOT HAVE RECESS!!!!!!!!(p.423)'—을 사용하여 작문 과제를 수행해 왔다. 이에 웬디 선생님은 영어 교과에서 보다 가치가 있는 언어 특성을 사용하면서 학습자들이 더 권위 있고 설득력 있게 논증하는 방식을 배우는 데 도움을 주고자 하였다. 이것은 문법적 올바름의 문제라기보다는 학문적 글쓰기 사용역에 더욱 부합하는 문법 선택의 문제였다. 웬디 선생님은 체계 기능 언어학systemic functional linguistics을 참조하여 보다 신중한 방식으로 논증하기에 적합한 문법 구조를 담고 있는 텍스트를 활용한 미니레슨mini-lessons을 기획하여, 학습자들이 이러한 구조를 효과적으로 사용할 수 있는 방법에 주목하게 하고자 하였다. 학습자들은 쓰기 계획에 대하여 토론하고 서로에게 조언을 하는 등 공동 작업을 해 나가면서 유형 연속체를 중심으로 학습해 나갔으며, 교사는 학습자들에게 연습시킬 설득력 있는 글쓰기에서 단어, 문장 유형, 조직 구조들이 어떻게 기능할 수 있는지에 대한 피드백을 제공하였다. 이와 관련한 과제는 교장 선생님에게 편지 쓰기였는데, 이 편지에서 아동들이 문제라고 생각하는, 쉬는 시간과 관련된 학교 정책이 다루어졌다.

한 소규모 수업 시간에 웬디 선생님은 학습자들에게 표본 편지의 조직 구조를 보여 주었다. 그녀는 '~에도 불구하고although', '그러므로therefore'와 같은 특정 접속어conjunctions와 '~라면 ~이다if/then' 절과 같은 유형의 문장 구조가 어떻게 합의점을 인정하고 결론을 도출해 내며, 조건을 설정함으로써 보다 강력한 논증을 가능하게 하는지 부각시켰다. 학습자들은 여러 차례의 소규모 수업을 마쳤으며, 자신들의 학업적 성장에 필요한 휴식의 가치에 대한 텍스트에서 핵심적인 문법적 특성들을 분석해 냈다. 학습자들이 교장 선생님에게 보내는 설득력 있는 편지 초안을 작성하도록 하기 위해서 교사는 학습자들이 텍스트에 대한 메모, 교실 벽에 부착된 논증 모형에 주목하도록 하였다. 이 논문에는 효과적인 글쓰기를 위하여 웬디 선생님으로부터 문법적이고 구조적인 특성들을 활용하도록 지도받은 줄리아Julia라는 학습자의 사례 연구도 포함되어 있다. 게브하르트 외의 연구에서는 줄리아가 쓴 최종 텍스트에 대하여 '그 학습자의 편지 구조는 교사가 명시적으로 가르친 언어적 특성을 반영하고 있다. 즉, 시작하는 말, 주제, 논증, 평가, 결론적 언급뿐만 아니라 줄리아가 최초로 작성한 자유 작문에서의 강한 메시지도 담겨 있다. the structure of her letter reflects the linguistic features Wendy explicitly taught: it has an opening statement, a thesis, arguments, evaluation, and a concluding request, but it also retains the strong message that Julia established in her first free-write(p.426).'고 보고한다. 또한 최종 텍스트에서 줄리아는 '학생들은 휴식을 취할 때 더 잘 배우게 됩니다. 저희가 공부를 더 잘하기를 원하신다면 저희들에게 쉬는 시간을 줄 것을 고려해 주세요. Students learn better when they have a break(p.427).'처럼 그녀의 메시지를 표현하기 위하여 보다 권위 있는 구조를 사용하기도 한다. 그녀는 텍스트의 응집성을 나타내고 시간과 조건적 측면에서 자신의 생각을 전개해 나가기 위해 다양한 접속어들—예를 들면 '~ 때문에since', '~ㄹ 때when', '~까지until', '그러나but'—을 사용하기도 하였다.

위의 **주요 연구 3.3**은 쓰기 교육 맥락에서 문법에 초점을 맞추는 것과의 중요성을 잘 보여 주고 있다. 교사는 학습자들이 산출해야 하는 학문적 글쓰기 유형에 보다 적합한 문법적 선택에 대하여 학습자의 의식을 향상시켰다. 이는 문법적 정확성의 문제라기보다는 의미 구성에 있어서의 문법에 관한 문제였다. 즉, 줄리아는 교사가 명시적으로 지도한 언어적 특성을 바탕으로 설득력 있는 텍스트에 있어야 할 장르 특성을 텍스트에 반영하고, 보다 권위 있는 구조를 사용하며, 전반적인 **응집성**coherence과 **응결성**cohesion을 보여 주는 편지글을 작성한 것이다. 장르, 그리고 이에 효과적이고 적절한 언어 특성에 대한 초점화는 과학 수업에서의 글쓰기를 다루고 있는 **활동 3.7**에서도 확인할 수 있다.

Activity 활동 3.7

지올리베이라 & 란(de Oliveira & Lan, 2014)에서는 다아시(가명)라는 4학년 주류 학습 교사가 밀도density라는 주제와 관계된 과학 실험에 대해 글쓰기 학습을 하고 있는 다양한 학습자들을 돕기 위해 수행한 공동 작업을 설명하고 있다. 교실 상호작용과 실험에서의 밀도에 대한 탐구에 이어서 학습자들은 실험에 대하여 보고하는 장르의 글쓰기, 즉 *과정 보고서procedural recount* 작성 교육을 받았다. 연구자들은 기능 문법을 활용하는 장르 기반의 교육은 과정 보고서에 대한 다아시 선생님의 교육, 즉 장르 언어에 대한 명시적 초점을 활용하는 교육을 향상시킬 수 있음을 확인하였다.

다음의 표 3.7은 과정 보고서와 같은 장르에서 전형적으로 나타나는 목적, 텍스트 구조, 문법적 특성을 보여 준다. 과정 보고서의 구성 요소에는 탐구에 사용된 재료나 장비를 기록한 내용인 *재료Materials*, 실험의 목표를 기술한 *목적Aim*, 일련의 방식으로 이루어진 일들을 기록한 *사건 기록Record of Events*, 실험의 결과를 보여 주는 *결론Conclusion* 등이 있다.

표 3.7 장르, 목적, 텍스트 구조, 그리고 문법적 특성

장르 Genre	과정 보고서Procedural recount
목적 Purpose	순서대로 그리고 정확하게 보고하기; 과정 보고서는 이미 수행된 과학적 활동의 재료, 목적, 단계, 결과 그리고 결론을 기록한다. To recount in order and with precision; a procedural recount records the materials, aims, steps, results, and conclusion of a scientific activity already conducted.
텍스트 구조 Text structure	• 재료Materials • 목적Aims • 기록(우리가 수행한 것, 우리가 관찰한 것) Record(what we did, what we observed) • 결론Conclusion

문법적 특성 Grammatical features	• 서술문Declarative sentences • 사건을 다시 말하고자 1인칭 대명사를 활용할 것. Use of first person pronouns to retell the events • 행위 과정Doing processes • 과거 시제Past tense • 순서 연결어Sequence connectors

표 3.8 과정 보고서의 사례(Christie & Derewianka, 2010, p.155에서 인용)

필요한 재료 Materials required	*알약 병 2개(이 중 하나는 뚜껑이 있는 병)* *2 pill bottles (one with a cap)* *콩 50개 50 beans* *물Water*
목표 Aim	*식물이 공기를 필요로 한다는 것을 증명하기 위하여* *To demonstrate that plants need air*
기록(우리가 수행한 것 / 우리가 관찰한 것) Record (what we did/what we observed)	우리가 수행한 것What we did: *첫째, 우리는 콩 50개를 물에 담갔다. 그다음에 우리는 불린 콩들을 두 개의 병에 넣고서 각각의 병 바닥에 물을 약간 넣었다. 다음으로 우리는 병 한 개의 뚜껑을 꼭 닫았으며, 다른 병은 열어두었다. 마지막으로 우리는 콩이 물에 섞이도록 흔들었다.* *First we soaked 50 beans. Then we filled both bottles with the soaked beans and put a little water in the bottom of each. Next we ut the cap tight on one of the bottles and left the other open. Finally we shook the water over the beans.* 우리가 관찰한 것What we observed *씨앗이 [뚜껑이 없는 병에서] 싹 트기 시작하였다.* *The seeds [in the bottle with the cap off] started to sprout.*
결론 Conclusion	*식물은 성장하기 위해 공기가 필요하다. Plants need air to grow.*

지올리베이라와 란은 영어 학습자ELL인 지수Ji Soo가 쓴 글이 장르 활동 이후에 어떻게 변화하였는지 보여 주는 사례를 제공한다. 다음은 장르 활동 이전에 지수가 작성한 텍스트 초안이다.

> 비누나 뭐 그런 것에 옥수수 시럽을 섞으면 비누는 녹색으로 변한다. 그리고 나서 비누를 빨간색 물과 섞으면 이번에는 파란색으로 바뀐다. 그것을 옥수수 기름과 섞으면 옥수수 기름과 빨간색 물 사이에 핑크빛 거품이 생긴다.
> When the soap thingy got mixed with the corn syrup, the soap turned kind of green. Then when I mixed it with red water, in turned kind of blue again. Then when we mixed with corn oil, pink bubbles formed between the corn oil and red water.
>
> (de Oliveira & Lan, 2014, p.32)

교사는 지수와 다른 학습자들이 실험에 대한 보고서를 구성하는 데 도움이 필요하다는 것과 실험 결과를 보다 권위 있는 방식으로 표현하기 위해서는 학습자들이 과학적 언어에 초점을 맞출 필요가 있다는 것을 알게 되었다. 위의 글에서 지수의 언어 선택 가운데 지수가 보다 과학적인 보고서를 작성하기 위해 개선이 필요한 점을 식별할 수 있는가?

교사는 절차적 설명의 네 단계를 활용하여 학습자들이 텍스트를 구성하는 방법을 이해하는 데 도움을 주고자 모형 텍스트를 사용하였다. 교사는 모형 텍스트에서 특히 사건들을 순서대로, 보다 정확하게 보고하는 기록 단계에서의 언어 특성 하나 하나에 중점을 두었다. 이러한 특성에는 접속어 문법과 특정 실험 재료를 지칭하는 데 필요한 기술 용어 등의 어휘 선택도 포함된다. 교사는 모형 텍스트의 기록 단계에서의 이러한 언어적 특성에 초점을 맞추어 왜 이들이 실험에 대한 글쓰기에서 효과적인 선택이 될 수 있는지 이야기하였다. 그런 다음, 교사와 학습자들은 또 다른 실험을 진행하였고 이에 대하여 글쓰기를 하였다. 아래의 텍스트는 지수가 장르 활동 및 두 번째 실험 이후에 작성한 것이다. 지수가 이 텍스트에서 사용한 언어적 측면에서 이전 텍스트와의 두드러진 차이는 무엇인가?

재료materials:

- 스티로폼 공styrofoam ball
- 고무줄rubber band
- 종이 클립paper clip
- 컵cup
- 옥수수 기름corn oil
- 붉은 색red water
- 세제dishwater soap
- 옥수수 시럽corn syrup

목표Aim:

밀도를 알아보기To find the density.

기록Record:

첫 번째로 우리는 옥수수 시럽을 따랐다. 그다음에 세제를 붓고 두 층을 만들었다. 그다음에 우리는 세제 위에 붉은 색 물을 넣고 이를 약간 섞었다. 마지막으로 우리는 옥수수 기름을 넣었다. 그다음에 스티로폼 공, 종이 클립, 고무줄을 넣었다. 우리는 공은 뜨고, 종이 클립은 중간에 있고, 고무줄도 뜰 것이라고 생각했다.

First we poured corn syrup. Then we poured dishwater soap and it made 2 layers. Then we poured red water on the dishwater soap and it mixed a little bit. Finally we poured corn oil. Then we put a styrofoam ball, a paper clip, and a rubber band. We thought the ball will float, the paper clip will be in the middle, and the rubber band will float.

결론Conclusion:

공은 떠올랐으며, 종이 클립과 고무줄은 바닥에 가라앉았다.

The ball floated, and the paper clip and the rubber band sank to the bottom.

(de Oliveira & Lan, 2014, p.36)

교육 이전과 이후에 작성된 지수의 텍스트들을 면밀히 살펴보면, 그가 장르 기반의 활동에 따라 과정 보고서의 언어를 더 잘 활용할 수 있게 되었음을 알 수 있다. 게브하르트 외의 연구에서 언급한 바 있었던 교사 웬디Wendy처럼 다아시Darcy 선생님 역시 모형 텍스트의 언어에 대해 명시적으로 이야기하였다. 그녀는 필자의 글에서 순서와 관련된 연결어의 사용과 실험 재료의 정확한 명칭을 세밀하게 사용하면서 사건 순서를 기록하는 방식에 특별히 주목하였다.

장르 활동 이후에 작성된 지수의 글은 지수가 사건을 차례대로 정확하게 기록하는 능력과 재료를 명명하는 데 해당 분야의 전문적인 어휘를 사용하는 능력이 향상된 점, 그리고 순서 연결어를 사용하는 양상 등을 보여 준다. 지수는 그의 이전 글, 즉 보다 구어적 표현인 '비누나 뭐 그런 것the soap thingy'을 수정하여 '세제dishwater soap'로서의 액체를 언급한다. 또한 그는 첫 번째 텍스트에서 사용한 '붓다poured'라는 표현에서 더 나아가 '섞다mixed', '놓다put', '뜨다floated', '가라앉다sank'와 같은 기술적 과정 용어로 어휘 사용을 확장한다. 모형 텍스트의 언어에 대한 교사의 분석과 명시적 대화는 지수가 '그러고 나서then', '~ㄹ 때when'만을 반복적으로 사용하기보다는 '처음에first' '그다음에then', '마지막으로finally'와 같은 순서 연결어를 사용하여 아이디어를 연결시킬 수 있는 역량을 강화시켰다.

3.6 요약

이 장에서는 제2언어 학습자가 교과 특유의 과제를 수행하는 데 필요한 문법적 자원을 확장함으로써 초등학교급에서의 문법 교육이 제2언어 발달에 기여하는 새로운 이해 방식을 살펴보았다. 우리는 유형 연속체mode continuum에 따른 이동이 교사들로 하여금 제2언어 학습자들이 이미 지니고 있는 구어체 언어를 발달시키고, 수업 중 상호 작용, 텍스트 분석 및 글쓰기 지원의 맥락에서 언어 형태 및 의미에 명시적으로 주의를 기울이게 하여 구어체 언어 위에 학문적 언어를 세워 나가게 할 수 있는 방법을 보여 주었다. 이러한 학습 단원을 통해 학습자들은 수업 시간 동안 또래와의 분석적 대화, 이 대화에 대한 보고, 텍스트 탐구 및 새로운 언어 선택을 인지하고 활용하는 데 도움을 주는 쓰기 준비 활동에 참여할 수 있다. 교사들은 텍스트를 분석하여 그 의미를 파악하기 위해 문법적 메타언어를 사용함으로써 학습자들이 학문적 언어를 이해하고, 특정한 언어 선택이 특정한 목적을 위해서 어떻게 사용되는지 알아가는 데 도움을 줄 수 있다.

우리는 학습자들이 새로운 언어 형태를 인지하고 활용하도록 하기 위해 기번스의 네 가지 유형 전환 활동의 활용 방법도 제시하였다. 교사는 언어에 대한 대화를 통해 주의를 환기시키고 초점화한다. 또한 유의미한 메타언어를 사용하여 작성된 언어를 분석함으로써, 학습자들이 텍스트에서 유의미한 문법 요소들을 인식하고 이 요소들이 어떻게 함께 기능하는지를 알 수 있도록 이끈다. 교사들은 고쳐 말하기를 통해 적절한 언어 선택을 제시하면서, 내용 학습 및 적절한 수준의 학문적, 기술적 언어 사용을 돕는 가운데 언어 형태의 초점화를 지속해 나간다. 교사들은 또한 상기시키고 넘겨주기 과정에서 교실 대화로부터 쓰기로 이행해 가는 교육을 계획하며, 이때 제2언어 학습자들이 글쓰기 내용을 보다 권위 있게 표현하기에 유용한 언어를 알아 가는 과정에서 내용에 초점을 맞추도록 교수할 수 있다. 문법에 능동적으로proactive 초점을 맞추는 것은 언어에 대한 학습을 위한 대화, 텍스트 참여를 위한 대화, 또한 글쓰기 능력 발달에 기여하며, 학습자들이 학문적 언어 사용역을 보다 잘 활용할 수 있게끔 한다.

이외에도 다음과 같이 학습자들의 탐구에 기여할 수 있는 방식과 이러한 문법적 특징의 사용을 돕는 방법을 제시하였다.

- *서법*mood*과 담화 기능*speech function을 통해 누가 명령하고, 질문하고, 진술을 제공하는지, 그리고 이것들이 어떻게 담화 기능으로 드러나게 되는지 알 수 있다.
- *환경*circumstances*과 연결어*connectors는 여러 과목의 텍스트들을 대조시켜 준다.
- *동사의 시제*verb tense는 우리가 다양한 목적으로 언어를 사용할 때 시제가 어떻게 변화하는지를 보여 준다.
- *여러 유형(행위, 말하기, 감각, 존재)의 과정들*processes of different types(*doing, saying, sensing, and being*)을 통해서는 내용 영역 간의 차이점, 텍스트에서 논의되는 점, 필자가 감정과 행위를 표현하는 방식을 확인할 수 있다.
- *참여자*participants가 텍스트에서 정의되고 전개될 때 텍스트 전체에 걸쳐 어떻게 의미가 구성되는지를 탐구한다.
- *연결어*connectors는 절 간의 연결과 텍스트 내 정보의 흐름을 인식하여 논리적 의미의 적절한 선택을 통해 텍스트의 응집성을 유지한다.

이러한 문법적 특성을 어떻게 강조할 수 있는지 논의하면서 과목subject area과 과제task, 장르genre가 효과적인 언어를 선택하는 것과 어떻게 관련되는지를 보여 주었다. 우리는 장르 및 텍스트 구조의 탐구가 학습자들이 보다 효과적인 방법으로 쓰기를 준비할 수 있도록 문법에 초점을 맞추는 방법과 연계될 수 있음을 보여 주었다. 또한 문법 교육이 문법적 정확성과 올바름 보다는 학교 교육의 임무를 완수하기 위한 보다 효율적인 언어 선택에 어떻게 기여할 수 있는지를 보여 주고자 하였다.

여러 장르에 걸쳐 요구되는 초등학교 학습자들의 문식성 및 구어 능력을 발전시킬 수 있도록 언어가 의미 구성을 위해 어떻게 작동하는지 보여 줌으로써 학습자들에게 도움을 줄 수 있다. 말하기, 읽기, 쓰기 학습에는 문법의 개발이 수반되며, 초등학교 교실은 본 장과 앞서 2장에서 설명한 바 있는 유형 전환 활동mode-shifting의 중요한 맥락에 해당된다. 아동들은 언어의 문법적 체계를 끌어내는 새로운 방식을 요구하는, 보다 추상적이며, 일상과는 떨어진 의미로 일상 언어를 새로 구축할 수 있다. 초등학교 저학년의 모든 학습자들은 문식성을 향상시키고, 학교의 학습 목표와 관련된 새로운 과제를 위한 구어 역량을 지속적으로 향상시켜 간다. 이들은 중등학교에 들어가면서 그곳에서 접하는 보다 심화되고 추상적이며 기술적인 언어를 대할 준비를 잘 할 수 있을 것이다. 4장에서는 중등학교 교사들이 어떻게 교과 학습에서 문법 교육을 지속적으로 신장시켜 나갈 수 있는지에 대해 논의하며, 여기에서 형태 및 의미에 대한 동시적 초점화simultaneous focus on form and meaning는 학습자들이 의미 표현의 복잡성을 향상시키는 데 기여한다는 점이 드러날 것이다.

제4장 교실 중심 문법 연구: 청소년기 학습자

4.1 개관

이 장에서는 12-18세 청소년 학습자들에게 문법을 의미 있게 가르칠 수 있는 방법을 탐색한다. 이를 위해 중등학교급의 학습자를 위한 학습 기회와 학문적 요구들이 앞서 3장에서 논의했던 어린 학습자들과는 다르다는 점을 살펴본다. 또한 기번스Gibbons의 교육적 조치 및 유형 연속체mode continuum 개념을 포함하여 2장에서 논의한 이론과 연구에 교실 연구를 연결시켜 볼 것이다.

4.2 중등학교에서 학습자들은 문법에 대해 무엇을 배워야 하는가?

2장에서 전개된 제2언어 문법 교수·학습 이론에서는 문법에 대한 명시적 주목이 제2언어 학습을 촉진시키지만, 문법 교수는 유의미한 맥락 내에서 이루어져야 함을 역설하였다. 우리는 또한 주의 집중과 선택적 주목이 제2언어 발달에 기여하는 핵심적인 기제임을 지적하였다. 제2장에서 논의된 언어 이론—사회적 상호작용에서 부각되는 제2

언어 문법, 할리데이Halliday의 언어 사용역에 관한 관점, 기번스의 유형 연속체 개념—은 학습자들이 언어 사용에 숙달되면서 마주할 언어의 가변성을 강조한다. 이 모든 언어 이론들은 교사가 학습자로 하여금 문법의 형태, 그리고 의미 생성meaning-making 과정에서 문법의 역할을 인식하도록 해야 한다고 제안한다. 또한 문법적 형태를 생산하면서 단지 정확성에만 초점을 맞추는 것이 아니라, 학습자들이 사용할 수 있는 문법적 자원의 확장에 초점을 맞추는 것이 학령기 학습자를 위한 문법 교육에 가장 적합한 방법임을 시사한다.

우리는 문법을 '의미를 나타내는 언어적 자원의 총체'로 정의하였는데, 이는 문법을 규칙의 총체로 보는 관점과 대비된다. 문법을 의미 생성을 위한 자원으로 보는 관점은 학습자들이 학교 교육을 받는 기간 동안 마주하게 될 언어적 패턴들에 주의를 기울이게 한다. 앞서 3장에서는 언어 사용 방식에 대한 인식을 고양하는 교실 활동을 통해 초등학생의 제2언어 학습을 지원하고, 새로운 형태를 글쓰기에 활용할 수 있는 방법을 보여 주는 연구 사례를 제시하였다. 이 과정에서 기능 문법 메타언어를 소개하고, 이를 통해 문법에 대한 대화가 어떻게 범교과적인 내용 학습을 촉진시킬 수 있는지를 제시하였다. 이 장에서는 그러한 관점을 확장하여 중등학교급의 학습자들이 문법적 메타언어의 추상성을 다루는 데 필요한 역량을 높이고, 문법 탐구가 언어 형태와 사용법에 대한 명시적인 통찰의 측면에서 보람 있고 매력적인 활동임을 살펴볼 것이다.

중등학교급에서는 학습자들이 마주하는 문법 형태의 복잡도에 따라 교육적 요구가 증가한다. 이 장에서는 교사가 교과 학습 맥락에서 문법에 대한 대화와 탐구에 학습자들을 참여시키는 방법을 보여 주는 연구 사례들을 제공한다. 이 예시들은 학습자가 글쓰기 상황에서 선택할 것으로 예상되는 문법적 요소를 어떻게 지도할 것인지 보여 주기 위해 제시된다. 이 단계에서 중등학교급의 학습자가 텍스트를 구성하고 담화에 참여하는 것은 전 과목에 걸쳐 요구되는 고급 수준의 전문적인 학습 측면에서 매우 중요하다. 이때 초점화되는 것이 중등학교급의 심화 과목 텍스트에서 나타나는 핵심적인 문법 구조인데, 이는 학문 영역에서의 성공적인 읽기 및 쓰기에 요구되는 것이다. 여기에는 문법적 행위가 드러나는 절 구조, **명사화**nominalization와 **복합 명사군**complex noun groups, 접속이나 논리적 연결을 위한 자원 및 효과적인 지시를 통해 텍스트 응결성을 만들어 내는 문법이 포함된다. 또한 내용 학습에도 도움이 되는 문법에 대한 대화를 통해 교사들이 어떻게 문법적 형태에 대한 학습자들의 명시적인 주의를 이끌어 낼 수 있는지 보여 주는 연구들도 제시될 것이다. 이는 제2언어 학습자가 교과목과 제2언어를 동시에 학습해야 하는 어려움에 직면할 때 지침이 되어 준다.

또한 이 장에서는 어떻게 중등학교급의 학습자들이 문법에 관한 대화를 통해 난해한 교과 영역별 텍스트로 형태-의미 간 관계를 탐색할 수 있게 되는지 보여 주는 연구들도 소개한다. 이러한 탐색은 학습자가 다른 사용역을 사용하고, 언어 사용 과정에서 유형 연속체의 경계를 넘나들도록 북돋워 준다. 이는 또한 교사들이 중등학교급의 학습에서 최우선으로 여기는 비판적 언어 인식critical language awareness의 발전을 가능하게 한다. 이러한 연구들은 문법 교수의 초점을 단순한 오류 대응에 두기보다는 예방적으로 가르치는 방법을 제안한다. 이와 같은 방식으로 문법에 초점을 두는 것이 듣기와 말하기의 수행을 도울 뿐 아니라 읽기 과정에서의 이해와 쓰기 과정에서의 언어 생산에도 도움이 되는 것을 확인할 수 있을 것이다.

학습자들은 초등학교급에서 중등학교급으로 올라갈 때, 낯설고 새로운 방법으로 문법을 사용하는 어려운 텍스트를 모든 과목에서 접하게 된다. 학습자들이 접하는 지식이 보다 기술적이고 추상적인 것으로 변화함에 따라, 그 지식을 나타내는 문법도 마찬가지로 더 밀도 있고 기술적이며 추상적이 된다. 문법적 패턴은 관계를 표현하고 이론적 명제를 나타내는 절로 변화하여 각 문장에 많은 정보를 담아낸다. 이는 단지 새로운 어휘를 배우는 문제가 아니다. 이는 중요한 단어의 선택뿐만 아니라 문법 패턴의 선택이기도 하다. 이처럼 교과 영역별 텍스트는 익숙하지 않은 문법적 패턴으로 의미가 제시되고 발달하기 때문에 읽는 데 다소 어려움이 따른다.

그와 동시에 중등학교급의 교육과정은 다양한 과목에 걸친 학문 분야별 글쓰기 능력을 보다 많이 요구한다. 교사는 수업에서 다룰 내용에 대해 미리 이야기하고 학문적 맥락에서 중요하게 여겨지는 글의 구조—보고, 묘사, 설명, 논증—의 종류를 명시화함으로써 학습자들의 쓰기 능력 발달을 도울 수 있다.

앞서 1장과 2장에서 언급한 것처럼, 문법에 대한 초점화는 이외의 교수 목적을 실현하는 데에도 필요하다. 이 장에서는 학습자들이 텍스트 내용에 관하여 서로 활발하게 논의하는 과정에서 문법을 어떻게 다룰 수 있는지를 보여 준다. 이 장에서 제시되는 사례들은 대개 교과 문제에 초점이 맞추어져 있고, 언어를 다루는 것이 주로 학문적 학습과 관련되어 있는 교실 연구에서 취한 것이다. 주로 역사와 언어 교과 교실에서 발췌한 이들 사례에서, 학습자들은 지식 구성을 위해 해당 분야에서 언어가 사용되는 방식을 탐구한다. 이는 문법에 대한 대화가 교사의 교수 목표 달성에 어떻게 기여하는지 보여 준다.

4.3 중등학교 교과에서의 읽기를 위한 문법 학습하기

여기에서는 교사가 중등학교 단계의 어려운 텍스트를 읽는 학습자들이 문법에 주의를 기울이도록 하는 방법을 제시하는 연구들을 검토해 본다. 이 과정에서 초등학교급의 학습자가 접하는 문법이 어떻게 발전하였으며 그것이 불러일으키는 새로운 어려움은 무엇인지 함께 살펴본다. 이를 통해 3장에서와 마찬가지로, 교사가 문법적 메타언어를 사용하여 학습자들이 유형 연속체 사이를 자유롭게 넘나들도록 하는 방식으로 문법 학습을 능동적으로 만드는 방법을 제시할 것이다.

앞서 1장에서 우리는 중학교 역사 교실에서 역사적 행위자historical agency를 탐색하기 위해 교사와 학습자들이 협력하는 수업 장면을 제시한 바 있다. 그 예시에서 교사는 학습자들에게 행위자가 누구이며 문법적으로는 어떻게 나타나 있는지, 다중 절 구조 내의 각 절을 주의 깊게 살펴봄으로써 파악해 보도록 독려하였다.

Activity 활동 4.1

수업 장면 1.2(22쪽 참고)를 다시 보고 다음의 질문들에 답해 보라.

1. 이 교사의 교수적 실행은 지금까지 이 장에서 제시된 핵심 아이디어에 초점을 맞추고 있는가? 교사가 학문적 문식성을 증진시키고 학습자들이 역사 학습과 관련된 문법 패턴을 배우는 데 도움을 주고 있다고 생각하는 예를 제시해 보라.
2. 기번스의 교육적 조치(1) '유의미한 메타언어를 사용하여 언어에 대해 말하

기)', 2) '문어를 분석하기', 3) '학습자 담화 오류를 고쳐 말하기', 4) '상기시키고 넘겨주기') 중 어떤 것이 이 수업 장면에서 제시되었는가? 2장의 자세한 설명을 참조하여 교사가 이러한 조치들을 사용하는 사례를 찾아보라.

교사는 학습자들에게 친숙하지 않을지도 모르는 행위의 패턴에 중점을 둔다. '로마의 거대한 군대에 재정을 지원하기 위해, 그 시민들은 무거운 세금을 납부해야만 했다. To finance Rome's huge armies, its citizens had to pay heavy taxes(Frey, 2005, p.8).'라는 문장에서 부정사절 '군대에 … 하기 위해To finance … armies'는 '재정을 지원하기to finance'라는 과정의 '주체actor' 또는 행위 주체agent가 명시적으로 드러나지 않는다. 역사 담화에서는 문장의 두 번째 절에서도 명시적으로 식별되지 않는 행위자의 행위를 나타내기 위해 흔히 부정사절을 사용한다. 분사 절 역시 같은 방식으로 종종 사용되는데, 예를 들어, '트루먼의 탄원에 대한 응답으로, 의회는 그리스와 터키에 대한 4억 달러의 원조를 승인했다. Responding to Truman's plea, Congress approved $400 million in aid for Greece and Turkey(Cayton, Perry, Reed & Winkler, 2002, p.490).'가 그것이다. 이러한 문장을 제대로 이해하며 읽기 위해서 학습자들은 각 문장의 시작 절에 나타난 역사적 행위의 주체가 그 다음 절에서 식별될 것임을 알 필요가 있다. 이처럼 문법 패턴에 주의를 기울임으로써 교사는 학습자들이 다른 역사 텍스트를 이해하는 데 뒷받침이 될 언어-의미 연결에 대한 인식을 개발하도록 도울 수 있다. 이러한 경우에, 교수 방법은 필자가 부정사절을 통해 행위의 주체를 로마의 시민들로 상정하는 방식에 학습자들이 명시적인 주의를 기울일 수 있도록 구성된다(Schleppegrell 외, 2008). 역사 담화를 읽는 과정에서 생기는 이러한 어려움을 인식하고 있는 교사는 형식-의미 연결에 대한 학습자들의 의식을 높이고, 시작 절에 주어가 나타나 있지 않은 텍스트를 읽을 때에는 문장 내 행동의 책임이 누구에게 있는지 확인하며 읽을 필요가 있음을 주지시켜 줄 수 있다.

기번스의 유형 전환 활동이라는 관점에서 볼 때, 교사는 학습자들을 두 가지 방식으로 참여시킨다고 볼 수 있다. 하나는 문법에 대해 명시적으로 대화하는 것이고, 다른 하나는 교사의 질문('동사로 나타난 행위를 누가 하고 있으며 또는 무엇을 하고 있나요? "그것의its"가 가리키는 것은 뭐죠?')에 의해 의미를 가지게 되는 메타언어를 사용하는 것이다. 이때의 메타언어가 용어인 동시에 언어에 대한 대화 모두에서 나타남을 상기해 보라(Berry, 2005, 2010). 여기에서 문법에 대한 논의는 '동사verb' 및 '언급하다refer'라는 특정 용어로 표현되는데 이 두 가지 모두 교실 담화의 일부로, 교사는 텍스트에 대한 논의에 학습자들을 끌어들여 참여시킨다. 대화 그 자체는 언어를 분석하기 위한 수단(기번스의 두 번째 조치)으로서, 학습자들이 그 언어가 무엇을 의미하는지 인식하도록 도와준다.

수업 장면 1.2의 학습자들은 언어 능숙도가 상이한 이민자들로, 그들 중 대다수는 일상생활에서 영어를 유창하게 구사하는 듯 보이지만 학교의 언어 관련 과제에서는 여전히 어려움을 겪고 있다. 캘리포니아 주州의 역사-사회과학 표준History-Social Science Standards에 따르면 학습자들이 역사 사건의 주체를 인지하도록 하는 것이 역사 교사의 핵심 목표이기에, 교사의 초점은 바로 이러한 학문적 문식성에 놓인다. 그러나 필사가 행위의 책임자로 제시하는 사람을 식별하는 것이 항상 쉬운 것은 아니다. 이 사례에서 교사는 영어 문법에서 행위를 구성하는 몇 가지 구체적인 방법을 학습자들이 인식하도록 돕고 있다. 교사는 이를 탈맥락화된 방식보다는, 영어 학습자가 지금은 다소 어렵게 느끼더라도 다룰 필요가 있는 교과서의 구절이나 교육과정 자료를 활용하여 수행한다. 텍스트의 복잡성은 다루어지는 지식 및 교육 목표와 관련되므로, 이러한 텍스트를 활용하는 것은 학습자들의 인지 수준에서 그들을 학습에 참여시키고, 나아가 언어와 내용 학습이 동시에 이루어지도록 도울 수 있다는 점에서 중요하다.

수업 장면 1.2는 문법과 역사를 통합적으로 학습하는 맥락에서 교사와 학습자들이 문법에 대한 대화를 배우는 대규모 프로젝트에서 발췌한 것이다. 이 프로젝트는 **주요 연구 4.1**에서 보다 자세하게 다루어진다.

Spotlight Study_ 주요 연구 4.1

다음의 일련의 글들은 캘리포니아 역사 프로젝트California History Project, CHP에 참여한 교사가 영어 학습자ELLs를 돕기 위해 문법에 대해 대화하는 것을 배우는 방식을 보여 준다. 캘리포니아 역사 프로젝트는 1989년부터 역사 교사의 교과 지식 및 교수 기술을 향상시키기 위한 전문성 개발을 지원해 오고 있다. 캘리포니아 역사 프로젝트는 2000년 초, 캘리포니아 주립대학교 데이비스 캠퍼스의 언어학자들과 협력하여, 역사 학습과 관련된 언어 문제에 특별히 주의를 기울여 캘리포니아의 제2언어 학습자 증가에 따른 요구를 해결하기 위한 특수한 접근 방식을 개발하기도 하였다. '역사를 통한 학문적 문식성 구축Building Academic Literacy through History'이라는 새로운 프로그램은 교사가 학습자의 역사에 관한 읽기 이해력 신장, 텍스트에 대한 비판적 시각의 형성 및 학술적 글쓰기 능력 향상을 도울 수 있도록 고안되었다. 캘리포니아 역사 프로젝트는 다양한 학습자 군의 요구를 충족시키기 위해 학문 분야별 추론 방식에 중점을 두어 학습자들이 텍스트를 읽고 분석하고, 증거를 사용하고, 논리적인 주장을 펼칠 수 있도록 학교 주변 지역과 협력하고 있다. 이 프로그램의 주요 특징은 교사가 학습자들의 독해 과정 및 그와 관련된 전략을 발달시키는 과정에서 역사 교과서의 문법적 특징에 관한 토론을 이끄는 역할을 하도록 하는 것이다. 이때 교사 역시 학습자들과 마찬가지로 역사 텍스트의 언어를 분석하기 위해 문법에 주의를 기울이는 방법을 배우게 된다(de Oliveira, 2001, 2011, 2012; Schleppegrell & Achugar, 2003; Schleppegrell, Achugar & Oteiza, 2004; Schleppegrell & de Oliveira, 2006; Schleppegrell 외, 2008). 이 과정에 대해서는 슐레페그렐 외(2004)에서 다루고 있다.

> … 교사는 교과서에서 학년별 기준과 관련하여 중요한 역사 내용이 포함된 문단을 선택한다. 그다음, 교사는 학습자들이 필자가 그 구절에서 선택한 언어 표현을 분석해 보게끔 유도한다. 교과서 문단의 어휘 및 문법적 특징을 분석하는 이와 같은 활동을 통해, 영어 학습자들ELLs은 역사가들이 역사 서술에 사용한 언어 선택, 다른 의미의 표현 방식 및 역사적 의미를 구성하는 것의 중요성에 초점을 맞춘다. 텍스트를 추상적이고 어렵게 만드는 역사 담화의 문법적 특성—명사화, 동사 선택 및 추론 방식, 접속사와 시제 표현의 애매함, 명백한 설명의 부재 등—은 학습자들이 의미를 분석하고 모호한 표현을 이해하는 과정에서 토론의 주제가 된다.
>
> (Schleppegrell 외, 2004, pp.76-77)

슐레페그렐 & 지올리베이라(2006)에서는 이러한 접근법에 대해 다음과 같이 설명한다.

> 언어가 어떻게 이러한 복잡하고 난해한 구문을 구성하는지 교사가 학습자들과 논의할 수 있도록, 우리는 역사학자가 텍스트에 내포시킨 의

미에 초점을 맞출 수 있는 몇 가지 언어 구조를 교사들에게 소개하였다. 교사는 문장을 구성 요소로 나누고 구성 요소 간의 의미 관계를 확인하고, 복합 명사군에 숨겨진 의미를 분석하고, 접속어와 시간을 나타내는 구가 텍스트를 구조화하는 방법을 인식하고, 응결성을 이루도록 사용된 지시장치의 연쇄를 인지할 수 있게 되었다. 교사들은 여름 학기 연수에 단체로 참여하여 자신의 학급 맥락과 관련된 문단 분석에 동일한 방법을 적용해 본 결과, 학습자들에게 역사가의 언어 선택을 어떻게 지도해야 하는지 알게 되었다.

(Schleppegrell & de Oliveira, 2006, p.259)

캘리포니아 역사 프로젝트에 참여한 교사들은 언어 능숙도가 다양한 제2언어 학습자들이 다수인 주류 교실에서 가르치고 있다. 이러한 교사들에게서 찾아볼 수 있는 한 가지 공통점은 글의 구성 방식 및 그 의미를 탐색하는 데 도움이 되는 시각적 자료와 함께 문장의 구성 요소를 식별하도록 돕는 메타언어를 사용한다는 것이었다. 그 예로, 슐레페그렐 & 지올리베이라(2006, p.260)에서 발췌한 다음의 **표 4.1**은 산업혁명에 관한 글의 일부를 해체하여 분석한 결과를 정리한 것이다.

산업 혁명은 세계 권력 균형을 변화시켰다. 그것은 산업화된 국가들 간의 경쟁과 저개발국들의 빈곤 증가를 촉진시켰다.

산업화에서 발생한 **세계적인 불평등의 증가**는 산업화된 국가와 비산업화된 국가 간 경제적 관계가 공고할 때조차도 두 국가 간 격차를 크게 하였다. 산업화된 국가들은 공장 운영과 안정적인 노동자 고용을 유지하기 위해 개발이 덜 된 지역에서 원자재를 계속해서 공급받아야 했다. 결국 선진국은 빈곤국을 그들의 공산품 시장쯤으로 간주하게 되었다. 산업화된 서구와 그 밖의 다른 나라들 사이에 커다란 불평등이 생겨나게 된 것이다.

The Industrial Revolution shifted the world balance of power. It promoted competition between industrialized nations and increased poverty in less developed nations.

Rise of global inequality Industrialization widened the gap between industrialized and non-industrialized countries, even while it strengthened their economic ties. To keep factories running and workers fed, industrialized countries required a steady supply of raw materials from less developed lands. In turn, industrialized countries viewed poor countries as markets for their manufactured products. A large inequality developed between the industrialized West and the rest of the world.

(Beck, Black, Krieger, Naylor & Shabaka, 2003, p.266)

아래의 **표 4.1**은 각 절을 참여자participants, 과정processes, 환경circumstances 및 연결어connectors로 나누어 나타낸 것으로, 역사 텍스트에 대한 해체적 관점을 보여 준다. **표 4.1**에서 첫 번째 참여자 첫 번째 열을 보면 산업혁명, 산업화, 산업화된 국가의 역할이 과정에서의 행위로 부각되어 있다. 두 번째 참여자 열은 학습자들이 이러한 행위의 효과를 인식하는 데 도움이 된다. 상황은 텍스트 전체에 걸친 선진국과 저개발국 간의 차이에 초점을 맞춘다. 이렇듯 참여자와 과정, 상황이 상호작용하는 방식에 대하여 대화를 하면 문단 이해와 관련된 의미에 초점을 맞출 수 있다. 이 방법으로 텍스트를 해체해 보면 학습자들은 문법이 어떻게 작동하는지 알 수 있다. 예를 들어, 학습자들은 '공장들factories'이 동사군 '공장 운영을 유지하기 위해to keep factories running' 사이에 끼어들어 있음에도 불구하고 '운영을 유지하기 위한to keep running' 방법이 어떻게 목적어인 '공장'과 함께 의미 있는 부분이 될 수 있는지에 주의를 기울일 수 있게 된다. 우리가 **활동 4.1**에서 보았던 로마에 대한 텍스트에서와 같이, 이 부정사절에서 '산업화된 국가들industrialized countries'을 계속 유지시키는 실체는 그 뒷부분, 즉 '공장 운영의 유지keep factories running'와 '노동자 고용workers fed'이라는 두 행위 다음에야 나타난다.

표 4.1 문법적 분석의 예시(Schleppegrell & de Oliveira, 2006에서 인용 · 수정)

연결어 Connector	참여자 Participant	과정 Process	참여자 Participant	환경 Circumstance
	산업 혁명 The Industrial Revolution	변화시켰다 shifted	세계 권력 균형 the world balance of power	
	그것(산업 혁명) It(the Industrial Revolution)	촉진시켰다 promoted	경쟁 competition	산업화된 국가들 간 between industrialized nations
그리고 and	(산업 혁명 The Industrial Revolution)	증가시켰다 increased	빈곤 poverty	저개발국들 in less developed nations
	산업화 Industrialization	크게 하였다 widened	격차 the gap	산업화된 국가와 비산업화된국가 간 between industrialized and non-industrialized countries
~인 중에도 even while	그것(산업화) it(industrialization)	공고히 하다 strengthened	그들(산업화된 국가와 비산업화된 국가 간)의 경제적 관계 their(industrialized and non-industrialized countries') economic ties	
	(산업화된 국가들) (industrialized countries)	운영을 유지하기 위해 To keep … running	공장 factories	
그리고 and	(산업화된 국가들) (industrialized countries)	공급(을 유지하기 위해) (to keep) … fed,	노동자들 workers	
	산업화된 국가들 industrialized countries	~받아야 했다 required	원자재를 계속해서 공급 a steady supply of raw material	개발이 덜 된 지역에서 from a less developed lands
결국, In turn,	선진국 industrialized countries	간주하였다 viewed	빈곤국 poor countries	그들(산업화된 국가들)의 공산품 시장 as markets for their(industrialized countries') manufactured products
	커다란 불평등 A large inequality	생겨났다 developed		산업화된 서구와 그 밖의 다른 나라들 사이 between the industrialized West and the rest of the world

이러한 도표를 만들어 사용하는 것은 학습자들이 '산업화된 국가들'이나 '유지하기'와 같은 참여자와 과정이 문법적으로 명시화되어 있지 않더라도 그것들이 어느 부분에서 추론될 수 있는지 인식하도록 도울

수 있다. 즉, 위의 **표 4.1**에서와 같이 문장에 드러나지 않은 요소를 괄호에 넣어 제시함으로써 그 의미가 보다 명확하게 '복원'될 수 있다. 또한 접속어에 초점을 맞추어 보는 활동은 학습자들이 '~인 중에도even while'와 '결국in turn'의 의미, 그리고 그것들이 절과 문장 간의 관계를 구성해 낸다는 것을 이해하는 데 도움이 되며, 대명사 지시어—예를 들어 두 번째 행의 '그것It(산업 혁명the Industrial Revolution)'—를 추가하는 것은 학습자들로 하여금 대명사와 그에 의미적으로 상응하는 명사를 연결시키는 연습이 될 수 있다.

교사와 학습자는 해체된 텍스트와 그것을 나타내는 도표를 사용하여 문법적 특성들과 그것들이 역사적 지식을 표현하는 방식에 대해 논의할 수 있으며, 그 과정에서 학습자들은 텍스트에 보다 깊이 관여하게 되고 다른 역사 텍스트의 문법적 패턴을 인식할 수 있는 기회를 갖게 된다. 이러한 작업은 다음의 **수업 장면 4.1**에서 볼 수 있듯이 비판적 언어 인식 개발의 기반을 제공해 준다.

Classroom Snapshot_**수업 장면 4.1**

캘리포니아 역사 프로젝트의 교사들은 10학년 학습자들에게 베트남 전쟁에 관한 내용을 '해체해 보기unravel'를 요청했다. 아래는 그 텍스트이다.

베트콩은 미군이 가지고 있는 최신식 무기가 없었기 때문에 되도록 정면 충돌을 피하려고 했다. 그 대신 그들은 소규모로 움직이면서 몰래 기습적으로 공격하거나 사보타주(적이 사용하지 못하도록 장비, 운송 시설, 기계 등을 고의로 파괴하는 것: 역자 주)를 행하는 등의 게릴라 전술을 사용했다. 그들은 정교하게 만든 지하 터널에 숨어 미군의 수색대를 좌절시키기도 하였다. 이들 중 일부는 물과 전기를 갖춘 시설도 있었는데 가장 큰 것은 병원, 상점, 무기 보관 시설 등도 포함하고 있었다.

The Viet Cong lacked the sophisticated equipment of the United States troops, so they avoided head-on clashes. Instead they used guerrilla warfare tactics, working in small groups to launch sneak attacks and practice sabotage. They often frustrated American search parties by hiding themselves in elaborate underground tunnels. Some of these were equipped with running water and electricity. The largest contained hospitals, stores, and weapons storage facilities.

(…)

1966년 4월 미군은 베트남 북부의 도로와 큰 다리를 부수기 위해 거대한 B-52 폭격기를 투입하였다. 공습 중에 이들 전투기는 넓은 지역에 수천 톤의 폭탄을 떨어트렸다. 이 포화 폭탄 공격으로 북쪽 지역이 붕괴되었다.
In April 1966 the American introduced the huge B-52 bomber into the war to smash roads and heavy bridges in North Vietnam. During air raids these planes could drop thousands of tons of explosives over large areas. This saturation bombing tore North Vietnam apart.

이 습격에 사용된 폭탄의 대부분은 폭발했을 때 그 파편이 사방팔방으로 날아가는 것들이었다. 이 파편성 폭탄은 북쪽에만 국한되지 않았다. 이러한 폭탄은 남쪽에서도 사용되어 무수한 민간인이 죽거나 불구가 되었다.
Many of the bombs used in these raids threw pieces of their thick metal casings in all directions when they exploded. These fragmentation bombs were not confined to the north alone. They were also used in the south, where they killed and maimed countless civilians.

(Cayton 외, 2002, p.623)

학습자들은 역사학자가 행위의 주체actor와 수신자를 누구 또는 무엇으로 설정하고 있는지 식별하여 표 4.2와 같은 도표를 작성해 보는 활동을 수행하였다.

또 도표로 정리한 분석 내용을 반영하여, 다음과 같은 질문들에 대답해 보게끔 하였다.

1. 첫 번째 발췌 부분에서, 전반적인 행위의 주체가 되는 참여자는 누구 또는 무엇인가?
2. 두 번째와 세 번째 발췌 부분에서, 전반적인 행위의 주체가 되는 참여자는 누구 또는 무엇인가?

<표 4.2 교과서에 나타난 역사적 주체의 실현>

주체 Actor	행위 과정 Action Process	행위 또는 상황의 수신자 Receiver of action or circumstances
베트콩 The Viet Cong	피했다 avoided	정면충돌 head-on clashes
그들(베트콩) they(the Viet Cong)	사용했다 used	게릴라 전술 guerrilla warfare tactics
그들(베트콩) they(the Viet Cong)	움직이면서 … 하거나 working … to launch	기습적으로 공격 sneak attack
그들(베트콩) they(the Viet Cong)	행하다 practice	사보타주 sabotage
그들(베트콩) they(the Viet Cong)	종종 좌절시켰다 often frustrated	미군의 수색대 American search parties
미군 The Americans	도입하였다 introduced	거대한 B-52 폭격기 the huge B-52 bomber
(거대한 B-52 폭격기) (the huge B-52 bomber)	부수기 위해 to smash	도로와 큰 다리 roads and heavy bridges
이들 전투기 these planes	떨어트렸다 could drop	수천 톤의 폭탄 thousands of tons of explosives
이 포화 폭탄 공격 This saturation bombing	붕괴되었다 tore apart	베트남 북쪽 지역 North Vietnam
이 습격에 사용된 폭탄의 대부분 Many of the bombs used in these raids	날아가다 threw	그 파편들이 사방팔방으로 pieces of their thick metal casings in all directions
그것들 they	폭발했다 exploded	
?????	사용되기도 하였다 also used	이들 파편성 폭탄 these fragmentation bombs
그것들(이들 파편성 폭탄) they(these fragmentation bombs)	죽이거나 불구로 만들었다 killed and maimed	무수한 민간인 countless civilians

> 교사가 관심을 갖는 질문은 '이러한 사건들에 대한 역사가의 관점은 무엇인가? 누가 행위를 하고 있는가? 누가 주체로서 제시되는가?'와 같은 것이다. 교사는 학습자들이 이 텍스트가 지닌 편향성을 인식하도록 돕는 데 중점을 둔다. 살펴본 바와 같이, 텍스트의 첫 발췌 부분에서 행동의 주체는 미군을 공격하기 위해 게릴라 전술을 사용한다고 표현된 베트콩이다. 이 활동을 통해 수업에서 알 수 있는 것은 텍스트의 두 번째와 세 번째 발췌 부분에서는 행위 주체가 미군이 아니라 주로 폭탄이라는 것이다. 실제로, 파편성 폭탄을 사용하는 주체는 수동태('이 습격에 사용된 폭탄의 대부분… Many of the bombs used in these raids…')로 인해 명시적으로 식별되지 않는다.

아추가르, 슐레페그렐 & 오테이사(2007)에 따르면 교사들은 '역사적 주체가 제시되는 방식에 편향성이 있음을 학습자들이 인식했다'는 점에서 언어에 대한 집중이 매우 중요함을 알게 되었다(p.15). 또한 교사들은 학습자들에게 대안적 관점에서 언어가 어떻게 달리 사용될 수 있을지 생각해 보도록 제안하였다. 교사들은 이 연구가 학습자들이 언어에 더 관심을 기울이는 데 기여했으며, 언어 분석 활동에 대한 도움이 없었다면 역사적 행위에 대해 토론하는 활동 역시 가능하지 않았을 것이라고 말했다.

지올리베이라(2010)에서는 역사 텍스트에서 복잡한 명사화로 지식을 구성함에 따라 어떻게 텍스트 응결성이 생겨나는지 학습자들이 인식할 수 있도록 하는 문법 분석 방법을 보여 준다. 전술한 것처럼, 역사 텍스트에서 나타나는 일반적인 문법 패턴은 역사적 사건에 대해 설명하면서 명사화와 복합 명사군을 사용한다는 것이다. 중등학교급의 텍스트에서는 학습자들이 배워야 할 지식을 나타내는 각 문장에 많은 정보가 담겨 있다. 따라서 복합 명사군과 명사화를 잘 분석하면 내용 이해에는 물론, 설명이 구성되고 의미가 생성되는 문법 패턴에 대한 학습에도 도움이 될 수 있다.

다음의 제2차 세계 대전에 관한 텍스트에서는 명사화와 복합 명사군(기울임 표시)을 사용함으로써 핵심 주제를 요약 및 반복하고 있다.

히틀러, 베르사유 조약에 반대하다 Hitler Defies Versailles Treaty

히틀러는 베르사유 조약을 무효화하겠다고 오래전부터 약속해 왔다. 이 조약의 조항에 의해 독일 군대의 규모가 제한되었기 때문이다. 1935년 3월 총통은 독일이 이러한 제한을 따르지 않을 것이라고 발표했다. 실제로 독일은 이미 군대를 재건하기 시작하였으며, 연맹은 가벼운 비난만을 할 뿐이었다. (…)

Hitler had long pledged to undo the Versailles Treaty. Among its provisions, the treaty limited the size of Germany's army. In March 1935, the Führer announced that Germany would not obey these restrictions. In fact, Germany had already begun rebuilding its armed forces. The League issued only a mild condemnation. (…)

*독일의 재무장을 막지 못한 연맹*은 히틀러가 더 큰 위험을 감수할 것이라고 확신하게 되었다. 이 조약은 독일군이 라인강 양편 30마일 넓이의 구역에 진입하는 것을 금지했다. 라인란트로 알려진 이 도시는 독일과 프랑스 사이의 완충 지대로서 중요한 산업 지역이기도 했다. 1936년 3월 7일, 독일군은 이 라인란트로 이동했다. 이에 놀란 프랑스인은 전쟁의 위험을 각오하고 있었다. 영국은 평화 유지를 위해 침략국에 굴복하며 사태의 완화를 촉구하였다.

The *League's failure to stop Germany from rearming* convinced Hitler to take even greater risks. The treaty had forbidden German troops to enter a 30-mile-wide zone on either side of the Rhine River. Known as the Rhineland, it formed a buffer zone between Germany and France. It was also an important industrial area. On March 7, 1936, German troops moved into the Rhineland. Stunned, the French were willing to risk war. The British urged appeasement, giving in to an aggressor to keep peace.

히틀러는 후에 프랑스와 영국이 그에게 맞섰다면 후퇴했을 것이라고 인정했다. *독일의 라인란트 재점령*은 전쟁으로 향하는 전환점이 되었다.

첫 번째로, 그것은 히틀러의 권력과 독일 내에서의 명성을 강화시켰다. 자제를 촉구했던 신중한 장군들조차 그를 추종하는 데 동의했다. 두 번째, 권력의 균형이 독일의 이익에 맞게 변화하였다. 프랑스와 벨기에도 이제 독일군으로부터의 공격에 노출되었다. 마지막으로, *프랑스와 영국의 미약한 대응*이 히틀러로 하여금 군대와 영토 확장을 가속화시켰다.

Hitler later admitted that he would have backed down if the French and British had challenged him. *The German reoccupation of the Rhineland* marked a turning point in the march toward war. First, it strengthened Hitler's power and prestige within Germany. Cautious generals who had urged restraint now agreed to follow him. Second, the balance of power changed in Germany's favor. France and Belgium were now open to attack from German troops. Finally, *the weak response by France and Britain* encouraged Hitler to speed up his military and territorial expansion.

*히틀러의 성장세*는 무솔리니로 하여금 독일과 동맹을 맺어야 한다고 확신하게끔 했다. 1936년 10월, 두 독재자는 로마-베를린 연합으로 알려진 합의에 도달했다. 한 달 후, 독일은 일본과도 협정을 체결했다. 독일, 이탈리아, 일본은 추축국(樞軸國)Axis Powers이라고 불리게 되었다.

Hitler's growing strength convinced Mussolini that he should seek an alliance with Germany. In October 1936, the two dictators reached an agreement that became known as the Rome-Berlin Axis. A month later, Germany also made an agreement with Japan. Germany, Italy, and Japan came to be called the Axis Powers.

(Beck 외, 2003, pp.432-434)

첫 단락의 마지막 문장인 '(…) 독일은 이미 군대를 재건하기 시작하였으며, 연맹은 가벼운 비난만을 할 뿐이었다.(…) Germany had already begun rebuilding its armed forces. The League issued only a mild condemnation.'는 두 번째 단락의 첫 문장에서 언급된 '독일의 재무장을 막지 못한 연맹The League's failure to stop Germany from rearming'에 대한 정보를 제시한다. 필자는 이러한 방식으로 의미를 압축함으로써 결과가 무엇인지 나타나 있는 문장들로 논의를 전개할 수 있다. 이것은 명사화나 복합 명사군을 사용하여 이미 언급된 것을 재언급하는 방식으로 설명을 이어 나가는 역사 분야에서는 빈번하게 나타나는 패턴이다. 학습자들은 명사화와 복합 명사군을 그 안에 포함되어 반복되는 정보들에 다시 연결시킴으로써 그러한 문법적 패턴을 탐색할 수 있다. 이들 문장에서 굵은 표시와 기울임 표시는 독일 군대의 재건과 '독일의 재무장을 막는 데 실패한 연맹'에 대한 약한 수준의 비난을 연결시키는 지점을 나타낸다.

> 실제로 **독일**은 이미 **군대를 재건**하기 시작하였으며, *연맹은 가벼운 비난만을 할 뿐이었다.*
>
> In fact, **Germany** had already **begun rebuilding its armed forces.** The League issued only a mild condemnation.
>
> **독일**의 **재무장**을 *막지 못한 연맹*은 히틀러가 더 큰 위험을 감수할 것이라고 확신하게 되었다.
>
> The League's failure to stop **Germany** from **rearming** convinced Hitler to take even greater risks.

명사화는 문장의 행위 주체로 사용된다. 이는 히틀러가 '더 큰 위험을 감수할take even greater risks' 것이라고 '확신convinced'한 것이 '독일의 재무장을 막지 못한 연맹의 실패[t]he League's failure to stop Germany from rearming'였음을 시사한다. 명사화를 설득 행위의 일환으로 제시함으로써 필자는 이전 절에서 제시되었던 정보를 추상적인 표현으로 탈바꿈시키고, 그와 동시에 확장되고 발전된 설명을 할 수 있게 되었다.

Activity 활동 4.2

'*히틀러, 베르사유 조약에 반대하다 Hitler Defies Versailles Treaty*' 텍스트에는 세 개의 다른 복합 명사군이 기울임체로 표시되어 있다. 그 복합 명사군의 내용은 텍스트 어디에 제시되어 있는가? 정보가 전체 절에서 명사화되어 압축된 것을 확인해 보

라. 이 텍스트에서는 중심 생각을 어떻게 요약하고 반복하는가?

'독일의 라인란트 재점령The German reoccupation of the Rhineleand'의 의미를 이해하기 위해 독자는 두 번째 단락의 '독일군은 라인란트로 이주했다 German troops move into the Rhineland'가 동일한 내용을 다른 방식으로 서술한 것임을 파악해야 한다. 이는 어떤 움직임이 전쟁으로 발전된 핵심적인 순간이므로, 텍스트를 이해하는 데 매우 중요하다.

'프랑스와 영국의 미약한 대응the weak response by France and Britain'의 의미를 이해하려면 독자는 '미약한 대응the weak response'을 구성하는 문장—'이에 놀란 프랑스인은 전쟁의 위험을 각오하고 있었다. 영국은 평화 유지를 위해 침략국에 굴복하며 사태의 완화를 촉구했다. Stunned, the French were willing to risk war. The British urged appeasement, giving in to an aggressor to keep peace.'—을 이해해야 한다. 이러한 연결 고리가 명확하게 제시되어 있지 않기 때문에 명사화를 분석하여 그들이 강조하고 있는 정보에 다시 관련시키는 것이 복잡하기는 하지만 충분히 가치 있는 일이다.

마지막으로, '히틀러의 성장세Hitler's growing strength'는 이전 단락의 마지막 단어를 다시 언급하는 복합 명사군이다. 즉, 히틀러가 '군대와 영토 확장his military and territorial expansion'을 가속화시켰다는 것과 이전 단락에 제시된 다른 정보—독일 내 장군들이 그를 지지했고, 권력의 균형이 변화하여 독일군이 이점을 얻은 것—가 함께 결합된 것이다.

이상에서처럼 우리가 분석한 4개의 명사화와 복합 명사군은 본문에서 의미가 발전하는 양상을 이해하는 데 핵심적이다.

- '독일의 재무장을 막지 못한 연맹the League's failure to stop Germany from rearming'
- '독일의 라인란트 재점령The German reoccupation of the Rhinelenad'
- '프랑스와 영국의 미약한 대응the weak response by France and Britain'
- '히틀러의 성장세Hitler's growing strength'

이 텍스트에서 명사화와 복합 명사군은 추상적이고 평가적인 내용을 담는 문법적 수단이다. 이러한 구성의 사용 능력과 마찬가지로, 명사화와 복합 명사군을 읽고 이해하는 학습자들의 능력은 역사 학습 및 기타 중등학교 과목의 성공적인 학습에 결정적인 요소라고 할 수 있다.

메타언어의 역할은 실질적인 단어 선택에서 그 언어의 문법 체계를 구성하는 보다 큰 범주의 의미로 추상화하는 수단을 제공하는 것이다. 위의 텍스트와 **표 4.1**에 포함된 예시에서는 역사적 주체와 논리적 연결, 텍스트 전체의 응결성을 다루기 위해 *과정process*, *참여자participant*, *환경circumstance*, *연결어connector*, *지시reference*, *명사화nominalization* 등의 메타언어가 사용되었다. 이러한 의미 중심의 메타언어 사용은 학습자가 문법 패턴을 인식하고 그 외의 다양한 의미의 형식 패턴을 이와 관계 짓는 데 도움이 된다.

3장에서 살펴본 바와 같이, 기능 문법을 사용하는 교사들은 전통적인 메타언어(예: *주어subjects*와 *동사verbs*)와 보다 기능적인 메타언어(예: *참여자participant*와 *과정process*)를 연결하는 것이 유익함을 알게 되었다(de Oliveira & Dodds, 2010). 다음의 **수업 장면 4.2**에서는 교사가 기능 문법적 접근 방식 내에서 보다 전통적인 메타언어를 사용하는 방식을 살펴볼 것이다.

Classroom Snapshot_수업 장면 4.2

언어 개발 수업—캘리포니아의 10학년~12학년 학습자들을 대상으로 한 보호 교수법의 일환—에서는 교사가 아래의 표 4.3을 사용하여 학습자들이 텍스트를 탐구하도록 돕는다. 이 사례에서 학습자들은 텍스트의 필자가 유명한 노조 조직가인 세사르 차베스Cesar Chaves와 그의 운동에 대해 어떻게 평가하고 있는지 살펴보고 있다.

표 4.3 문장 분석(Spycher, 2007, p.248)

문장 분석 Sentence analysis			
주어 선행 Before the subject	주어 Subject	동사 Verb	동사 후행 After the verb
20세기 동안 During the 20th century	세사르 차베스 Cesar Chavez	였다 was	이주 노동자들을 위한 선도적인 목소리 a leading voice for migrant farm workers

문장 분석 Sentence analysis			
주어 선행 Before the subject	주어 Subject	동사 Verb	동사 후행 After the verb
	그의 지칠 줄 모르는 리더십 His tireless leadership	집중시켰다 focused	노동자들의 끔찍한 노동 조건에 대한 국가의 관심 national attention on these laborers' terrible working conditions
	이 일 his work	(결국) 이끌어 냈다 (eventually) led to	개선 improvements
그러나 However,	이주 노동자들 migrant farm workers	(여전히) 직면해 있다 (still) face	일상생활에서 많은 어려움들 many challenges in their daily lives

교사의 말(연구원이기도 함):
문장 분석을 위한 시각화 틀sentence analysis graphic organizer을 사용하여, 학습자들에게 텍스트에 둘 이상의 절이 포함된 문장이 있는지, 절 또는 문장의 첫 부분에 무엇이 왔는지, 절이 연결되어 있는지(예: 접속사, 지시 또는 부사), 명사구들이 어떤 방식으로 정교하게 만들어졌는지 등과 같은 질문들을 고려해 보기를 요청하였다. 나는 분석을 하며 학습자들에게 모형을 제시하고, 설명하고, 안내했다. 학습자들은 이러한 활동이 특정한 언어적 특성을 돋보이게 한다는 점에서 텍스트를 더 잘 이해할 수 있도록 도움을 주었다고 응답했다.

(Spycher, 2007, p.248)

슈피허는 전통적인 메타언어를 사용하여 학습자들이 필자의 문법적 선택에 관해 이야기를 나누도록 하였다. 그러나 그는 여전히 이러한 문법적 기능의 목적이 필자를 권위 있게 하고, 차베스와 이주민 농장 근로자를 특정한 방식으로 제시하는 데 의미가 있음을 보여 주었다. 슈피허는 기능 문법에서의 몇 가지 개념들을 연결 지으며, 학습자들에게 독립 절의 동사에 주목하고 문맥상 의미에 따라 그것들을 분류해 볼 것을 요청하였다. 즉, *행동action(행위doing)*, *사고thinking/감정feeling*, *말saying*, *존재being/소유having*의 과정을 분류해 보게 한 것이다. 동사구에 양태 동사가 포함되어 있으면, 교실에서는 필자가 사용한 양태와 목적에 의해 구성된 의미에 대해 토론한다. 앞서 2장에서 논의했듯이, 양태는 대인적 의미와 관련하여 중요한 자원이 된다.

슈피허는 이러한 유형의 활동이 양태 자원(예: '그럴 필요가 있다'와 '반드시 그러해야 한다')을 사용하여 독자로 하여금 특정 방식으로 사물을 보게 함으로써 필자의 권위 있는 입장이 형성되는 방식을 학습자들에게 보여 주는 데 유용하다고 지적한다.

슈피허에 따르면, 이 활동은 다양한 단어가 서로 다른 의미를 전달한다는 것을 학습자들이 인식하기 시작하면서 동사 선택을 새롭게 바라보도록 한다. 그가 전한 한 학습자의 말을 여기에 옮긴다.

다른 언어를 배우는 사람에게는 단어의 기능을 아는 것이 아주 중요해요.

Para una persona que aprende un lenguaje diferente al suyo, es importante saber las funciones de las palabras.

(Spycher, 2007, p.249)

Activity 활동 4.3

표 4.3에 제시된 슈피허의 예제에서 동사에 주목해 보라. 텍스트에서 세사르 차베스와 관련된 네 가지 동사를 어떻게 분류할 수 있으며 그것들의 기능은 무엇인가?

첫 번째 문장에서 '였다was'는 세사르 차베스를 소개하고 식별하는 기능의 존재 과정being process을 나타낸다. '집중시켰다focused'는 행동 과정을 나타내는데, 이 과정에서 '주체'가 '지칠 줄 모르는 리더십'이라는 점이 흥미롭다. 이것은 '리더십'과 같은 추상적인 개념이 학문적 텍스트에서 흔히 나타나는 명사화된 형태('이끌다'를 '리더십'으로 바꾸는 것)라는 사실에 학습자들의 관심을 끌 수 있는 기회를 제공한다. 이러한 명사화 형태를 사용하게 되면, 필자는 형용사 '지칠 줄 모르는tireless'을 추가하여 차베스에 대한 평가를 드러낼 수 있다. 또 '집중시켰다focused'는 차베스의 '지칠 줄 모르는 리더십'과 '노동자들의 노동 조건' 사이의 관계를 구축하는 기능으로 사용된 추상적인 행위이다. 이어지는 문장에서는 역사 글쓰기에서 자주 사용되는 구문인 '이끌어 내다led to'를 통해 차베스의 리더십이 가져온 결과를 '시간'과 '원인'을 동원하여 보여 줄 수 있다. 해당 문장에서, 지시사 '이 일'은 '지칠 줄 모르는 리더십'을 가리킨다. 마지막 문장 역시 '직면하다face'라는 과정을 사용하여 농장 노동자들이 당면한 지속적인 어려움을 나타내고 있다. 이처럼 필자의 (언어적) 선택을 분석하고 그에 대해 이야기를 나누어 보는 것은 학습자들이 보다 권위 있는 글쓰기 방법을 인식하는 데 도움이 된다. 특히 그것은 추상성과 평가를 나타내는 존재being 및 행위doing 과정의 문법적 자원을 이끌어 내는 데 도움이 된다.

2장 및 3장에서 설명된 바와 같이, 유형 연속체의 개념은 다양한 유형의 과제를 통해 교사가 학습자들의 문법적 발달을 도울 수 있는 방법을 고안할 때 유용하다. 이와 관련하여 기번스(2008)에서는 중학교 역사와 과학 수업에서 제2언어 학습자들이 정보를 상이한 사용역/모드로 전환시킴으로써 구어와 문어의 문법적 차이를 탐구하는 여러 사례를 확인할 수 있다. 이 연구에서는 명사화를 사용하는 능력이 매우 중요하게 다루어진다. 예를 들어, 7학년 과학 학습자들이 자신의 지식을 보다 권위 있는 언어로 재구성할 수 있도록 하기 위해, 교사는 반복적인 과학 실험의 중요성을 설명하는 과정에서 '여러 번 해 보라do it many times', '계속해 보라kept doing it'와 같은 표현을 훨씬 권위 있는 언어 표현으로 '반복'하여 표현함으로써 학습자들이 보다 전문적인 방식으로 이야기할 수 있도록 이끈다.

또 슈피허(2007)에서는 텍스트를 해체하는 방식의 교수법이 명시적인 교사 모델링 및 설명으로부터 실천에 이르기까지 어떻게 진행되는지 설명한다. 여기에는 동료 협업 활동이 포함될 수 있다. 이러한 과정을 거친 후에, 일단 학습자들이 새로운 쓰기 지식을 사용하여 자신이 배운 것에 대해 글을 쓸 정도가 되면, 이는 독립적인 수행으로 이어지게 된다. 슈피허는 학습자들이 일상적 언어생활과 보다 학문적인—자신의 글쓰기 과정에서 정보를 제시하고 유형 연속체들 사이를 이동하는—방식 간의 문법적 차이를 고려하여 텍스트를 수정할 수 있도록 자신이 직접 학습자들과 협업 활동을 진행하였다. 다음은 슈피허가 제안한 수정안의 예시이다.

학습자의 글:

로사 파크스는 앨라배마의 몽고메리에서 흑인에 대한 인종 차별에 맞서 싸워 유명해졌다.

Rosa Parks was famous because she fought for the black people to stop racism in Montgomery, Alabama.

수정안(수업을 진행하는 교사와 공동으로 마련함):

로사 파크스의 인종 차별 반대 운동은 시민권 운동의 중요한 부분이었다.

Rosa Parks' fight against racism was an important part of the civil rights movement.

(Spycher, 2007, p.249)

이 사례에서 교사는 명사화를 사용하여 학습자가 복합 절 구성을 단일 절로 수정하는 데 도움을 준다. 이는 학습자가 파크스의 명성이 인종주의 반대 운동에서 기인할 뿐만 아니라, 인종주의에 맞서 싸운 것이 시민권 운동에도 중요한 방식으로 기여했음을 서술하게 해 준다. 여기에서 교사는 학습자의 초안에 제시된 정보와 동일한 의미를 나타내는 명사화 구조('로사 파크스의 인종 차별 반대 운동Rosa Parks' fight against racism')를 만드는 데 도움을 준다. 이는 앞서 세사르 차베스의 사례에서도 보았던 명사화('그의 지칠 줄 모르는 리더십his tireless leadership')와 동일한 사용 양상이다. 슈피허가 지적한 것처럼, 이러한 연구는 학습자들이 취할 수 있는 두 가지 방식을 제시해 준다. 첫째, 인격체로서 로사 파크스를 드러내기보다는 인종 차별주의에 맞선 투쟁을 주어로 삼음으로써 이를 문장에서 전경화시키는 방법. 둘째, 그녀의 인종 차별 반대 운동을 권위 있는 언어 표현 방식으로 나타내는 방법이 그것이다. 이에 덧붙여, 명사화의 사용은 로사 파크스를 단순히 유명인으로 평가하는 대신, 인종 차별주의에 대한 투쟁을 중요하게 평가할 수 있도록 하는 기제가 된다.

이는 학습자의 글쓰기에서 단순히 문법적 오류를 바로잡는 것 이상을 의미한다. 즉, 학습자들이 보다 효과적으로 글을 쓰는 데 유용한 새로운 문법 패턴을 제시해 주는 것이다. 학문적 글쓰기에서 명사화가 어떻게, 왜 가치 있게 쓰이는지 깊이 이해하고 있는 교사는 학습자들에게 보다 권위 있는 글쓰기를 가능하게 하는 문법 패턴을 알려 줄 수 있다(Macken-Horarik, 1996).

이상에서 살펴본 것처럼, 문법은 읽기를 통해 언급될 수 있고 또 그래야만 한다. 교사는 제2언어 학습자가 읽을 텍스트에서 핵심적인 문법을 선정하여 그것이 특정 맥락에서 어떻게 사용되는지 주의를 환기시킴으로써 문법 교수에 포함될 내용에 대해 사전 대책을 세울 수 있다. 이는 문법 지식, 텍스트 이해력 및 비판적 문식성의 발달에 도움이 된다. 우리는 또한 이러한 유형의 문법 교육이 학습자의 글쓰기에 도움이 될 수 있음을 언급하였다. 이의 연장선에서, 다음 절에서는 쓰기를 통해 제2언어 학습자의 문법적 발달에 기여하는 방법에 대해 더 자세히 설명할 것이다. 학습자들이 읽은 내용에 대해 논의하며 텍스트를 해체해 보는 것에서부터 작문 과정 중 문법적 자원들을 직접 사용하는 데에 이르기까지, 이러한 일련의 교실 활동은 문법을 중심에 두고자 하는 목표를 지닌다. 학습자는 읽기를 통해 향상된 지식을 체화할 뿐만 아니라 그 지식을 글로도 나타낼 수 있어야 한다. 쓰기는 또한 학습자에게 교과 영역의 유의미한 활동 맥락에서 산출물을 만들어 낼 수 있는 개별적 기회를 제공한다.

4.4 중등학교 교과에서의 쓰기를 위한 문법 학습하기

이 절에서는 학습자들이 중등학교급 수준의 어려운 텍스트를 작성할 때 문법에 초점을 맞출 수 있도록 하는 방법을 제시해 주는 연구들을 검토할 것이다. 이를 통해 문법에 대한 대화가 어떻게 글쓰기 준비 과정에 기여하고, 학습자들이 학문적 언어 사용역을 다룰 수 있도록 할 수 있는지 고찰하게 될 것이다.

Spotlight Study_ **주요 연구 4.2**

내용 언어 통합 학습Content and Language Integrated Learning, CLIL이라는 언어 학습 방식이 인기를 얻고 있는 유럽에서는 이와 관련한 주요 연구 흐름이 진행 중이다. 언어 학습에 대한 이러한 접근법의 목표는 유럽 시민들이 모국어 외에 두 가지 이상의 다른 유럽 공동체 언어를 구사하는 능력을 갖추도록 하는 것이다(European Commision, 1995). 이 CLIL 프로그램에서는 해당 학습자들의 지역 사회에서는 사용되지 않는 외국어를 교수 언어로 사용한다. 이나레스 외(2012)에서는 스페인, 오스트리아, 핀란드, 네덜란드에서 외국어로서의 영어를 교수 언어로 사용하여 이루어지는 CLIL 프로그램의 교실 상호 작용을 분석하였다. 학습자들이 중등학교급 수준에서 유의미한 장르의 글쓰기를 할 수 있도록 돕는 데 초점을 맞추고 있는 이 연구에서는 학습자들이 학습한 정보를 연습 삼아 구어로 표현해 보게 하는 방식으로 쓰기 준비 과정에 참여시키는 교수 방법을 소개한다. 다음의 수업 장면 4.3은 이러한 맥락의 연장선으로, 교사와 학습자 간 상호작용의 한 예를 보여 준다.

Classroom Snapshot_**수업 장면 4.3**

8학년 역사 교실에서 발췌한 다음의 내용은 (13-14세의) 학습자들이 봉건 유럽에서의 삶에 대해 토론하는 장면이다.

학생: 농노들 … 봉급이나 보수 없이, 그들은 지불을 하지 않고 자유 농민들은

… 그들은… 그들은 그들에게 돈을 줬어요. Serfs ... without pay, remuneration, they don't pay them and the free peasants they ... they give them money.

교사: 그래요. 음, 그리고 … 농노들에 대해서, XX 그들은 무엇과 비슷했어요. 여러분들이 기억하고 있으면 좋을 텐데. Ok. And ... em ... about serfs, XX they were similar to something. I hope you remember.

학생: 노예들이요. The slaves.

교사: 노예들에게. To slaves.

학생: 누군가의 재산이었어요. Were property of someone.

(Llinares 외, 2012, p.193)

우리는 이 사례에서 학습자가 농노의 상태에 대해 이야기하기 위해 고심하고 있음을 알 수 있다. 그러나 농노와 자유 농민을 비교하기('돈을 지불하지 않는다 they don't pay them', '돈을 지불한다 they give them money') 위한 일련의 대조적인 행위로는 학습자가 의도하는 농노에 대한 일반화에 도달할 수 없다. 따라서 교사는 문법적 형태를 재초점화하고 다른 문장 구조('그들은 무엇과 비슷했다 they were similar to something')를 도입함으로써 학습자가 농노의 지위에 대한 보다 추상적인 일반화 단계로 전이될 수 있도록 한다. 이에 따라 학습자는 '지불하지 않는다 they don't pay them' 대신 '누군가의 재산이었다. they were property of someone.'라고 정보를 재구성하게 된다. 이는 학습자가 이전에 먼저 사용한 행위 과정doing processes ('지불하다'와 '주다')을 존재 과정being process('~와 유사하다')이 대체하는 것이다(할리데이(1994)와 이나레스 외에 따르면, 존재 과정을 '관계적 과정relational processes'으로, 행위 과정을 '물질적 과정material processes'으로 본다). 휘태커 & 이나레스(2009)에서는 CLIL 학습자들이 수업 중 동일한 주제에 대한 토론에서보다 글쓰기에서 더 많은 존재 과정being process을 사용하고 있다는 사실을 발견한 바 있는데, 이것이 교실 대화 상황에서 존재 과정을 사용하게끔 하는 교사의 비계 역할 중 일부라고 여겨진다.

슈피허의 연구에 대한 검토를 통해 본 바와 같이, 존재 과정being process은 권위 있고 학문적인 방식으로 정보를 나타내는 데 아주 핵심적이다. 학습자들이 보다 추상적이고 이론적인 지식을 얻는 것이 중요한 중등학교급에서는 어떤 정보를 명사군으로 압축하여 존재 과정으로 나타내는 것이 중요하다. 이때 유형 연속체 사이를 자유롭게 오가는 것이 행위 과정의 사용 능력과 그것을 명사화로 재구성하여 평가의 대상으로 삼는 능력을 발달시키는 데 기여할 수 있다. (예를 들어, '그들은 한 푼도 받지 못했다'는 '그들의 자원 부족은 그들이 반란 세력이 되게끔 하였다'와 같이 재진술·발전될 수 있다.)

Activity 활동 4.4

기번스의 유형 전환 활동(1 '유의미한 메타언어를 사용하여 언어에 대해 말하기', 2 '문어를 분석하기', 3 '학습자 담화 오류를 고쳐 말하기', 4 '상기시키고 넘겨주기')의 관점으로 수업 장면 4.3을 다시 보라. 이 상호작용에서 어떤 전환이 나타나는가?

이 사례에는 교사가 학습자의 발화를 고쳐 말한 재진술이 두 차례 등장한다. 첫 번째는 학습자의 언어 표현이 완전히 새로운 문장 구조로 나타난 것이다('그들은 무엇과 비슷했어요.'). 이 재구성은 학습자들에게 일반화를 위한 새로운 문법 자원을 제공한다. 이처럼 보다 학문적인 가치를 지니는 형태로의 재구성은 제2언어 학습자가 일상적 사용역에서 학문적 사용역으로 옮겨 갈 수 있도록 돕는 중요한 방법이다. 또한 교사는 '노예'에 대한 학습자의 반응을 재구성하여 '~와 비슷하다 similar to' 구조를 강화시켰는데, 이는 학습자의 발화를 보다 정확한 문법적 형태로 재진술하면서도 좀 더 친숙한 표현으로 나타낸 것이다.

이 사례에는 또한 '상기시키고 넘겨주기'의 예가 잘 나타나 있다. 학습자는 '~와 비슷하다' 구문에 이미 익숙한 상태인데, 교사의 비계를 통해 그 친숙한 구문이 유용하게 쓰일 수 있음을 상기해 낼 수 있었다. 실제로 학습자들은 이러한 교사의 신호를 받아 보다 일반적인 방식으로 자신의 생각을 표현할 수 있게 되었다.

학습자들이 모어 환경에서 지식을 구성하는 데 사용하는 문법적 자원과 제2언어 환경에서 사용하는 문법적 자원을 비교해 보면, 제2언어 혹은 외국어 환경에서 두드러지는 학문 언어의 어려움을 확인할 수 있다. 전술한 CLIL 연구에서도 제1언어(이 사례의 경우 스페인어)와 CLIL 교실에서 흑사병과 관련한 동일한 질문에 대해 학습자들이 보인 반응을 다룬 이나레스 & 휘태커(2010)의 사례를 들고 있다. 이때의 질문은 전염병이 왜 그렇게 급속도로 퍼졌는지에 대한 것이었는데, 이 질문에 대해 제2언어 사용 학습자들은 '*Por el hacinamiento*(*인구 과잉 때문에*)'라고

대답한 반면, CLIL 학습자는 '사람들이 청결하지 않기 때문에because people are not clean'라고 응답하였다(Llinares 외, 2012, p.196). 이는 단순한 어휘 차이라고 볼 수 없다. 제1언어 맥락의 학습자는 문어에서 인과 관계를 나타낼 때 보다 일반적인 문장 구조— '~ 때문에due to'라는 전치사구와 추상 명사—를 사용한다. 이와는 대조적으로 CLIL 학습자는 접속사 '때문에because'와 보다 많은 일상 언어를 사용하여 완전한 절로 표현하는 경향을 보인다. 다시 말해 제1언어를 사용하는 학습자는 자신의 생각을 추상화하여 나타내기 위해 스페인어 맥락의 학문적 언어 자원인 명사화('el haconamiento(인구 과잉)')를 사용하는데, 이러한 사용역 선택은 제2언어 사용 학습자의 경우 아직 갖추지 못한 능력이다. 이에 필자는 중등학교급 교사의 핵심적인 역할은 학습자들이 명사화를 사용하여 문어 또는 구어 모드에서 언어를 보다 학문적으로 만드는 문장 구조를 만드는 능력을 개발하도록 돕는 것이라고 제안한다.

4.5 학문적 영역의 문법으로 학습자 이동시키기

중등학교급의 수준의 학습자들이 학문적 사용역에서 말하기와 쓰기를 성공적으로 수행하기 위해서는 명사화 외에도 다양한 문법적 형태들이 필요하다. 여기에서는 접속어와 지시, 인과 관계를 포함하여 중등학교에서 요구되는 보다 수준 높은 쓰기 과제에 필요한 기타 문법적 양식에 초점을 맞추고자 한다. 이처럼 문법 형태에 초점을 둔 교수에는 유형 연속체 사이를 넘나드는 것이 포함되는데, 이는 학습자들의 초기 구어 사용과 이후 학문적 의미를 보다 권위 있게 나타내는 문어 사용에 도움을 줄 수 있다.

예를 들어, 기번스(2008)에서는 영어를 배우는 제2언어 7학년 학습자가 일상적인 언어 표현 방식과 글쓰기 과정에서 자신의 경험을 보다 추상적인 언어로 표현하는 방식을 넘나들며 사용할 수 있도록 교사가 학습자와 협력한 사례를 제시하고 있다.

> 학습자들은 '조국을 떠났을 때 나는... When I left my country I left...'; '호주에 도착했을 때 나는 ...을 알게 되었다. When I came to Australia I found...'; '이 학교에 왔을 때 나는 ...을 알게 되었다. When I came to this school I found...'; '이 학교를 떠날 때 나는 ...을 느낀다. As I leave this school I feel...'와 같은 문장을 어떻게 완성할지 생각해 보라는 요청을 받았다. 교사는 학습자와의 공동 구성 과정에서 학습자들의 일상 언어('친구들friends', '슬픈sad', '행복한happy', '자유로운free')가 '우정friendship', '슬픔sadness', '즐거움joy', '자유freedom', '조화harmony'와 같이 추상적인 언어로 변화하는 것을 기록하였다. 이들 용어는 참여한 학습자들 대부분이 학교를 마칠 때 이를 기념하기 위한 학교 음악 공연에서 사용된 것들이다. 여기에서 나타나는 변환은 '일상적' 언어로 표현된 개인적인 경험에서부터 명사화로 일반화된 추상화에 이르기까지 많은 단계에서 나타났다. 그 실제는 학습자들의 모어 표현에서부터 제2언어에 이르기까지, 공유된 교실 학습의 맥락에서 청중이 전제된 수행 맥락에 이르기까지 다양하다.
>
> (Gibbons, 2008, p.163)

이러한 교수법은 전체 문장 구조가 추상화되는 쪽으로 변화할 때 어휘와 문법이 어떻게 상호작용하는지를 보여 준다.

중등학교급의 학습자들은 접속사를 효과적으로 유의미하게 사용하는 것에서 또 다른 문법적 어려움을 겪는다. 앞서 3장에서 살펴본 바와 같이 접속사는 담화를 구성하는 데 중요한 자원으로, 이러한 접속사의 사용은 일상 언어에서는 그다지 흔하지 않지만 학술 언어에서는 매우 빈번하므로 저학년 수준의 학습자들에게도 가르칠 필요가 있다. 더군다나 중등학교급에서는 학습자들이 보다 광범위한 접속사와 결합적 의미를 다루도록 요구되기에, 교사는 학습자들이 적절한 연결 자원을 발달시킬 수 있도록 지원해 주어야 한다.

위에서 다룬 CLIL 연구는 올바른 접속어 사용을 강조할 기회를 놓친 교사의 사례를 보여 준다. 봉건 유럽에서 결혼 지참금이 지니는 역할에 대해 이야기하면서, 학습자는 이렇게 말한다. '… 그들은 귀족에게 지참금을 주고, 돈을 지불해요 … 어 … 그녀와 결혼하기 위해서요. … they dowry her to a nobleman and they pay him...eh...for marry with her' 이에 교사는 다음과 같이 응답한다. '맞아요. 그들이 지참금을 내죠. Yes. They give a dowry.'(Llinares 외, 2012, p.194) 여기에서 교사는 '지참금'의 사용에 초점을 맞추고, 이를 동사가 아닌 명사로 재진술하고 있기는 하지만, '~ 위한for'이 아닌 '~을 위해서in order to'로 표현되어야 하는 문장의 목적 관계상 논리적 의미의 부정확한 표현은 다루어지지 않고 있다. 물론 교사들이 이러한 부적절한 모든 사례를 지적하고 수정해 줄 수는 없지만 논리적인 관계가 어떻게 표현되는지에 주의를 기울이면 학습자들의 말하기와 글쓰기에 대한 반응에는 물론 학습자들이 읽은 텍스트의 문법을 해체하고 탐구하는 데에도 초점을 맞출 수 있게 된다.

이와 마찬가지로, 학습자들은 보다 학문적인 표현을 쓰고자 할 때 일상어에서 사용하는 접속사를 이용하는 경향이 있다. 이나레스 외(2012)에서는 구두 보고spoken report에서 의미를 더 잘 나타내는 대조적이고 결과론적인 연결사보다는 절과 절 사이를 수차례에 걸쳐 '그리고 and'로 연결하는 학습자의 사례를 보여 준다.

그들은 농업을 (…) 했고 새로운 경제를 발전시키고, 사람들을 위해서 급여가 올랐기 … 그들은 어 … 적은 사람들이었고, 일하는 사람들을 위해 급여가 올랐기 때문이에요.

they had the agriculture (…) and they develop a new economy, and the salary grows for the people because in ... they were eh ... less people, the salary grows for the people who work.

(Llinares 외, 2012, p.195)

첫 번째 '그리고and'는 '그러나but', '그리고는then' 또는 다른 대조적 의미로 더 적절하게 연결될 수 있는 두 절을 잇고 있다. 두 번째 '그리고and('발전시키고and they develop'에서의 접속어: 역자 주)'는 결과와의 연결을 통해('그래서 봉급이 오르게 되었다.') 보다 효과적으로 대체될 수 있다. 이나레스 & 휘태커(2010)에서는 CLIL 학습자가 동일한 수준에서 동일한 주제로 활동을 할 때 모어(스페인어)를 사용하는 학습자에 비해 '그리고'를 더 자주 사용한다고 보고한다. 연구자는 주로 '그리고'를 통해 이루어지는 등위 연결의 이러한 빈번한 사용에 대해, 교사가 다른 학습자들의 글쓰기에서 나타나는 '그리고'의 의미를 보여 줌으로써 접속어에 대한 학습자들의 인식을 고취시킬 것을 제안한다. 이는 제2언어에서의 산출을 향상시킬 뿐만 아니라, 학습자들이 훨씬 다양한 학술적 접속어가 사용되는 텍스트도 이해할 수 있도록 도울 수 있다.

접속사를 활용한 활동은 **문장 결합**sentence combining에 대한 연구에서도 보고된 바 있는데, 이 연구에서는 학습자들이 보다 복잡한 문장으로 생각을 조합하도록 권장한다. 신(Shin, 2009)에서는 학술 언어 개발에 대한 대규모 프로젝트의 일환으로 고등학교 제2언어 학습자들이 참여한 문장 결합 연구를 소개하고 있다. 이 연구 사례에서 학습자들은 문장을 다시 써 보고, 자신들에게 주어지는 여러 가지 해결책을 고려하며 문법 및 수사학적 선택에 대한 정당성을 논의한다. 연구자는 이에 대해 다음과 같이 보고한다.

> "학습자 주도적인 의미 중심 형태 교수법(Ellis 외, 2002)"과 교수자의 즉각적인 피드백을 통해 특정 구조의 의미와 용법을 명료하게 하고, 학습자들 간 문법 지식의 차이를 직접적으로 해결했다. 이는 학습자들이 그들의 의미 선택을 정당화하고 의미를 협상함으로써 특정 문법 구조에 대한 자신들의 지식을 공고히 하도록 도왔다.
>
> (Shin, 2009, p.401)

이 연구는 학습자들이 토론 과정에서 형태에 관심을 기울이게끔 하는 교사의 역할이 중요함을 보여 준다.

위에서 명사화와 복합 명사군에 관한 예로 언급되었던 슈피허(2007)에서도 제2언어 학습자를 위한 중요한 지원 방법 중 하나로 접속어 관련 활동이 포함되어 있다. 그 글의 제목인 '청소년기 영어 학습자의 학술적 글쓰기: '~이긴 하지만' 사용 학습을 중심으로' Academic writing of adolescent English learners: Learning to use "altough"는 미국에 단기 거주 중인 멕시코 출신의 10학년 학습자 에르네스토의 질문에서 비롯된 것이다.

> *선생님, 스페인어로 '~이긴 하지만'은 무엇을 의미하나요?*
>
> *Maestra, ¿que quiere decir 'although' en español?*
>
> (Spycher, 2007, p.239)

슈피허는 이 질문이 그렇게 간단하지 않음을 지적한다. 접속사 사용을 이해하는 데 있어서 중요한 것은 그것들이 텍스트에서 특정한 종류의 논리적 연결을 만드는 기능을 한다는 것이며, 따라서 의미와 관련된 해설gloss을 제공하는 것만으로는 학습자가 그것을 효과적으로 사용하게 하는 데 불충분할 수 있다. '~이긴 하지만although'과 관련하여, 일반적으로 필자는 어떤 내용을 인정하거나 승인하면서도 부가적인 내용이 이어지는 후행절에서는 이를 넘어서기 위하여 텍스트나 맥락에서 이미 제시된 정보를 가져오기도 한다. 접속사의 의미와 이를 적절하게 사용하는 방법을 배우는 것은 쉽지 않은데, 슈피허의 연구에서 에르네스토가 접속사를 중심으로 자신의 텍스트를 수정한 사례를 제시해 주고 있어 참고할 만하다.

Activity 활동 4.5

다음은 슈피허의 연구에서 관찰한 학습자인 에르네스토가 2006년의 쓰나미와 관련해 작성한 두 가지 버전의 에세이에서 발췌한 내용이다. 각 에세이에서 어떤 변화가 생겼는가? 이 책에서 설명하는 문법 교수 방법이 학습자의 텍스트 수정에 어떻게 기여하고 있는가?

첫 번째 초안:
다른 나라 사람들이 돕고 있다. 그렇기는 하지만 모든 사람들에게 도움을 줄 수는 없다. 모두를 돕는 것은 거의 불가능하다.
The people of the other countries are helping. Although the help can't give all the people. It is almost impossible to help everyone.

(Spycher, 2007, p.247)

수정안:
세계는 이제 식량, 돈, 깨끗한 물과 의복을 보내며 돕고 있다. 이러한 도움은 정말 필요한 것이지만, 모든 사람을 돕는 것은 불가능하다.
The world is helping now with food, money, clean water, and clothing. Although this help is necessary, it is impossible to help everybody.

(Spycher, 2007, p.250)

위의 수정안은 에르네스토가 자신이 쓴 첫 번째 문장을 좀 더 확장하여 세계가 쓰나미 피해자를 돕는 방법에 대한 더 많은 정보를 포함시켰음을 확인할 수 있다. 두 번째 문장에서 그는 '도움the help' 대신 '이러한 도움this help'이라는 명사군을 통해 보다 응집력이 높은 지시를 사용하고 있다. '식량', '돈', '깨끗한 물', '의복'을 '이 도움'이라는 두 단어로 압축함으로써 자신의 요점을 나타낼 뿐만 아니라 이전의 내용을 지시할 수도 있게 되었다. (교사가 지시에 관한 문법에 대해 학습자의 이해를 어떻게 뒷받침했는지에 대한 구체적인 사례는 슈피허(2007) 참조.) 첫 번째 초안에서는 학습자가 '~기는 하지만although'을 '그러나but'와 유사한 방식으로 사용하고 있어, 그것이 구성하는 의미를 어떻게 이해했는지는 명확하지 않다. 그러나 수정안에서는 원조가 있음에도 사람들에게는 계속해서 도움이 필요하다는 논지를 분명히 하기 위해 '~기는 하지만although'을 보다 효과적으로 사용할 수 있게 되었다. 슈피허는 에르네스토가 여전히 학습할 것이 많다는 점을 인정하면서도, 텍스트를 해체해 보고 문법에 대해 이야기하는 것이 학습자로 하여금 내용 학습 교실에서 성공적인 필자가 되기 위해 필요한 학문적 사용역의 특성을 습득하는 데 도움이 되었다고 역설한다.

휘태커(2010)에는 CLIL 교실에서의 읽기와 쓰기 맥락에서 문법에 대한 대화를 지원함으로써 학습자의 문법적 자원이 시간에 따라 어떻게 발전하는지 그 사례가 제시되어 있다. 이 연구는 인과 관계의 문법에 중점을 두고 있는데, 한 학습자가 3년간 작성한 다음의 글쓰기 사례를 함께 살펴보자.

1차년도

문명은 매우 중요했는데 왜냐하면 가장 강력한 사람들이 거기에 있었고, 그들이 노동과 문화의 주요 원천이었기 때문이다.

The civilizations were so important because the most powerful people stood there and because they were the main sources of work and culture.

(Whittaker, 2010, p.34)

위 사례는 원인을 표현하는 '일상적' 방식으로, 접속사 '~때문에because'로 원인을 나타낸다. 이는 학습자들이 원인을 나타내고자 할 때 가장 일반적으로 취하는 방법이다.

3차년도: 사례 1

그 당시 빈민층은 개발할 자원이 없었고 부유층 사람들은 중상주의 이후의 인플레이션 기간 동안 세금과 물가 상승으로 인해 더욱 부자가 되었다.

At that time poor people didn't have resources to develop and rich people became richer with the rise of taxes and prices during the Inflation after mercantilism.

(Whittaker, 2010, p.35)

여기에서 학습자는 '중상주의 이후의 인플레이션 기간 동안 세금과 물가 상승으로 인해with the rise of taxes and prices during the Inflation after mercantilism'라는 전치사 구를 통해 원인을 제시하고 있다. 전치사 구의 사용은 '~ 때문에because'를 사용할 때보다 학문적 태도를 강하게 드러나 보이게 한다. 물론 '~ 때문에'가 쓰인 문장(예컨대 '중상주의 이후 인플레이션 기간 동안 세금과 물가가 상승했기 때문에because 부유층은 더욱 부자가 되었다.')도 틀린 것은 아니지만, 이런 경우에는 각 절마다 정보량이 적은 절-연결 사슬을 갖게 된다. 또한 '~으로 인해with'를 사용하게 되면 절보다는 복합 명사군을 구성하여 보다 권위 있는 태도를 나타낼 수 있게 된다.

3차년도: 사례 2

많은 위기를 불러온 또 다른 중요한 원인은 발칸 지역의 관습, 언어 및 전통의 차이였다.

Another important cause was the differences of costumes, languages and traditions in the balcans that led to many crisis.

(Whittaker, 2010, p.35)

이 사례에서 학습자는 명사적 형태인 '또 다른 중요한 원인another important cause'을 사용하여 이 개념을 문장의 출발점으로 삼고 이에 관련되는 구문 '불러오다led to'를 사용하였다. 전술한바, 이는 역사 담론에서 시간과 원인의 결합을 가능하게 하는 자원이 된다. 이러한 어휘적 및 문법적 발달은 필자가 역사 담론의 문법을 제어하고 있음을 보여 준다.

글쓰기 교육은 제2언어 학습자가 글을 쓰는 과정에서 문법적 요점을 인식하도록 교사가 사전에 지도할 수 있다는 점에서, 또한 각 학습자가 직면하고 있는 특정 문제들에 적합하도록 교사의 피드백을 조정할 수 있다는 점에서 문법을 다루는 강력한 맥락이 된다. 이를 잘 수행하기 위해 교사는 학습자가 수행할 글쓰기 과제 성취와 관련된 언어 선택의 종류를 깊이 이해할 필요가 있다.

4.6 요약

이 장에서 살펴본 연구들은 중등학교 교과 학습과 관련하여 유의미한 맥락에서 문법을 가르칠 수 있는 방법을 보여 주며, 교과 영역 텍스트에서 문법이 사용되는 특정 방식을 이해하고, 이러한 문법이 초등학교급에서 중등학교급으로 올라가면서 어떻게 더 밀집되고 전문적·추상적으로 변하는지를 인식하기 위한 기초를 제공한다.

이 장에서는 추가적으로 의미 있는 문법적 요소들과 그 기능을 확인하기 위해 텍스트 해체에 참여하는 학습자 사례를 제시하였다. 우리는 중등학교 학습자들이 텍스트에서 맞닥뜨릴 수 있는 핵심적인 문법적 특징에 중점을 두었다.

- *부정사 절*infinitive clauses 및 행위 주체를 갖지 않는 *분사 절*participial clauses 은 학습자들이 정보를 얻기 위해 텍스트를 먼저 확인해 보아야 할 때 그 정보를 인식할 수 있도록 돕는다.
- 텍스트에서 전개된 정보를 압축distill하고 재기술re-present하는 *명사화* nominalizations 및 *복합 명사군*complex noun group
- 문장 내에서 정보가 어떻게 표현되고 발전되는지 추적할 수 있도록 대명사, 명사화 및 기타 지시 장치를 통해 텍스트 전체에 *응결 장치*cohesive reference가 생성되는 방식
- 학습자들이 행위 주체를 식별할 수 있도록 하는 *수동태*passive voice와 그 *참여자들*participants에 대한 분석
- 학문적 의미를 제시하고 텍스트의 논리를 발전시키는 *접속어* conjunctions
- 절에 내포된 의미에 대한 평가와 접속사 없이 원인을 나타내는 의미 표현 방식을 가능하게 하는 *존재 과정*being processes 및 *명사형* nominal forms

위에 제시한 것은 중등학교급 수준에서 권위 있는 설명·논증 텍스트를 구성하는 데 필요한 문법적 자원들이다. 우리는 학습자들의 비판적 읽기에 대한 언어적 지원 아래에서 이러한 패턴에 주목하도록 돕고 자신들의 글쓰기에서 사용할 수 있는 언어적 도구를 제공할 수 있음을 확인하였다.

언어 기능과 형식 및 의미에 대한 학습자의 이와 같은 인식은 필자의 문법적 선택과 그것이 나타내는 의미에 대한 토론을 가능하게 하는 메타언어를 사용함으로써 획득될 수 있다. 우리는 전통적인 메타언어

와 기능적인 메타언어를 모두 사용함으로써 이러한 형태들이 초점의 대상이 될 수 있게 하는 방법을 보였다.

교사는 학습자들이 언어 이해와 생산 측면 모두에서 문법 패턴에 주목하도록 미리 준비할 수 있다. 학습자들의 명시적인 주의는 그들이 읽는 글의 문법적 패턴과 수행해야 하는 쓰기 과제에 따라 유도된다. 우리는 교사가 텍스트에 대한 대화, 글쓰기를 지원하기 위한 사전 구어 연습에 대한 대화, 새로운 문법적 형식을 사용할 수 있도록 하는 쓰기 과제를 통해 학습자들이 유형 연속체들 사이를 오가게끔 하는 방법의 사례들을 살펴보았다. 또 문어 텍스트를 해체하고 구어를 압축하는 것과 관련하여 학습자들이 유형 연속체를 따라 문법을 탐구하고 활용하며, 보다 느슨한 구조의 구어의 의미를 압축하고 그것을 다시 학술적 문어로 더 가치 있게끔 재구성함을 확인할 수 있었다.

기능 문법적 접근은 교과 영역 전반에 걸쳐 사용역 측면에서의 융통성—다양한 목적에 따라 언어를 자유자재로 쓸 수 있는 능력— 향상이 중요한 중등학교 학습자들의 요구를 해결해 줄 수 있다는 점에서 큰 가치를 지닌다. 언어 선택이 중등학교급 학습자들에게 요구되는 수준, 즉 추상화나 평가, 이론화에 관여하지 않는다면 제2언어 산출이 아무리 정확하더라도 충분하지 않다. 우리는 이 장에서 교사들이 각 교과 영역에서의 담화적 패턴과 수행을 제2언어 학습자에게 명시적으로 전달하는 방법, 그리고 교과 영역에서 기대되는 바를 성취하기 위한 새로운 방식으로 의미를 생성하도록 유도하는 방법을 확인할 수 있었다. 이러한 방법들을 사용할 수 있는 교사는 제2언어 학습자가 학교 교육은 물론 그 이후에 요구되는 언어 숙달도를 향상시키는 데에도 강력한 도움을 줄 수 있을 것이다.

제5장 문법 교수: 이제 우리가 아는 것

5.1 개관

이 장에서, 우리는 **활동 1.1**에서 응답했던 문법 교수에 대한 진술로 돌아간다. 우리는 이 책에 제시된 연구들에 기반해 각각의 진술에 대한 답을 제공한다. 답을 읽기 전에, **활동 1.1**에서 했던 스스로의 답변으로 돌아가 자신의 생각을 돌이켜 보라.

Activity 활동 5.1

활동 1.1(25쪽)에서는 문법 교수에 대한 몇몇 진술에 대해 얼마나 강하게 동의하는지를 표시했다. 이 장의 내용을 계속해서 읽기 전에 질문표로 되돌아가 다시 한 번 응답을 완성해 보고, 예전에 했던 응답과 현재의 응답을 비교해 보라. 문법 교수에 대한 당신의 관점은 앞선 장에서 읽은 내용들로 인해 바뀌었는가, 아니면 더 견고해졌는가?

5.2 문법 교수에 대한 관점을 되돌아보기

1. 문법은 언어 사용에 대한 일련의 규칙이다.

1장에서, 우리는 문법이 교수될 수 있는 다양한 방법들을 보였다. 모어 화자들에게 문법을 가르칠 때는 쓰기에서 사용된 언어 요소들의 교정을 위한 규칙에 초점이 맞춰지는 경우가 많다. 언어학자들은 문법을 모어 화자가 언어에 대해 가지고 있는 무의식적인 지식으로 정의하곤 한다. 이들은 둘 다 문법에 대해 생각할 수 있도록 도움을 주지만, 이 책에서는 문법을 의미 생성을 위한 자원으로 정의하여 제2언어 학습과 가장 관련이 있다고 보이는, 이들과는 다른 관점을 제시했다.

문법 교수에 대한 이러한 관점은 언어의 기능을 가장 중요하게 여기며, 교사들의 주요 관심사인 제2언어 학습자들의 문법 자원 발달을 가능하게 한다. 우리는 문법 교수란 학습자들이 교과 학습을 위해 새로운 언어를 사용할 수 있도록 제2언어 학습자의 언어적 가용 자원linguistic repertoires을 확장시키기 위한 것이라고 보았다. 문법을 의미 생성의 자원으로 봄으로써, 교사들은 제2언어 학습자들이 개별 문맥에서 특정한 목적을 달성하기 위해 화자와 필자가 결정한 선택의 종류에 주의를 기울이도록 할 수 있었다. 교수의 초점은 정확성을 위한 규칙이 아니라, 언어가 사용된 방식의 패턴을 깨닫고 다른 맥락들에서 의미를 만들기 위해 서로 다른 문법적 체계들이 어떻게 사용되었는가를 볼 수 있도록 하는 데에 맞춰진다.

2. 문법을 배운다는 것은 다양한 맥락과 상황에서 효과적으로 말하고 쓰는 방법을 배우는 것이다.

1장에서 우리는 초등과 중등 단계에서의 문법 교수를 계획하기 위한 접근법을 소개했다. 이러한 접근법은 교사들이 내용교과의 교육 과정상 목표를 성취하는 데 중요하며 실용적인 언어 형태를 고려하도록 할 뿐만 아니라, 언어 형태들이 어떻게 사용되었고 그 의미는 무엇인지 학습자들이 이해할 수 있도록 문법에 대한 대화를 이끌어 낼 것을 요구한다. 이러한 접근법은 초점의 대상이 된 문법이 교수 단원(차시)에서 이루어지는 모든 학습 활동에 걸쳐 토의의 중심이 됨으로써 그 문법의 사용이 쓰기와 말하기에서 모델이 될 수 있도록 한다. 또한 이러한 접근법은 문법이 서로 다른 교과 영역과 과제들에서의 성취를 이룰 수 있도록 돕는다.

우리는 화자와 필자가 서로 다른 일들을 수행하면서 언어의 문법적 자원을 사용하는 여러 방법들을 강조하기 위해 기번스의 유형 연속체 개념을 소개했다. 이는 아동으로 하여금 우리가 언어로 하는 일이 무엇인지, 우리가 상호작용하는 상대가 누구인지, 무엇에 대해 상호작용하는지, 그리고 상호작용의 목적이 무엇인지에 따라 우리가 사용하는 문법이 달라진다는 것을 인식할 수 있도록 돕는다. 제2언어를 학습하는 아동들에게, 학습을 위해 도움이 필요한 맥락은 매우 다양하다. 이러한 사실은 이 책에서 다룬 활동들이 교과 영역에 따른 차이, 아동들이 수행하는 학습 단원 안의 학습 활동들에 따른 차이, 그리고 그들이 함께 이야기하는 사람 혹은 그들이 쓰는 글의 독자에 따른 차이에 주의를 집중시키는 모습을 통해 입증되었다. 이러한 차이들을 두드러지게 하고 이를 토의의 주제로 삼는 것은 제2언어 학습자들이 각기 다른 맥락에서 상이한 목적들을 달성하기 위해 사용한 문법적 선택들을 인식할 수 있게 한다.

교사들은 학습자들이 다른 방식으로 언어를 사용할 수 있도록 하는 학습 단원들을 설계함으로써 학습자들에게 비격식적 언어를 사용할 수 있는 기회, 그들이 읽는 텍스트 안에 제시된 지식을 통해 더 격식적인 언어를 탐구할 수 있는 기회, 그리고 내용 영역content area 학습을 수행하며 새로운 문법을 사용할 수 있도록 하는 기회를 제공할 수 있다. 이러한 맥락들에 걸쳐 문법을 초점화함으로써, 교사들은 아동들이 새로운 문법적 형태를 배우고 사용하는 데 도움을 줄 수 있다. 교과 영역과 과제, 그리고 학습 맥락에 따라 달라지는 문법적 초점은 학습자들이 문법을 통해 고를 수 있는 선택항의 다양성을 발견할 수 있도록 한다.

문법 교수는 제2언어 학습자들이 특정 맥락에서 화자와 필자가 그들의 목적을 이루기 위해 결정한 선택의 종류를 의식하도록 하는 과정을 포함한다. 이것은 학습자들이 언어 변이, 그리고 서로 다른 목적을 이루는 데 적절한 선택은 무엇인지에 대해 배울 수 있도록 돕는다. 제2언어 학습자들은 특정한 선택을 필요로 하는 맥락과 목적에 민감해지면서 의미 생성을 위한 그들의 언어적 가용 자원linguistic repertoires을 만들어 나간다.

3. 문법은 제2언어 교수에 있어 지속적인 주의 집중의 대상이 되어야 한다.

이 책에서 제시한 연구들은, 특히 의사소통과 내용 중심 교수 환경에 있는 학습자들의 경우 문법에 대해 명시적이고 지속적인 주의를 기울이는 것이 성공적인 학교생활을 위해 요구되는 언어 발달의 수준을 이루는 데 핵심적이라는 관점을 지지한다. 우리는 2장에서 살펴본 연구를 통해 주의 집중과 의식 향상이 새로운 언어를 효과적이며 권위 있게 사용할 수 있도록 돕는 데 아주 중요하다는 사실을 확인했다. 학습자들이 유형 연속체에 따라서 움직이도록 계획하는 것은, 교사들이 수업에서 문법 및 언어의 형태-의미 연결에 대한 일관된 주의 집중을 어떻게 유지할 수 있을지 생각해 볼 기회를 제공한다. 교사는 학습자들이 여러 활동을 수행하며 언어가 사용되는 다양한 방식에 주의를 기울이도록 함으로써 학습을 조정하는 중요한 역할을 수행할 수 있다.

유형 연속체는 구어와 문어 사이의 이동뿐만 아니라 일상적 언어와 학문적 언어 사이의 이동도 의미한다. 기번스는 유형 연속체를 오가게 하는 것이, 제2언어 학습자들이 이미 사용할 수 있는 언어를 활용하며 새로운 언어 자원의 용법을 배우도록 돕는 데 매우 중요하다고 주장한다. 우리는 이 책 전체에 걸쳐, 기번스(Gibbons, 2006a)에 기반하여 학습의 맥락에서 언어에 대한 대화와 참여를 돕는 네 개의 교육적 조치들에 대해 생각해 볼 것을 요구했다. 이러한 조치들은 다음과 같다.

1. 유의미한 메타언어를 사용하여 언어에 대해 말하기talking about language, using meaningful metalanguage.
2. 문어를 분석하기unpacking written language.
3. 학생 담화 오류를 고쳐 말하기recasting student discourse.
4. 상기시키고 넘겨주기reminding and handing over.

첫 번째 교육적 조치(유의미한 메타언어를 사용하여 언어에 대해 말하기)는 제2언어 학습자가 특정한 과제에서 목적을 성취하기 위해 필요한 언어적 자원들에 주목하게 한다. 이때 교사의 역할은 교수 단원에서 다루어지는 핵심적인 문법 형태들을 확인하고 이러한 형태들에 대한 주의를 유지시킬 방법을 계획하는 것이다.

두 번째 교육적 조치(문어를 분석하기)는 제2언어 학습자들이 필자의 언어 선택을 탐구하며 어떠한 의미가 제시되었는지를 통해 언어의 체계를 분석하면서, 그들이 읽거나 쓰는 텍스트와 같이 언어 모델을 활용할 수 있는 기회를 준다. '문어를 분석하기'에서 학습자들은 문어를 이해하고 보다 일상적이고 비격식적인 방식을 통해 그 의미를 재진술하면서 유형 연속체를 따라 이동해 볼 수 있다. 이와 비슷하게, 학습자들은 구어를 내용 지식 분야에서의 격식적이며 기술적인 언어로 재결합시키면서, 배운 내용을 보다 격식적이고 학술적인 방식으로 나타내고 그들의 관점을 표현해 보는 연습의 기회를 얻는다. 학습자들은 언어를 보다 격식적이거나 비격식적으로 만들 수 있는 방법을 이해해 가면서, 언어 변이와 더 유연한 언어 사용에 대한 이해를 증진시킨다.

세 번째 문법적인 조치(학생 담화 오류를 고쳐 말하기)는 '학습자 오류 고쳐 말하기recast'의 새로운 의미를 이끌어 냈는데, 이는 교사가 학습자들이 생산해 낸 언어를 권위적, 기술적, 학문적인 방식으로 재진술함으로써 오류를 교정하는 조치를 일컫는다. 이는 학습자들에게 문법적 형태를 교정할 수 있는 모델뿐만 아니라 보다 적절하고 효과적이거나 전문적인 내용 관련 언어 형태도 제공한다.

네 번째 교육적 조치(상기시키고 넘겨주기)는 학습자의 언어 생산을 위한 계획 세우기를 의미한다. 이는 학습자들이 말하기나 쓰기에서 초점화되었던 언어를 새로운 학습 과제에 적용해 보도록 하는 것이다. '상기시키고 넘겨주기'를 통해 학습자들이 새로운 문법적 형태를 학습하고 이를 효과적으로 사용하는지 확인해 볼 수 있다는 점에서 이를 문법 학습의 평가에도 활용할 수 있다.

이러한 네 가지 교육적 조치들은 제2언어 학습자들의 내용 학습을 도우면서 문법에 대해 세심한 주의를 기울이게 한다. 문법을 의미 생성의 자원으로 볼 때, 문법은 제2언어 교수의 지속적인 초점의 대상이 될 수 있으며 문법 교수는 화자와 필자가 특정한 맥락에서 특정한 목적을 성취하기 위해 수행할 수 있는 언어 선택을 반영하도록 유도할 수 있다. 이러한 문법 교수는 모든 단계의 학습자들을 위한 즐겁고 매력적인 활동이 될 수 있다.

4. 문법은 교육과정에서 분리된 요소로 가르쳐야 한다.

우리는 문법이 문법 외의 다른 것들을 함께 가르치는 맥락에서 교수되어야 함을 보이고자 하였다. 우리는 문법 교수를 다른 교수·학습과 분리하기보다는 전 교육과정에 걸쳐 언어 기능이 포함되는 모든 활동들에 녹여 낼 것을 추천한다. 문법을 분리해 교수하면 학습자들은 실제적인 사용 맥락에서 그들이 배운 것을 적용하지 못할 것이다. 이 책에서는 더 큰 수업 목표와 교육과정을 다루는 교수 안에 완전히 통합된 제2언어 문법 교수의 방법을 제시했다. 교사와 학습자들이 이미 교실에서 수행하고 있는 교과 영역의 교수 활동은 문법의 형태와 의미가 기능하는 방식에 대해 명시적으로 집중할 수 있는 중요하고 실제적인 기회를 제공한다.

이러한 입장에서, 우리가 문법이 개별적인 요소로 교수되어야 한다는 데 동의한다는 사실은 독자들을 꽤 놀라게 할 것이다! 여기에서 제시된 접근법은 독립적인 문법 교수가 필요 없다는 의미로 해석되어서는 안 된다. 사실, 우리는 교사들이 제2언어 학습자들과 함께 수업을 준비하는 데 있어 문법이 중심적인 역할을 수행할 필요가 있으며, 교사들은 문법 교수를 지속적으로 시행할 필요가 있다는 사실을 입증한 것이다. 문법에 강력히 초점을 맞추지 않는다면 학습자들은 새로운 언어를 완전하게 발전시킬 수 있는 기회를 얻지 못할 것이다.

언어 교사는 수업에서 문법에 대한 명시적인 주의explicit attention를 준비시키고 촉진할 필요가 있다. 최상의 제2언어 발달을 위해서는 언어 그 자체에 대한 명시적인 주의가 필요하므로, 교사는 그들이 가르치는 교과 영역에서 문법과 형태-의미의 연결에 대해 많은 것을 알고 있어야 한다. 텍스트 읽기와 쓰기 교수 맥락 및 학습 활동에서 문법 교수를 고려하기 위해, 교사들은 언어가 맥락 안에서 어떻게 작용하는지, 그리고 문법의 어떤 부분이 학습자들이 숙고하고 연습하는 데 가장 중요한지 이해해야 한다.

1장을 통해 우리는 초등학교와 중등학교의 내용 중심 교실에서 문법 교수와 내용 교수가 결합된 내용 영역 수업의 학습 단원을 설계하기 위한 틀을 제공했다. 언어는 모든 과목에서 학습을 구성하고 평가하는 도구이므로, 내용 중심 수업에서 문법을 지정하는 것은 의미 생성 자원들을 시각화하며 지속적인 초점의 대상으로 만든다. 또한 제2언어 학습자들은 문법에 대한 토의에 참여하면서, 서로 다른 내용 영역에서 지식이 언어로 구성되는 방식을 의식하게 된다.

5. 문법은 말하기와 쓰기를 교수할 때, 즉 학습자들이 언어를 생산할 때 가장 잘 교수될 수 있다.

2장에서 논의된 스웨인Swain의 연구는, 학습자들이 교수된 문법을 잘 받아들였는지 알기 위해 이들이 말하기와 쓰기 같은 산출물을 생성하는 것이 매우 중요하다는 것을 보여 준다. 그러나 우리가 이 책에서 살펴보았듯이, 문법은 학습자들의 언어 수용적 기능receptive language skills을 발달시키는 맥락, 특히 읽기를 통해서도 교수될 수 있다. 학습자들이 교과 영역에서 읽은 텍스트들 안에서 문법이 작용하는 방식에 집중하게 하는 것은 그들이 참여하고 있는 학습과 관련된 언어 체계를 가르치기 위한 풍부한 맥락을 제공한다. 예를 들어 우리는 학습자들이 어떻게 실제적인 텍스트에서 사용된 서법 체계와 발화 기능을 확인하고, 어떻게 명령문과 의문문이 구성되며 기능하는 방식에 대해 토의할 수 있게 하는지 보았다. 우리는 교사들이 학습자들에게 각기 다른 동사구들 혹은 과정의 유형들이 어떻게 특정한 기능을 실현시키는 다른 종류의 의미를 제시하는지 살펴볼 수 있는 사례를 탐구했다. 또 교사들이 텍스트의 구조화에 있어서 학습자들의 주의를 접속사와 접속부사의 사용에 기울이게 할 수 있는 방법, 그리고 지시reference에 초점을 맞추어 학습자들이 개념으로의 도입과 발전을 이끌도록 도울 수 있는 방법에 대해서도 살펴보았다.

우리가 3장과 4장에서 제시했듯이, 아동들이 읽는 텍스트는 실제적인 맥락에서 필자에 의해 언어가 사용된 방식에 대해 생각하고 확인할 수 있는 기회와 효과적인 모델들을 제공할 수 있다. 텍스트를 해체하고, 작가에 의해 사용된 형태와 의미들에 대해 이야기하고, 마침내 이와 같은 의미를 만드는 연습의 기회들은 제2언어 학습자들의 텍스트 이해와 생산을 돕는다. 텍스트의 문법에 대한 대화를 통해, 교사들은 문법적 시스템이 어떻게 기능하는지에 대한 제2언어 학습자들의 의식을 개발할 수 있다. 본서에서는 제2언어 학습자가 그들이 아는 것으로부터 출발하여 스스로를 표현할 수 있는 새로운 방법들을 사용하도록 하는 활동에 참여함으로써, 서로 다른 텍스트들에서 사용된 문법을 탐구하게 하는 방법을 보였다.

6. 문법 교수는 전 학년에 걸쳐 유사한 방식으로 이루어져야 한다.

이 진술은 사용하게 될 교육적 접근법, 그리고 목표가 되는 특정한 언어 구조라는 두 가지 측면을 고려해야 한다. 우리는 본서에서 제시한 관점에 따라, 교사가 내용 학습의 목표를 확인하고 이를 달성하기 위해 이해해야 하는 문법이 무엇인지 고려함으로써 문법 교수를 도입할 수 있다는 점을 초등학교와 중등학교 맥락 모두에서 입증했다. 우리는 학습자들이 알아야 하고 사용할 수 있어야 하는 문법적 형태들을 확인하기 위해, 학습 단원들을 통해 수행해야 하는 읽기와 쓰기를 검토하는 방법을 제시했다. 이를 통해 교사들은 그 문법에 선행적으로 초점을 맞추어 확인하고, 학습자들의 주의를 끌고, 단원 학습에서 이러한 언어 자원들을 구축하는 연습을 제공할 계획을 세울 수 있다. 이에 따라 문법 교수에 대한 접근법은 전 학년에 걸쳐 유사해질 수 있다.

그러나 교사들이 다루어야 하는 문법적 형태들은 전 과목과 학년에 걸쳐 달라질 것이다. 우리가 2장에서 본 바와 같이, 학습자들의 학년이 올라가면서 그들이 마주치는 문법은 더 난해하며 추상적이고 기술적으로 변화한다. 그러므로 시간이 지나면서 문법에 대한 요구가 어떻게 변화하는지에 주의를 기울이는 것은 학습자들이 성공적인 학습을 이루도록 도울 문법 형태를 선택하는 데 있어 매우 중요하다. 이와 관련하여 크리스티(Christie, 2012)는 수년간의 학교 교육 기간 동안 학습자들이 배워야 할 언어가 발전하는 방식에 대해 생각해 볼 수 있게 하는 귀중한 자료이다. 예를 들어 3장에서 보인 바와 같이, 교사들은 초등학생들이 과학 보고서에서 다른 종류의 동사들이 어떻게 사용되는지를 인식함으로써 동사의 의미를 탐구하도록 도울 수 있다. 4장은 역사 텍스트에서 제시된 문법적 행위agency를 확인하고, 권위 있는 쓰기에서 요구되는 보다 높은 수준의 접속적conjunctive 의미를 교수·학습하는 방법을 보여 주었다. 이 책에서 제시한 다른 예들도 서로 다른 문법적 자원들이 어떻게 교육과정의 요구를 충족시키기 위한 초점의 대상이 될 수 있는지를 보여 주었다.

7. 문법 규칙만 알아도 문법을 효과적으로 사용할 수 있다.

학습자들이 문법 규칙들을 안다고 해도 언제나 사용 맥락에 적절한 형태를 생산할 수 있는 것은 아니다. 2장에서 살펴본 바와 같이, 언어 발달을 위해서는 언어 생산이 필요하다. 이것은 제2언어 학습자가 언어 숙달도의 향상을 위해 오류를 생산할 필요가 있다는 의미이다. 즉, 언어 생산은 그 자체로 학습의 재료이다.

언어 생산은 주의 집중을 장려하면서 언어 발달을 적극적으로 촉진하고, 연습을 통해 유창성을 강화한다. 언어 사용은 제2언어 학습자들에게 그들이 배운 형태에 초점을 맞추고, 그들 스스로를 어떻게 표현하고 있는지에 집중하게 한다. 제2언어 학습자들은 그들의 언어 생산을 통해 새로운 언어에 대한 가설을 검증하고 새로운 언어학적 지식을 내면화한다. 이와 같이 성공적인 문법 학습은 학습자들이 형태와 의미에 주의를 집중하도록 독려하는 활동을 통해, 학습된 언어에 대한 지속적인 주의 집중, 그리고 그 생산을 요구한다. 우리는 이 책에서 학습자들이 교수 목표로 설정된 문법을 사용하여 말하기와 쓰기를 수행하도록 유도하는 방법을 제시했다.

8. 문법을 교수한다는 것은 학습자들의 오류를 수정한다는 의미이다.

문법 교수는 당연히 학습자들의 오류 교정을 포함한다. 그러나 우리가 2장에서 살펴본 바와 같이, 단순한 교정적 피드백은 학습자들이 언어를 정확하게 사용하도록 하기에는 부족하다. 학습자들은 배운 언어를 활용하고 연습할 수 있는 많은 기회를 필요로 한다. 그러나 문법을 의미 생성의 자원이라고 볼 때, 수업에서는 오류의 수정보다 의미와 새로운 언어 자원들의 개발에 중점을 두어야 한다. 2장에서는 언어 발달을 가장 잘 도울 수 있는 것이 학습자들이 새로운 형태에 주의를 기울이고 사용할 수 있는 많은 기회로 이루어지는 유의미한 상호작용이며, 이는 언어와 의미에 대한 명시적인 대화로 유도된다는 것을 보여준다. 학습자들의 주의를 형태-의미 연결로 유도하고 학습자들을 유의미한 언어의 사용에 참여시키는 것이 문법 교수의 핵심이다.

학습자들이 새로운 형태를 사용하면서 연습할 수 있도록 하는 쓰기와 말하기 모두, 교정의 가능성이 있는 맥락을 제공한다. 개별적인 부분을 제시하고 개개의 문법적 형태들을 하나씩 연습하는(예를 들어 동사 형태, 복수형, 동사 시제, 그리고 다른 형태들) 전통적인 문법 교수는, 유의미한 맥락에서 초점이 되는 형태를 사용하는 문장 단위의 연습으로서 수업의 한 부분이 될 수 있다. 언어 사용의 정확성이 중요한 경우, 문법적 형태의 교정은 학습자가 형태에 주의를 집중하고 그 규칙을 적용하는 쓰기 과제 등의 활동을 통해 가장 성공적으로 이루어질 수 있다.

그러나 언어 학습의 핵심은 서로 다른 맥락에서 의미를 생산하는 새로운 방식을 학습하는 것이다. 그러므로 문법 교수는 학습자들의 의미 생산 자원을 확장시키면서 그들의 언어적 지식을 통합시킬 수 있는 패턴에 주의를 돌리는 것을 우선시해야 한다. 우리는 K-12 교실에서의 문법 교수는 제2언어 학습자들이 내용 학습에서 의미를 만드는 데 사용하게 될 구조들에 초점을 맞춰야 한다고 제안했다. 이 책은 수업에서 다루어지는 텍스트의 언어에 세심한 주의를 기울이도록 하며, 이를 통해 맥락 안에서 형태가 어떻게 사용되었는지를 확인하고 형태-의미 사이의 관계를 탐구할 수 있는 방법을 제시하였다. 우리는 오류에 대한 응답 이상으로 나아가는 문법 교수의 다양한 방법을 제시했다.

9. 문법적 용어를 사용하는 것은 문법 교수에서 중요한 부분이다.

형태-의미 연결에 대한 명시적인 정보는 의식 향상과 주의 집중의 촉진 면에서 중요하기 때문에 제2언어 학습자들은 이를 필요로 한다. 우리는 보다 광범위한 체계에 속하며 그 체계와 관련된 특정한 언어 사용의 예를 통해, 문법적 메타언어가 형태와 의미에 대한 명시적인 주의 집중을 제공함으로써 문법 교수를 도울 수 있는 방법을 제시하였다. 메타언어는 언어학적 용어와 언어에 대한 대화 모두를 가리킬 수 있다.

제2언어 학습자를 언어와 학습 내용에 대한 대화에 참여시키는 데 문법적 메타언어를 사용하는 것은, 언어 선택이 텍스트에서 제시된 의미에 어떠한 방식으로 기여하는지를 깨닫게 함으로써 교육 과정상의 학습을 돕는다. 우리는 기술적 메타언어의 학습이 어떻게 내용 교수의 목표를 수행하는 유의미한 맥락에서 고려되는지를 제시하였다. 메타언어를 사용하여 유의미한 내용에 대해 상호작용하는 것은 제2언어 학습자들이 의미 영역과 연결될 수 있는 언어 패턴을 분석하는 것을 돕는다. 학습자들이 형태-의미 연결에 주의를 기울이도록 하는 것은 그들이 더 높은 수준의 언어 사용으로 나아가도록 하는 데 중요한 역할을 한다.

3장에서 본 바와 같이, 아동들은 어릴 때부터 메타언어를 발달시킬 수 있다. 이 책에서 우리는 몇몇 전통적인 언어학 용어들을 사용했으나, 형태와 의미에 더 긴밀하게 연결된 기능적 메타언어들도 소개했다. 전통적이든 기능적이든 새로운 메타언어는 제2언어 학습자들이 언어와 의미에 대한 대화에서 사용할 수 있도록 교수되어야 한다. 전통적인 메타언어와 기능적인 메타언어 두 종류 모두 학습자들이 특정한 언어 사용의 예를 살펴보고, 이에 포함되어 있는 의미와 구조들을 지칭할 수 있는 기회를 제공한다. 이러한 활동을 수행하는 것은 학습자들이 언어가 어떻게 기능하는지에 대한 보다 일반적인 이해를 발전시키고, 새로운 맥락에서 마주치는 언어의 체계와 패턴을 파악할 수 있게 한다.

10. 교사가 문법을 가르치기 위해서는 문법에 대한 깊이 있는 지식을 가져야 한다.

본서에서는 많은 기술적인 지식이 없더라도, 제2언어 학습자들이 새로운 언어가 어떻게 기능하는지 깨닫고 그것을 사용하는 새로운 방식을 배우도록 돕기 위해 그들과 함께 문법을 탐구할 수 있다는 사실을 보여 주었다. 사실 우리가 함께 작업한 교사들은 문법에 대한 그들 자신의 지식이, 이 책에서 제시한 종류의 활동에 학습자들을 참여시켰을 때에만 깊어진다는 것을 깨달았다. 모든 언어는 끊임없이 탐구해야 하는 많은 복잡한 문법적 시스템을 가지고 있기 때문에, 문법 학습은 일생에 걸쳐 수행해야 하는 과업이다. 그러므로 스스로의 문법 지식에 대해 걱정하지 말라! 대신에, 우리가 여기에서 제시한 체계 중 하나를 골라, 그것이 당신이 가르치는 텍스트 안에서 어떻게 기능하는지를 되새겨 보라. 시간이 지나면서 당신은 그 체계를 편안히 느끼게 될 것이며 다른 체계들을 추가하게 될 것이다. 더 읽어 보기(205쪽)에서 문법을 배우기 위해 읽을 수 있는 책을 찾을 수도 있지만, 이 책의 중요한 메시지는 교실에서 가능한 한 자주 문법에 초점을 맞추고 토의하라는 것이다. 학습자들이 형태와 의미의 연결에 대해 탐구하고 이야기하도록 한다면, 메타언어가 학습을 위한 유용한 도구라는 사실을 알게 될 것이다.

5.3 결론

우리는 학교 교육의 전 학년에 걸쳐 내용 학습의 발전을 목표로 하는 교육과정상의 기대가, 문법 교수가 초점을 맞추어야 하는 것이 무엇이어야 하는지에 관해 중요한 정보를 제공한다는 사실을 확인하였다. 교사들은 교과 영역에서 언어로 해야 하는 활동을 확인하고 언어가 이러한 목적을 실현하는 데 어떤 기능을 하는지 강조함으로써, 학습자들이 목표 언어의 형태와 의미를 학습할 수 있도록 한다. 언어-의미 연결을 자세히 관찰하는 것은 제2언어 학습자들이 그들이 배운 언어가 의미를 만들기 위해 어떻게 기능하는지를 더 잘 이해할 수 있게 한다. 이 책에서 제시된 개념들은 제2언어 학습자들이 문법을 의미 생성을 위한 언어적 가용 자원linguistic repertoires 발달에 도움을 주는 재료로 인식하고, 언어의 형태와 의미를 사용의 맥락에서 연결하도록 하기 위한 틀을 제공한다.

본서에서는 언어에 대한 초점, 그리고 형태와 의미의 연결을 명시적으로 드러내는 문법 교수를 위한 접근법으로서의 기능 문법을 소개하였다. 제2장에서의 논의처럼 이 접근법의 근간을 이루는 가장 중요한 이론적 원리는, 우리가 언어를 사용할 때는 개념을 제시하는 동시에 청자나 독자와의 관계를 정하며, 응집된 메시지를 조직한다는 것이다. 우리가 책 전체에 걸쳐 살펴보았듯이, 이러한 세 가지 측면 각각은 문법 교수에서 다루어질 수 있다.

우리는 개념들을 제시하기 위해 메시지의 내용과 참여자, 과정, 환경 그리고 접속 부사들에 의해 나타나는 정보에 초점을 맞추었다. 우리는 제2언어 학습자들이 문장과 텍스트에서 함께 의미를 만들어 내는 유의미한 구들phrases을 확인하기 위해 이 메타언어를 사용해서 문장을 분석할 수 있는 방법을 보여 주는 몇몇 연구를 살펴보았다.

우리는 언어를 사용하는 모든 경우에 독자나 청자와의 관계를 구축한다. 이 책에서도 교사들이 발화 기능과 서법에 초점을 맞춤으로써 다양한 종류의 상호작용과 의미의 공유를 돕는 여러 문법적 선택을 탐구하는 방법의 예를 살펴보았다. 우리는 격식적이거나 비격식적일 수 있으며, 친밀하거나 소원할 수도 있고, 그 밖의 다양한 종류의 태도들을 가질 수 있다. 여러 문법적 선택은 이러한 상호작용적 입장들을 실현시킨다.

우리는 또한 절과 절로 구성되어 하나로 묶인 응집적 메시지가 문법적으로 어떻게 구성되는지를 탐구했다. 예를 들어, 우리는 절 혹은 텍스트의 각 부분 간의 관계를 구축하는 연결어를 살펴보았다. 그리고 기타 다른 언어적 자원들 사이에 놓여 응결적 결속을 만드는 대명사와 지시 대명사, 동의어 등의 지시 장치도 살펴보았다.

물론, 이러한 특정한 문법적 체계는 영어나 기타 언어 문법의 일부일 뿐이다. 문법 탐구는 의미에 초점을 맞출 때 학습자들에게 매력적이고 즐거운 것이 되며, 다른 많은 문법적 체계도 수업에서의 탐구와 활동 자료가 될 수 있다.

우리는 학습자가 초등학교에 있든지 중등학교에 있든지 상관없이, 문법 교수는 언어 학습에 있어서 필수적인 역할을 한다는 사실을 보았다. 우리는 초등학교와 중등학교 수업에서의 문법 교수에 대한 논의를 통해, 기번스의 네 가지 조치가 교수 단원에 문법 교수를 삽입하는 데 어떻게 도움을 줄 수 있는지를 보았다. 독자들은 문법에 초점을 맞추어 강조할 수 있으며, 이것이 서로 다른 텍스트와 과제에서 사용되는 방식에 대한 모델을 제공할 수 있고, '상기시키고 넘겨주기'를 통해 학습자들로 하여금 해당 문법을 사용할 수 있도록 도울 수 있다. 우리는 유형 연속체를 옮겨 다니는 활동이 제2언어 학습자가 면대면 상호작용으로부터 경험의 재구성, 학습 내용 보고, 서로 다른 교과목과 장르에 맞는 텍스트 쓰기까지를 오가면서 언어 능력을 활용하도록 하는 데 중요하다는 사실을 확인하였다. 우리는 3장과 4장을 통해 유형 연속체 사이에서의 이동을 돕기 위한 교육적 조치가 수업에서의 교수와 어떻게 결합되며 사용되는지를 보았다.

이 책은 교사와 제2언어 학습자 모두를 위해 문법 교수를 매력적이고 유의미하게 만들 수 있는 많은 방법들을 제시하고 있다. 우리가 제시한 개념이 문법과 의미에 초점을 맞추는 문법 교수를 최대한 활용하는 데 도움이 되기를 바란다.

더 읽어 보기Further readings

아래는 독자들에게 유용할 문법 교수 및 학습에 대한 책의 목록이다. 이 책들이 모두 다 학령기 학생을 중점적으로 다루고 있지는 않다. 그러나 이들은 모두 언어 학습을 위해 문법을 이해하고, 학교 교과 학습을 위해 문법을 사용할 수 있도록 하는 배경 지식을 제공한다.

Butt, D., Fahey, R., Feez, S., & Spinksm S. (2012). *Using functional grammar: An explorer's guide, third edition.* South Yarra, Victoria: Palgrave Macmillan.

모어와 제2언어 혹은 외국어로서의 영어를 가르치고 배우는 교사와 학생들에게 많은 정보를 제공하는 책이다. 저자는 전통적인 문법 개념들의 소개로 시작하여 문맥과 텍스트 유형에 따른 언어에 대해 논의하고, 기능 문법의 보다 세부적인 내용들을 탐구한다. 이 책은 또한 언어 교육을 위한 기능 문법의 실제적인 적용을 포함하고 있으며, 텍스트의 복합 양식 분석multimodal analysis의 예를 제공한다.

Celce-Murcia, M., & Larsen-Freeman, D. (1998). *The grammar book: An ESL/EFL teacher's course, second edition.* Boston, MA: Heinle & Heinle. [박근우 편역. (2000). 영어교사를 위한 영문법. 형설출판사]

이 저서는 교사 교육 프로그램에서 널리 사용되고 있으며, ESL/ EFL

의 교사나 예비 교사들이 영어의 문법과 언어학적 체계를 이해하는 데 도움을 준다. 이 책은 형태와 의미, 그리고 사용을 다루는 부분들로 나뉘어 있다. 기능 문법에 초점을 맞추고 있지는 않지만 전통적인 문법 체계를 잘 소개하고 있다.

Christie, F. (2012). *Language education throughout the school years: A functional perspective.* [Language Learning Monograph Series]. Language Learning, 62 (Supplement 1).

이 책은 각기 다른 학년 수준의 학습자에게 각기 다른 내용 영역에서 상이한 장르의 작문을 할 시에 어떤 문법에 주의를 기울여야 하는지 전 학령기에 걸쳐 그 방법을 제시하고 있다.

Coffin, C., Donohue, J., & Horth, S. (2009). *Exploring English grammar: From formal to functional*. London: Routledge.

이 저서는 전통 문법과 기능 문법을 이어 주는 귀중한 자원이다. 저자는 전통적인 접근으로 시작하여 기능 문법을 포섭하기 위한 분석의 도구로서 전통적 도구를 확장한다. 이 책은 상이한 맥락에서 문법적 구조가 어떻게 기능하는지를 탐구하고, 독자들이 상이한 장르와 문체에서 형식 문법과 기능 문법을 분석할 수 있도록 쉽게 접근할 수 있는 실제 활동에 중점을 두고 있다.

Derewianka, B. (2011). *A new grammar companion for teachers.* Sydney: Primary English Teachers Association.

데레비앙카Derewianka의 이 책은 교사들이 기본 영문법 체계에 익숙해지게 해 주는 유용한 자료이다. 맥락에서 의미를 구성하는 방법에 따라 문법 범주를 제시하는 이 책은 전통 문법의 용어와 기능 문법의 메타 언어를 사용하여 교사의 문법 자원에 대한 이해를 신장한다.

Fang, Z., & Schleppegrell, M. J. (2008). *Reading in secondary content areas: A language-based pedagogy*. Ann Arbor, MI: University of Michigan Press.

이 책은 여러 내용 영역에서의 읽기 교육에 대한 기능문법적 접근을 다루고 있다. 팡Fang, 슐레페그렐Schleppegrell 등의 저자들은 중등학교 역사, 수학, 과학, 언어 교과에 적합한 전문 지식 및 학습 맥락을 논의한다. 기능문법이 중등학교 내용 영역에서의 추상적, 기술적, 위계적 언어를 어떻게 다룰 수 있는지에 대한 여러 사례들이 이 책에서 소개되고 있다.

Gibbons, P. (2002). *Scaffolding language scaffolding learning: Teaching second language learners in the mainstream classroom*. Portsmouth, NH: Heinemann.

기번스Gibbons는 초등학교의 ESL 학습자에게 영어 교육과 내용 영역이 통합되는 길을 제시한다. 이 책은 비고츠키Vygotsky의 사회문화적 학습 이론을 제2언어 학습 문제에 관한 할리데이Halliday의 기능적 언어 모형과 결합시키고 있다. 교사들이 언어 학습을 내용 영역에서 단계적으로 접근할 수 있는 우수한 사례들이 교육 및 학습 활동에서 다루어지고 있다.

Gibbons, P. (2009). *English learners, academic literacy, and thinking: Learning in the challenge zone*. Portsmouth, NH: Heinemann.

기번스Gibbons는 고급 단계의 수업에 초점을 맞춰 중등학생의 ESL에 대한 문식성 기반 접근법을 제시한다. 그녀는 개념적 이해, 비판적 사고, 내용 영역 지식 및 학문적 문식성을 내용 기반 교육으로 통합하여 간다. 읽기, 쓰기, 교실 대화, 학문적 듣기가 다루어지며, 또한 높은 수준의 교육 방안이 ESL학습자를 위한 효과적인 활동 및 과제를 통하여 제시된다.

Jones, R. H., & Lock, G. (2011). *Functional grammar in the ESL classroom: Noticing, exploring and practicing*. Basingstoke: Palgrave Macmillan.

이 책에서는 형태와 의미 모두에 초점을 맞추고자 하는 학생들을 위한 기능 문법을 소개하고 문법이 실제 상황에서 작동하는 실제적인 기법들을 제공한다. 또한 이 책은 동사 시제, 어조, 지시 대상, 텍스트 구성과 같은 다양한 문법적 주제를 포함하고 있다.

Lock, G. (1996). *Functional English grammar: An introduction for second language teachers*. Cambridge: Cambridge University Press.

기능 문법의 입문서인 이 책의 각 장에서는 제2언어 학습자가 어려움을 겪는 부분, 문법 기능이 장르별로 어떻게 나타나는지에 대한 사례, 문법 분석을 위한 과제, 의미와 구조에 관한 토론 질문 등에 초점을 맞추고 있다. 이 책은 기능적 관점에서 영어 문법의 본질을 이해하고 제2언어 학습자가 어려워하는 특징적 기능을 가르치고자 하는 교사에게 아이디어를 제공해 줄 수 있다.

Locke, T. (Ed.). (2010). *Beyond the grammar wars: A resource for teachers and students on developing language knowledge in the English/literacy classroom*. New York,

NY: Routledge.

이 모음집은 미국, 영국, 스코틀랜드, 호주의 문법 및 영어/문식성 교육에 관한 역사적인 개요를 제공한다. 문법 기반 접근법의 사례들과 영어/문식성 교육 교실에서의 효과가 함께 다루어지며, 독자가 자신의 학습 맥락에 책의 내용을 적용해 볼 수 있도록 돕는 활동이 제시되어 있다.

용어 정리GLOSSARY

계획적 의미 중심 형태 교수법	planned focus on form	특정한 문법 구조에 주목할 수 있도록 교수법을 계획하는 것.
과정	process	진행상(-ing)을 나타내는 동사군을 일컫는 기능 문법 용어.
교육적 조치	pedagogical moves	이 용어는 Gibbons(2006a)에서 학습자들이 의미 생성 자원을 확장하도록 하기 위해 유형 연속체에서 사용하는 네 가지 방법을 가리키기 위해 사용되었다. 그 네 가지 조치는 '유의미한 메타언어를 사용하여 언어에 대해 말하기', '문어를 분석하기', '학생 담화 오류를 고쳐 말하기', '상기시키고 넘겨주기'이다.
교정적 피드백	corrective feedback	학습자의 오류(혹은 부정확한 학습 수행)에 대한 공식적이거나 비공식적, 구두상 혹은 서면상의 반응.
기능 문법 교수	functional grammar instruction	Michael Halliday의 연구에서 시작된 교수법으로, 의미에 초점을 두고 언어가 사용된 문맥에 주목하게 한다.
내용 언어 통합 학습	Content and Language Integrated Learning(CLIL)	언어와 내용을 모두 가르치는 데 초점을 맞춘 제2언어 학습 접근법.
내용	content	학습자들이 역사, 과학, 수학, 문학과 같은 교과목에 대하여 습득하고 그 이후로도 유지할 것으로 기대되는 정보와 사고방식.
메타언어	metalanguage	언어에 대해 설명하기 위한 언어. 전통적인 메타언어로는 동사, 명사, 형용사 등이 있지만, 이 책에서는 기능적 메타

		언어의 중요성에 대해서도 언급할 것이다. 예를 들어, 참여자, 과정, 연결어 등이 있는데, 이들은 형태-의미와 밀접한 관련이 있다.
메타적 대화	metatalk	Swain과 Lapkin(2002)의 용어로 협력적 대화에서의 언어에 대한 의식적인 숙고를 가리킨다.
명령문	imperative	대개 명령하기 위해 사용되는 서법.
명사화	nominalization	문법적으로 어떤 과정이 명사로 표현되는 것.
명시적 교수	explicit instruction	문법 규칙에 대한 어떤 참고도 없이 전형이 되는 문법적 특징만을 암시적 교수법의 반대. 문법적 형태에 명시적으로 집중하게 하는 교수법.
모어(제1언어)	first language(L1)	인간의 생에서 가장 먼저 습득하는 언어. '모국어(home language)'라고도 한다.
몰입	immersion	제2언어나 외국어 교육에서 교수 도구로 목표 언어만을 사용하는 교수 프로그램.
문법	grammar	의미가 표현되고, 생성되고, 공유됨으로써 생기는 언어의 패턴이나 언어적 자원의 총체.
문식성	literacy	읽고 쓰기를 할 수 있는 능력과 더불어 다양한 문맥, 특히 학문적 언어에 대한 지식이 요구되는 문맥에서 언어를 이해할 수 있는 능력이다.
문장 확장	sentence combining	학습자들이 아이디어를 모아 복잡한 문장을 생성하도록 하는 방법.
반응적 의미 중심 형태 교수법	reactive focus on form	학습자의 오류에 대해 일반적으로 구어 혹은 문어석 피드백을 제공하여 응답한다.
발화 기능	speech function	진술, 의문, 청유, 명령 등을 할 때 나타나는 대인적 의미 체계.
보호 교수법	sheltered instruction	제2언어 학습자의 요구를 수용한 교수법. 교육과정적 전략과 교구를 차용하

		여 제2언어 학습자들이 배워야 하는 학문적 내용을 제 나이에 맞도록 접근하게 하는 방법.
복합 명사군	complex noun groups	명사와 그것을 수식하는 한정어, 내포절 등으로 조밀하게 구성되어 추상적, 이론적 지식을 나타내는 명사구.
비계	scaffolding	학습 과정에서 학습을 최상의 상태로 활성화하기 위해 학습자들에게 주어지는 일시적인 도움.
사용역	register	사용되는 맥락, 사용되는 상황 등에 의해 구분되는 다양한 언어.
사회언어학적 능력	sociolinguistic competence	사회적으로 적합한 방식으로 언어를 사용 능력.
서법	mood	다른 언어 기능을 나타내기 위한 사회적인 문법 구조로서, 절들을 명령문, 의문문, 혹은 서술문으로 나타낸다.
서술문	declarative	진술을 위해 일반적으로 선택되는 서법.
선행적 의미 중심 형태 교수법	proactive focus on form	학습자들이 듣고, 말하고, 읽고 쓰는 과정에서 언어의 형태에 초점을 둘 수 있도록 사전에 계획하는 것.
숙달도	proficiency	한 개인이 언어를 사용하는 데 있어서의 수준이나 능력.
양태	modality	확실성, 당위, 의무, 능력, 의지, 필요, 허락, 일상성 등의 정도를 표현하는 언어 체계.
어휘적	lexical	어휘와 관련된 것.
언어 교과	Language Arts	미국에서 '영어 교과'를 가리키기 위한 문맥에서 사용되며 언어와 문학의 교수를 가리킨다.
언어 변이	language variation	사용 맥락에 따라 언어가 달라지는 방식을 일컫는 말. 방언의 변이나 사용역의 변이를 들 수 있다.
연결어	connector	텍스트의 결속과 논리적 전개를 만들

		어 내는 접속사 및 기타 연결구.
영어 학습자	English Language learner(ELL)	대개 미국에서 제2언어로 영어를 배우는 학습자들을 가리키는 용어.
오류 고쳐 말하기	recast	학습자의 오류를 올바른 형태로 고쳐 말해주는 피드백의 한 종류. Gibbons (2006a)는 오류 고쳐 말하기가 학생이 말하기 시작한 주제를 학생의 기여도를 인정하며 더욱 권위있고, 기술적이며, 훈련이 될 수 있도록 응답하는 것이다.
외국어	foreign language	학습자가 속한 거주 환경의 사람들이 일반적으로 사용하는 언어가 아닌 것.
우연적 의미 중심 형태 교수법	incidental focus on form	의사소통 활동에서 자연스럽게 발생하는 것.
유형 연속체	mode continuum	Gibbons(2006a)에서 제시한 이 용어는 구어와 문어간의 이동, 또는 일상어와 전문어의 이동 등을 일컫는 용어이다.
응결성	cohesion	텍스트의 한 부분과 다른 부분이 문법적, 어휘적 특성으로 연결되어 텍스트가 결속되는 것.
응집성	coherence	텍스트나 보다 확장된 맥락 내에서 의미의 연결을 통해 텍스트가 응집되는 것.
의문문	interrogative	대개 질문하기 위해 사용되는 서법.
의사소통 중심 언어교수 접근법	communicative language teaching approaches	의사소통으로서의 언어; 의미와 사용이 가장 중요하다.
이해 가능한 입력	comprehensible input	청자/독자가 이해할 수 있는 언어. Krashen(1982)에서 제2언어는 제2언어 청자/독자가 그들이 이해할 수 있는 언어에 노출될 때 습득 가능하다는 가설을 제시한 바 있다.
이해 가능한 출력	comprehensible output	학습자들이 말하기나 쓰기를 할 때, 형태에 주의를 기울이는 것에서 시작해 더 능숙한 수준으로 옮겨 가야 함을 주장하기 위해 Swain(1985)에서 제시한 용어.

장르	genre	동일한 사회적 목적을 지니는 구어 혹은 문어 텍스트의 집합.
전통적 문법 교수	traditional grammar instruction	정확성과 관련된 규칙의 및 그 적용 방식을 가르치는 것.
접속어	conjunction	절과 절을 연결하거나 절 또는 텍스트의 각 부분들 간 관계를 성립시키는 기능어의 한 종류.
제1언어	L1	모어 참조.
제2언어 습득	SLA(second language acquisition)	제2언어 학습 또는 그 과정에서의 실제적 학습 모두를 가리키는 용어.
제2언어	second language(L2)	모어(제1언어) 습득 이후 학습하는 언어.
제2언어	L2	제2언어 또는 외국어 참조.
주목 cf.주의집중 (attention)	noticing	제2언어 습득에서 나타나는 특수한 심리적 작용을 일컫는 용어. 주목은 의미 형성 과제에 참여하는 학습자들의 언어 선택에 대한 의식을 촉진한다.
지시	reference	대명사, 지시사, 유의어로 결속성 있게 조직된 서로 다른 언어적 자원들.
참여자	participant	기능 문법에서 과정에 참여하는 사람이나 사물을 일컫는 명사군. 사람이나 사물로 표상된다.
체계 기능 언어학	systemic functional linguistics(SFL)	마이클 할리데이(Michael Halliday)의 언어 이론. 의미 생성 자원으로서의 문법이라는 관점에서 언어의 형식과 의미를 연결하는 기본 체계를 제공한다.
통사 구조	syntactic structures	단어, 구, 절들이 문장 내에서 조직되고 결합되는 방식.
피드백	feedback	화자나 필자가 말하거나 쓴 것이 이해되었는지, 또는 그것이 정확하고 적절한지에 대한 정보.
학문적 언어	academic language	교육적이거나 전문적 환경에서 사용되는 어휘, 문장 형식, 텍스트 조직, 구어/문어의 형식. '학교 교육을 위한 언어'

		로도 알려져 있다.
해체	deconstruct	언어와 의미 모두를 학습하기 위해 텍스트를 의미 있는 부분들로 나누어 분석하는 것.
행위	agency	어떤 개체가 수동적이 아닌 능동적 행위주로 드러나는 정도.
형태 초점 교수	form-focused instruction	의사소통식 언어 교수에서 사용하는 언어의 형태에 주목하여 특징을 이끌어내게 하는 교수 방법.
형태론	morphology	단어들 중 의미를 가진 최소의 구조적 단위인 형태소에 대한 학문이다.
환경	circumstance	어떤 과정이 언제, 어디서, 어떻게, 왜 이루어졌는지 나타내는 전치사구나 부사구를 가리키는 기능 문법 용어.

참고문헌

Achugar, M., Schleppegrell, M. J., & Oteíza, T. (2007). Engaging teachers in language analysis: A functional linguistics approach to reflective literacy. *English Teaching: Practice and Critique, 6*, 8-24.

Aguirre-Muñoz, Z., Park, J.-E., Amabisca, A., & Boscardin, C. K. (2008). Developing teacher capacity for serving ELL's writing instructional needs: A case for systemic functional linguistics. *Bilingual Research Journal, 31*, 1-28.

Bailey, A. L., & Heritage, M. (2008). *Formative assessment for literacy, grades K-6: Building reading and academic language skills across the curriculum.* Thousand Oaks, CA: Corwin/Sage Press.

Bash, B. (1990). *Urban roosts: Where birds nest in the city*. Boston, MA: Little, Brown.

Beck, R. B., Black, L., Krieger, L. S., Naylor, P. C., & Shabaka, D. I. (2003). *Modern world history: Patterns of interaction.* Evanston, IL: McDougal Littell.

Berry, R. (2005). Making the most of metalanguage. *Language Awareness, 14*, 13-18.

Berry, R. (2010). *Terminology in English language teaching: Nature and use.* Bern: Peter Lang.

Boehm, R., Hoone, C., McGowan, T., MaKinney-Browning, M., Miramontes, O., & Porter, P. (2000). *California.* Orlando, FL: Harcourt Brace.

Butt, D., Fahey, R., Feez, S., & Spinks, S. (2012). *Using functional grammar: An explorer's guide, third edition.* South Yarra, Victoria: Palgrave Macmillan.

California Department of Education (2001). *History-Social science framework for California public schools.* Sacramento, CA.

Cayton, A., Perry, E. I., Reed, L., & Winkler, A. M. (2002). *America: Pathways to the present.* Upper Saddle River, NJ: Prentice Hall.

Celce-Murica, M., & Larsen-Freeman, D. (1998). *The grammar book: An ESL/EFL teacher's course, second edition.* Boston, MA: Heinle & Heinle.

Chapin, S. H., O'Connor, C., & Anderson, N. C. (2003). *Classroom discussions: Using math talk to help students learn.* Sausalito, CA: Math Solutions Publishers.

Christie, F. (2012). Language education throughout the school years: A functional perspective. [Language Learning Monograph Series]. *Language Learning, 62* (Supplement 1).

Christie, F., & Derewianka, B. (2010). *School discourse: Learning to write across the years of schooling*. London: Continuum.

Coffin, C., Donohue, J., & North, S. (2009). *Exploring English grammar: From formal to functional*. London: Routledge.

Cummins, J., Man, E. Y. (2007). Academin language: What is it and how do we acquire it? In J. Cummins & C. Davison (Eds.), *International handbook of English language teaching* (Vol. II, pp.797-810). New York, NY: Springer.

Dare, B. (2010). Learning about language: The role of metalanguage. *NALDIC Quarterly, 8*, 18-25.

de Oliveira, L. C. (2010). Nouns in history: Packaging information, expanding explanations, and structuring reasoning. *The History Teacher, 43*, 191-203.

de Oliveira, L. C. (2011). *Knowing and writing school history: The language of students' expository writing and teachers' expectations*. Charlotte, NC: Information Age Publishing.

de Oliveira, L. C. (2012). What history teachers need to know about academic language to teach English language learners. *The Social Studies Review, 51*, 76-9.

de Oliveira, L. C., & Dodds, K. N. (2010). Beyond general strategies for English Language Learners: Language dissection in science. *The Electronic Journal of Literacy Through Science, 9*, 1-14. Retrieved July 21 2014 from http://ejlts.ucdavis.edu/articla/2010/9/1/beyond-general-strategiew-english-language-learners-language-dissection-science

de Oliveira, L. C., & Lan, S.-W. (2014). Writing science in an upper elementary classroom: A genre-based approach to teaching English language learners. *Journal of Second Language Writing, 25*, 23-39.

de Oliveira, L. C., Lan, S.-W., & Dodds, K. (2013). Reading, writing, and talking science with english language learners. In J. Nagle (Ed.), *English learner instruction through collaboration and inquiry in teacher education* (pp.3-23). Charlotte, NC: Information Age Publishing.

Derewianka, B. (2011). *A new grammar companion for teachers*. Sydney: Primary English Teachers Association.

Doughty, C., & Varela, E. (1998). Communicative focus on form. In C. Doughty & J. Williams (Eds.), *Focus on form in classroom second language acquisition* (pp.114-138).

Cambridge: Cambridge University Press.

Doughty, C., & Williams, J. (Eds.). (1998) *Focus on form in classroom second language acquisition*. Cambridge: Cambridge University Press.

Droga, L., & Humphrey, S. (2003). *Grammar and meaning: An introduction for primary teachers*. Berry, NSW: Target Texts.

Ellis, N. (2005). At the interface: How explicit knowledge affects implicit language learning. *Studies in Second Language Acquisition, 27*, 305-52.

Ellis, N., & Larsen-Freeman, D. (2006). Language emergence: Implications for applied linguistics-Introduction to the special issue. *Applied Linguistics, 27*, 558-89.

Ellis, R. (2001). Investigation form-focused instruction. *Language Learning, 51*, 1-46.

Ellis, R. (2002). The place of grammar instruction in the second/foreign language curriculum. In E. Hinkel & S. Fotos (Eds.), *New perspectives on grammar teaching in second language classrooms* pp.17-34). Mahwah, NJ: Erlbaum.

Ellis, R. (2006). Current issues in the teaching of grammar: An SLA perspective. *TESOL Quarterly, 40*, 83-107.

Ellis, R., Basturkmen, H., & Loewen, S. (2002). Doing focus-on-form, *System, 30*, 419-32.

European Commission. (1995). *Teaching and learning: Towards the learning society. White paper on education and training*. COM (95) 590. Brussels.

Fang, Z., & Schleppegrell, M. J. (2008). *Reading in secondary content areas: A language-based pedagogy*, Ann Arbor, MI: University of Michigan Press.

French, R. (2010). Primary school children learning grammar: Rethinking the possibilities. In T. Locke (Ed.), *Beyond the grammar wars: A resource for teachers and students on developing language knowledge in the English/literacy classroom* (pp.206-29). New York: Routledge.

French, R. (2012). Learning the grammatics of quoted speech: Benefits for punctuation and expressive reading. *Australian Journal of Language and Literacy, 35*, 206-22.

Frey, W. (2005). *History alive! The medieval world and beyond*. Palo Alto, CA: Teachers' Curriculum Institute.

Gebhard, M., Harman, R., & Seger, W. (2007). Reclaiming recess in urban schools: The potential of systemic functional linguistics for ELLs and their teachers. *Language Arts, 84*, 419-30.

Gebhard, M., Chen, I.-A., Craham, H., & Gunawan, W. (2013). Teaching to mean, writing to mean: SFL. L2 literacy, and teacher education. *Journal of Second*

Language Writing, 22, 107-24.

Genesee, F. (1987). *Learning through two languages: studies of immersion and bilingual education.* Rowley, MA: Newbury House.

Gibbons, P. (1998). Classroom talk and the learning of new registers in a second language. *Language and Education, 12*, 99-118.

Gibbons, P. (2002). *Scaffolding language, scaffolding learning: Teaching second language learners in the mainstream classroom.* Portsmouth, NH: Heinemann.

Gibbons, P. (2003). Mediating language learning: Teacher interactions with ESL students in a content-based classroom. *TESOL Quarterly, 37, 247-73.*

Gibbons, P. (2006a). *Bridging discourses in the ESL classroom: Students, teachers and researchers.* New York: Continuum.

Gibbons, P. (2006b). Steps for planning an integrated program for ESL learners in mainstream classes. In P. Mckay (Ed.), *Planning and teaching creatively within a required curriculum for school-age learners* (pp.215-33). Alexandria, VA: TESOL.

Gibbons, P. (2008). 'It was taught good and I learned a lot': Intellectual practices and ESL learners in the middle years. *Australian Journal of Language and Literacy, 31*, 155-73.

Gibbons, P. (2009). *English learners, academic literacy, and thinking: Learning in the challenge zone.* Portsmouth, NH: Heinemann.

Godley, A. J., Sweetland, J., Wheeler, R. S., Minnici, A., & Carpenter, B. D. (2006). Preparing teachers for dialectally diverse classrooms. *Educational Researcher, 35*, 30-7.

Halliday, M. A. K. (1978). *Language as social semiotic. The social interpretation of language and meaning.* London: Edward Arnold.

Halliday, M. A. K. (1994). *An introduction to functional grammar, second edition.* London: Edward Arnold.

Halliday, M. A. K. (2004). Three aspects of children's language development: Learning language, learning through language, learning about language (1980). In J. Webster (Ed.), *The language of early childhood* (Vol. 4, pp.308-26). London: Continuum.

Harley, B. (1998). The role of focus-on-form tasks in promoting child L2 acquisition. In C. Doughty & J. Williams (Eds.), *Focus on form in classroom second language acquisition* (pp.156-74). New York: Cambridge University Press.

Harley, B., Cummins, J.. Swain, M., & Allen, P. (1990). The nature of language proficiency. In B. Harley, P. Allen, J, Cummins, & M. Swain (Eds.), *The development of second language proficiency* (pp.7-25). Cambridge: Cambridge University Press.

Harley, B., & Swain, M. (1984). The interlanguage of immersion students and its implications for second language teaching. In A. Davies, C. Criper, & A. Howatt (Eds.), *Interlanguage* (pp.291-311). Edinburgh: Edinburgh University Press.

Humphrey, S., Droga, L., & Feez, S. (2012). *Grammar and meaning*. Sydney: Primary English Teaching Association.

Janzen, J. (2007). Preparing teachers of second language reading. *TESOL Quarterly, 41*, 707-29.

Johnson, A. (1993). *Julius*. New York, NY: Orchard Books.

Jones, R. H., & Lock, G. (2011). *Functional grammar in the ESL classroom: Noticing, exploring and practising*. Basingstoke: Palgrave Macmillan.

Krashen S. (1982). *Principles and practice in second language acquisition*. Oxford: Pergamon Press.

Lightbown, P. (2014). *Focus on content-based language teaching*. Oxford: Oxford University Press.

Lightbown, P., & Spada, N. (2013). *How languages are learned, fourth edition*. Oxford: Oxford University Press.

Lindholm-Leary, K., & Borsato, G. (2006). Academic achievement. In F. Genesse, K. Lindholm-Leary, W. M. Saunders, & D. Christian (Eds.), *Educating english language learners: A synthesis of research evidence* (pp.176-222). New York, NY: Cambridge University Press.

Llinares, A., Morton, T., & Whittaker, R. (2012). *The roles of language in CLIL*. Cambridge: Cambridge University Press.

Llinares, A., & Whittaker, R. (2010). Writing and speaking in the history class: A comparative analysis of CLIL and first language contexts. In C. Dalton-Puffer, T. Nikula, & U. Smit (Eds.), *Language use and language learning in CLIL classrooms* (pp.125-43). Amsterdam: John Benjamins.

Lock, G. (1996). *Functional English grammar: An introduction for second language teachers*. Cambridge: Cambridge University Press.

Locke, T. (Ed.). (2010). *Beyond the grammar wars: A resource for teachers and students on developing language knowledge in the English/literacy classroom.* New York, NY: Routledge.

Lyster, R. (2004). Differential effects of prompts and recasts in form-focused instruction. *Studies in Second Language Acquisition, 26*, 399-432.

Lyster, R. (2007). *Learning and teaching languages through content: A counterbalanced approach.* Herndon, VA: John Benjamins.

Lyster, R., & Ranta, L. (1997). Corrective feedback and learner uptake. *Studies in Second Language Acquisition, 19*, 37-66.

Macken-Horarik, M. (1996). Literacy and learning across the curriculum: Towards a model of register for secondary school teachers. In R. Hasan, & G. Williams, *Literacy in society* (pp.124-71). London: Longman.

Martin, J. R., & Rose, D. (2003). *Working with discourse: Meaning beyond the clause, first edition.* London: Continuum.

Moore, J., & Schleppegrell, M. J. (2014). Using a functional linguistics metalanguage to support academic language development in the English Language Arts. *Linguistics and Education, 26*, 92-105.

Myhill, D. (2003). Principled understanding? Teaching the active and passive voice. *Language and Education, 17*, 355-70.

Nassaji, H., & Fotos, S. (2004). Current developments in research on the teaching of grammar. *Annual Review of Allied Linguistics, 24,* 126-45.

Norris, J. M., & Ortega, L. (2000). Effectiveness of L2 instruction: A research synthesis and quantitative meta-analysis. *Language Learning, 5*, 417-528.

Norris, J. M., & Ortega, L. (2009). Towards an organic approach to investigating CAF in instructed SLA: The case of complexity. *Applied Linguistics, 30*, 555-78.

Oliver, R., & Philp, J. (2014). *Focus on oral interaction.* Oxford: Oxford University Press.

Rathmann, P. (1995). *Officer Buckle and Gloria.* New York, NY: Putnam Juvenile.

Rose, D., & Martin, J. R. (2012). *Learning to write, reading to learn: Genre, knowledge and pedagogy in the Sydney school.* London: Equinox.

Schleppegrell, M. J. (2004). *The language of schooling: A functional linguistics perspective.* Mahwah, NJ: Erbaum.

Schleppegrell, M. J. (2013). The role of metalanguage in supporting academic language development. *Language Learning, 63*, 153-70.

Schleppegrell, M. J., & Achugar, M. (2003). Learning language and learning history: A functional linguistics approach. *TESOL Journal, 12*, 21-7.

Schleppegrell, M. J., Achugar, M., & Oteíza, T. (2004). The grammar of history: Enhancing content-based instruction through a functional focus on language. *TESOL Quarterly, 38*, 67-93.

Schleppegrell, M. J., & de Oliveira, L. C. (2006). An integrated language and content approach for history teachers. *Journal of English for Academic Purposes, 5*, 254-68.

Schleppegrell, M. J., Greer, S., & Taylor, S. (2008). Literacy in history: Language and meaning. *Australian Journal of Language and Literacy, 31*, 174-87.

Schleppegrell, M. J., & O'Hallaron, C. L. (2011). Teaching academic language in L2 secondary settings. *Annual Review of Applied Linguistics, 31*, 3-18.

Schmidt, R. (1990). The role of consciousness in second language learning. *Applied Linguistics, 11*, 129-58.

Scott Foresman Science (2006). Grade 4. Upper Saddle River, NJ: Pearson Scott Foresman. Retrieved July 21 2014 from http://pearsonkt.com/summaryStreetOT/texts/Sci-National-Grade-4/iText/products/0-328-34278-5/i,html

Shin, S. J. (2009). Negotiating grammatical choices: Academic language learning by secondary ESL students. *System, 37*, 391-402.

Simard, D., & Jean, G. (2011). An exploration of L2 teachers' use of pedagogical interventions devised to draw L2 learners' attention to form. *Language Learning, 61*, 759-85.

Snow, M. A. (1998). Trends and issues in content-based instruction. *Annual Review of Applied Linguistics*, 18, 243-67.

Snow, M. A., Met, M., & Genesse, F. (1989). A conceptual framework for the integration of language and content in second/foreign language instruction. *TESOL Quarterly, 23*, 201-17. Reprinted in P. A. Richard-Amato, & M. A. Snow (Eds.), (1992). *The multicultural classroom: Readings for content-area teachers* (pp.27-38). Reading, MA: Addison-Wesley.

Spada, N. (2010). Beyond form-focused instruction: Reflections on past, present and future research. *Language Teaching, 44*, 225-36.

Spada, N., & Lightbown, P. M. (1993). Instruction and the development of questions in L2 classrooms. *Studies in second Language Acquisition, 15*, 205-24.

Spada, N., & Lightbown, P. M. (1999). Instruction, L1 influence and developmental readiness in second language acquisition. *Modern Language Journal, 83*, 1-22.

Spycher, P. (2007). Academic writing of adolescent English learners: Learning to use 'although'. *Journal of Second Language Writing, 16*, 238-54.

Svalberg, A. M.-L. (2007). Language awareness and language learning. *Language Teaching, 40*, 287-308.

Swain, M. (1985). Communicative competence: Some roles of comprehensible input and comprehensible output in its development. In S. Gass & C. G. Madden (Eds.), *Input in second language acquisition* (pp.235-53). Rowley, MA: Newbury House.

Swain, M. (1995). Three functions of output in second language learning. In G. Cook & B. Seidlhofer (Eds.), *Principle and practice in applied linguistics: Studies in honour of H. G. Widdowson* (pp.125-44). Oxford: Oxford University Press.

Swain, M. (1996). Integrating language and content in immersion classrooms: Research perspectives. *The Canadian Modern Language Review, 52*, 529-48.

Swain, M., & Lapkin, S. (2002). Talking it through: Two French immersion learners' response to reformulation. *International Journal of Educational Research, 37*, 285-304.

Vygotsky, L. (1978). *Mind in Society*. Cambridge, MA: Harvard University Press.

Vygotsky, L. (1986). *Thought and language*. Cambridge, MA: MIT Press.

Wajnryb, R. (1990). *Grammar dictation*. Oxford: Oxford University Press.

Wells, G. (Ed.). (1994). *Changing schools from within: Creating communities of inquiry*. Portsmouth, NH: Heinemann.

Wells, G. (1999). *Dialogic inquiry: Towards a socio-cultural practice and theory of education*. Cambridge: Cambridge University Press.

Whittaker, R. (2010). Using systemic-functional linguistics in content and language integrated learning. *NALDIC Quarterly*, 8, 31-6.

Whittaker, R., & Llinares, A. (2009). CLIL in social science classrooms: Analysis of spoken and written productions. In Y. Ruiz de Zarobe & R. M. Jiménez Catalán (Eds.), *Content and language integrated learning: Evidence from research in Europe*. (pp.215-34). London: Multilingual Matters.

Williams, G. (2004). Ontogenesis and grammatics: Functions of metalanguage in pedagogical discourse. In G. Williams & A. Lukin (Eds.), *The development of language: Functional perspectives on species and individuals* (pp.241-67). London: Continuum.

Zyzik, E., & Polio, C. (2008). Incidental focus on form in Spanish literature courses. *The Modern Language Journal*, 92, 50-73.

색인INDEX

지은이 소개

지올리베이라 Luciana C. de Oliveira _ 미국 마이애미 대학의 교육학과 교수이며 주된 연구 분야는 다국어 환경에서의 언어와 문식성 교육이다. 현재는 특히 미국의 연방 교육과정인 공통핵심국가표준Common Core State Standards을 성취하기 위해 학령기의 영어 학습자에게 요구되는 언어적 과제와 이것이 교사들에게 미치는 영향에 초점을 맞춘 연구를 수행 중이다. 주요 저서는 다음과 같다.

de Oliveira, L. C., & Shoffner, M. (Eds.) (2016). *Teaching English language arts to English language learners: Preparing pre-service and in-service teachers.* London: Palgrave Macmillan.

de Oliveira, L. C., & Wachter Morris, C. (2015). *Preparing school counselors for English Language Learners.* Alexandria, VA: TESOL Press. ["TESOL for Different Professions"].

de Oliveira, L. C., Klassen, M., & Maune, M. (Eds.) (2015). *The Common Core State Standards in English Language Arts and English Language Learners: Grades 6-12.* Alexandria, VA: TESOL Press.

슐레페그렐 Mary J. Schleppegrell _ 미국 미시건 대학의 교육학과 교수이며 주된 연구 분야는 제2언어로서의 영어 학습자의 언어와 학습의 관계이다. 그는 특히 체계 기능 언어학을 바탕으로 한 언어 의미의 탐구를 통해, 학령기의 영어 학습자의 교과 학습을 지원하기 위한 초점이 될 수 있는 언어와 그 제시 방안을 깊이 탐구해 왔다. 주요 저서는 다음과 같다.

Schleppegrell, M. J. (2012). Systemic Functional Linguistics: Exploring meaning in language. In James Paul Gee and Michael Handford (Eds.), *The Routledge Handbook of Discourse Analysis* (pp. 21-34). New York: Routledge.

Fang, Z. & Schleppegrell, M. J. (2008). *Reading in Secondary Content Areas: A Language-Based Pedagogy.* University of Michigan Press.

Schleppegrell, M. J. (2004). *The Language of Schooling: A Functional Linguistics Perspective.* New York: Routledge.

옮긴이 소개

민현식 _ 서울대학교 사범대학 국어교육과 졸업, 동 대학원 문학박사
강릉원주대학교, 숙명여자대학교 국어국문학과 교수,
한국어교육학회장, 국제한국어교육학회장, 국제한국언어문화교육학회장,
한국어학회장, 국립국어원장 역임
(현) 서울대학교 사범대학 국어교육과 교수

신범숙 _ 서울대학교 사범대학 국어교육과 한국어교육 전공 박사 수료
(현) 서울대학교 언어교육원 한국어교육센터 강사

이지연 _ 서울대학교 사범대학 국어교육과 한국어교육 전공 박사 수료
(전) 한성대학교 국제교류원 언어교육센터 한국어 강사

임수진 _ 서울대학교 사범대학 국어교육과 한국어교육 전공 박사 수료
(현) 한성대학교 국제교류원 언어교육센터 한국어 강사

소지영 _ 서울대학교 사범대학 국어교육과 국어교육 전공 박사 수료
(전) 한국교육방송공사 수능교재기획부 국어과 교과위원

한국문법교육학회 【문법교육번역총서 2】
의미 중심의 문법 교육 Focus on Grammar and Meaning

초판 인쇄 2018년 9월 15일
초판 발행 2018년 9월 20일

저 자 Luciana C. de Oliveira(지올리베이라), Mary J. Schleppegrell(슐레페그렐)
역 자 민현식, 신범숙, 이지연, 임수진, 소지영
펴낸이 이대현
편 집 박윤정
디자인 홍성권
펴낸곳 도서출판 역락
서울 서초구 동광로 46길 6-6 문창빌딩 2층
전화 02-3409-2058(영업부), 2060(편집부) | 팩시밀리 02-3409-2059
이메일 youkrack@hanmail.net
홈페이지 http://www.youkrackbooks.com
블로그 http://blog.naver.com/youkrack3888
등록 1999년 4월 19일 제303-2002-000014호

ISBN 979-11-6244-226-5 94370
979-11-5686-809-5 (세트)

* 책값은 표지에 있습니다.
* 파본은 구입처에서 교환해 드립니다.

* 이 도서의 국립중앙도서관 출판예정도서목록(CIP)은 서지정보유통지원시스템 홈페이지(http://seoji.nl.go.kr)와 국가자료공동목록시스템(http://www.nl.go.kr/kolisnet)에서 이용하실 수 있습니다.(CIP제어번호: CIP2018029882)